Laszlo Trankovits

+++ Die Nachrichtenprofis +++

Laszlo Trankovits

+++ Die Nachrichtenprofis +++

Warum Qualitätsjournalismus für unsere Demokratie unverzichtbar ist (dpa)

Frankfurter Allgemeine Buch

Bibliografische Information der Deutschen Nationalbibliothek
Die Deutsche Nationalbibliothek verzeichnet diese Publikation
in der Deutschen Nationalbibliografie; detaillierte bibliografische
Daten sind im Internet über http://dnb.d-nb.de abrufbar.

Laszlo Trankovits
+++ Die Nachrichtenprofis +++
Warum Qualitätsjournalismus für unsere
Demokratie unverzichtbar ist (dpa)

Frankfurter Societäts-Medien GmbH
Frankenallee 71–81
60327 Frankfurt am Main
Geschäftsführung: Oliver Rohloff

1. Auflage
Frankfurt am Main 2015

ISBN 978-3-95601-112-2

Frankfurter Allgemeine Buch

Copyright   Frankfurter Societäts-Medien GmbH
            Frankenallee 71–81
            60327 Frankfurt am Main
Umschlag   Daniela Seidel, FRANKFURT BUSINESS MEDIA GmbH –
            Der F.A.Z.-Fachverlag, 60327 Frankfurt am Main
Satz   Jan Walter Hofmann, Frankfurt am Main
Grafiken: dpa-infografik
Titelbild   © Michael Kappeler/dpa/picture alliance
Druck   CPI books GmbH, Leck

Printed in Germany

Für Clemens, Benedikt, Johanna und Marie

Inhaltsverzeichnis

Vorwort

Wie glaubwürdig kann ein Buch über Medienwandel, die Bedeutung der Nachricht, der Nachrichtenagenturen und insbesondere die Deutsche Presse-Agentur (dpa) sein, wenn der Autor seit 38 Jahren für die dpa arbeitet? Ginge es nur oder vor allem um diese Nachrichtenagentur hätte diese Frage eine gewisse Berechtigung. Aber dieses Buch ist weder eine Enthüllungsgeschichte über den Mikrokosmos oder die Skandale der dpa noch eine lobhudelnde Festschrift auf die größte deutsche Nachrichtenagentur.

Es geht in diesem Buch vor allem um das Geschäft mit der kostbaren Ware Nachricht, die scheinbar immer billiger zu haben ist. Nachrichten aber sind die Grundlage aller Formen von hochwertigem, professionellem Journalismus. Hier soll die Frage beantwortet werden, ob und, wenn ja, wie Qualitätsjournalismus in der digitalen Revolution überleben kann. Denn zur Disposition stehen heute auch die über Jahrhunderte etablierten journalistischen Standards.

Dieses Buch versucht die These zu belegen, dass trotz des fundamentalen Wandels der Medienwelt sowie der Kommunikations- und Informationsstrukturen der professionelle Journalismus seine überragende Bedeutung behalten wird. Im Zentrum stehen dabei verlässliche Nachrichten, für deren Produktion es kaum ein geeigneteres Medium als unabhängige Nachrichtenagenturen geben kann.

Das Ringen der dpa um die Zukunft spiegelt exemplarisch die Problematik der digitalen Revolution für Medien, Gesellschaft und Politik wider. Denn um den Preis ihrer wirtschaftlichen Existenz muss eine Nachrichtenagentur wie dpa fast schon seismografisch auf den Medienwandel und die neuen digitalen Optionen reagieren.

Es geht für die Nachrichtenagenturen nicht allein um die großen strukturellen Änderungen, die Anpassung an die neuen und sich weiter verändernden Wünsche von Konsumenten und Medienmachern. Jeden Tag aufs Neue muss in den Agentur-Redaktionen die Frage nach den wirklich relevanten Nachrichten beantwortet werden. Dies wird immer schwieriger. Denn unsere multipolare, politisch zunehmend fragile Welt scheint immer noch komplexer und chaotischer zu werden. Auch ist der dramatische Strukturwandel der globalisierten Wirtschaft noch lange nicht beendet. Schließlich besteht das Publikum aus einer destabilisierten, fragmentierten Gesellschaft.

Fast jeder ist oft genug überfordert, Politiker, Wissenschaftler und Journalisten sind da keineswegs ausgenommen. Die zunehmend säkularisierte, „entzauberte" und von Informationen überflutete Welt hat die wachsende Verunsicherung und Orientierungslosigkeit des Einzelnen zur Folge. Schließlich zwingen der Abschied und die „Freiheit" von traditionellen Autoritäten, wie Kirche, Partei, Ideologie oder Familie, den modernen Menschen ohnehin schon dazu, fast alles, zumindest scheinbar, „autonom" zu bewerten und einzuordnen. Dabei nimmt nicht nur die Komplexität zu, es wachsen weiter — auch von Medien geschürt — das Misstrauen und die Skepsis gegenüber allen Institutionen, Strukturen und Hierarchien, gegenüber allen, die Macht haben. Dazu zählen schon längst auch die Medien selbst, die heute genauso schnell am Pranger stehen wie Unternehmer, Politiker, Lobbyisten oder Funktionäre.

Verlässliche Nachrichten sind in dieser verwirrenden Welt wichtiger denn je. Nur sie bieten im Chaos der Stimmen Orientierung und Halt. Professioneller Journalismus mit hoher Kompetenz und strengen Standards spielt dabei eine zentrale Rolle. Kaum ein Medium muss sich diesem Anspruch im Alltag so kontrolliert und transparent stellen wie Nachrichtenagenturen.

Unabhängig von der eigenen parteipolitischen Orientierung betrachten viele die dpa dank deren politischer Unabhängigkeit und der erwiesenen Qualitäten als einen Glücksfall für die Medienentwicklung des demokratischen Deutschland. Das Schicksal der dpa wird sich an der Frage entscheiden, ob sie ihren Platz in der neuen, digitalisierten Medienwelt wird behaupten können. Gleichgültig wie das Ergebnis sein wird: Es könnte enorme Folgen für die politische Kultur in Deutschland haben. Denn eine unabhängige Nachrichtenagentur wie die dpa zählt zu den wichtigsten Säulen der „vierten Gewalt".

Die denkbaren Alternativen für eine Gesellschaft ohne funktionierende „vierte Gewalt" wären für die Zukunft von Freiheit und Menschenrechten ziemlich verheerend: Ein Blick auf die Geschichte der Schreckensregime des 20. Jahrhunderts, eine Betrachtung der Diktaturen und autoritären Systeme heute belegen die direkte Abhängigkeit zwischen der Stärke freier Medien und der demokratischen Qualität eines politischen Systems.

Ohne die Versorgung der Gesellschaft mit relevanten Nachrichten wird sie geradezu blind, orientierungslos und besonders leicht manipulierbar. Denkbar wäre natürlich auch eine andere erschreckende Variante für die Zukunft. Der Zugang zu relevanten Nachrichten existiert weiterhin — aber nur noch eine Informationselite nutzt sie. Selbstgewählte Ignoranz großer Teile der Gesellschaft gegenüber den wichtigen Ereignissen und Entwicklungen könnte für die demokratische Kultur ebenso gravierende Auswirkungen haben wie staatliche Zensur und Willkür oder die übermächtige Dominanz sozialer Netzwerke. Im schlechtesten Fall wird die Verweigerung, sich ausreichend zu informieren, als Ausdruck von Freiheit und Selbstbestimmung verbrämt.

Die überall zu beobachtende Weigerung von immer mehr Bürgern in westlichen Demokratien, ihr Wahlrecht auszuüben, ist eng verwandt mit der wachsenden Unlust auf seriöse Medien und komplexe Informationen. Politikverdrossenheit und Medienüberdruss gehen Hand in Hand. Sie können die Funktionsfähigkeit der repräsentativen Demokratie ernsthaft bedrohen.

Für den Autor gibt es keinen Zweifel, dass in unserer Demokratie die „vierte Gewalt" der Medien von keiner „fünften Gewalt" jemals gleichwertig ersetzt werden könnte. Die einen bezeichnen die PR-Maschinerie von Politik und Wirtschaft als „fünfte Gewalt", andere hoffen auf die „Netz-Community" als „fünfte Gewalt". Beide Definitionen sind im Grunde gar nicht so weit auseinander — berücksichtigt man die wirklichen Machtverhältnisse im World Wide Web. Nicht nur, dass dort Google und Facebook, Konzerne und Interessengruppen einen oft überragenden Einfluss ausüben. Auch politische Machtverhältnisse werden durchaus erfolgreich ins Netz übertragen — was schon längst, beispielsweise in Russland und China geschieht.

Journalisten haben in den vergangenen drei Jahrzehnten hautnah spüren können, welche dramatischen Veränderungen die digitale Revolution mit sich bringt. Digitalisierung, Vernetzung und Beschleunigung haben kaum einen Bereich mehr erschüttert als die Welt der Medien. Sie haben zwar heute mehr als je zuvor in der Geschichte einen zentralen Platz im Alltag der Menschen erobert. Dennoch haben traditionelle Medien an Macht eingebüßt. Digitalisierung bedeutet insofern durchaus auch ein Stück Demokratisierung.

So wie die katholische Kirche aufgrund der neuen Druckmedien nach Gutenberg das Privileg für den Zugang zur Heiligen Schrift verlor — sowohl wegen der Bibelübersetzung durch Martin Luther als auch der vielen gedruckten, kostengünstigeren Bibelausgaben —, so ähnlich verlieren Journalisten und Medien weitgehend das Privileg der umfassenden Verbreitung von Nachrichten und Berichten im öffentlichen Interesse. Aber genauso wenig wie ab dem 15. Jahrhundert die Kirche obsolet wurde, werden es die Medien und Journalisten nach der digitalen Revolution künftig sein. Professioneller Journalismus muss sich aber ebenso neu definieren wie die Medien insgesamt.

Ein Grund ist zudem der spürbare Vertrauensverlust in der Gesellschaft. Skepsis und Misstrauen gegenüber den Medien bis hin zum demagogischen Vorwurf an eine angebliche „Lügenpresse" sind Symptome für die Glaubwürdigkeitskrise, in der sich die traditionellen Medien und der professionelle Journalismus befinden.

Meinen Kindern würde ich nur noch empfehlen, Journalist zu werden, wenn sie sich wirklich darüber klar wären, dass die wahrlich goldenen Zeiten des professionellen Journalismus vorbei sind. Was nicht heißt, dass die Arbeit des Journalisten nicht noch immer faszinierend und erfüllend, vor allem aber sehr wichtig ist. Allerdings ändert sich das Berufsbild drastisch.

Gute Jobs und große Karrieren wird es in alten und neuen Medien weiter geben. Sicher auch seriöse Blogger, die als erfolgreiche Einzelkämpfer wie Journalisten arbeiten und damit ihren Lebensunterhalt verdienen. Wie in vielen anderen Branchen auch dürfen aber nur noch Stars und Führungskräfte mit hohen Einkommen rechnen. Der Wertverfall journalistischer Leistungen kratzt heftig am Glanz der einst generell privilegierten, vergleichsweise gut bezahlten Medienarbeitsplätze.

Vieles ist in der Medienwelt gleichzeitig leichter und schwerer geworden, es existiert wie in vielen Bereichen der Gesellschaft die verwirrende Gleichzeitigkeit widersprüchlicher Entwicklungen. Nie zuvor konnten sich die Menschen so umfassend und intensiv über die Welt informieren wie heute — Studien deuten indes darauf hin, dass der Kirchturm-Blick allerorten zunimmt, dass sich die Interessen vor allem junger Menschen nur auf wenige Felder konzentrieren. Medien dominieren den Alltag der Menschen mehr denn je — aber zahlreiche Medien bangen um ihre Zukunftschancen.

Die allgemeine Verunsicherung über die mediale Zukunft und die einschüchternde Unübersichtlichkeit der digitalen Revolution legen es nahe, mit Prognosen und Visionen besonders vorsichtig zu sein. Wir haben im besten Fall Ahnungen, wie die Medienwelt, wie die Kommunikation zwischen den Menschen in einigen Jahrzehnten aussehen wird. Technologie wird den Wandel weiter vorantreiben. Die Weichen stellen allerdings Politik und Gesellschaft.

Sicher ist, dass demokratische Gesellschaften als Fundamente ebenso ein hochwertiges Bildungssystem wie eine ausreichende Versorgung mit relevanten Informationen brauchen. Das ist ohne professionellen Journalismus unmöglich. Aber auch wenn es ein breites Angebot an hochwertigen Informationen gibt, muss die demokratische Idee scheitern, wenn die Bürger sich nicht für die wichtigen Vorgänge in der Welt interessieren. Kaum ein Unternehmen spürt den revolutionären Wandel stärker als die dpa, ein Dienstleister aller Medien und damit direkt von deren Wohl und Wehe abhängig.

I Revolution der Nachrichtenwelt?

Medien und Journalisten braucht es nicht mehr. Das zumindest propagieren die Apologeten eines neuen Informationszeitalters. Sie schwärmen von der Vision direkter, weltumspannender Kommunikation, einer digital vernetzten Welt, die zum vielzitierten globalen Dorf wird. In der Tat können wir heute auch ohne die Massenmedien von Ereignissen und Entwicklungen, sei es in der eigenen Region, sei es auf fernen Kontinenten, erfahren. Der Jahrhunderte alte Zusammenhang zwischen Nachrichten und Medien ist zerrissen. Mit Digitalisierung, Internet und Vernetzung ist für Nachrichten eine neue Ära angebrochen.

Diese historische Zäsur ist erst zwei Jahrzehnte alt. Seit Mitte der 90er Jahre eröffnet eine rasant wachsende Zahl von Blogs, Webseiten und neuen Internet-Medien sowie sozialen Plattformen und Netzwerken einen völlig neuen Zugang zum Weltgeschehen. Dank wachsender Vernetzung und rascher Verbreitung von Handys, Smartphones, Notebooks und Apple-Uhren senden nun Hunderte von Millionen Menschen ständig von allem und jedem Informationen und Bilder, Songs und Videos. Journalist ist heute potenziell jeder. Die Ressourcen, Öffentlichkeit herzustellen, liegen für alle nutzbar im Netz.

Eine unsichtbare Mauer ist zusammengebrochen. Sie trennte seit jeher die Bevölkerung von den Vorgängen in der Welt. Ohne die Arbeit der Torwächter und Schleusenwärter dieser Mauer — der Journalisten und Medien — blieben für die überwältigende Mehrheit der Menschen die Handlungen der Regierungen und Politiker, der Reichen und Mächtigen, der Stars und der Verbrecher in dunkler Ferne. Das hat sich radikal geändert. Wer möchte, hat nun einen fast uneingeschränkten Blick auf das Weltchaos, auf eine irrsinnig große Zahl von Bildern, Themen, Ereignissen, Dokumenten und Menschen eine überwältigende Vielfalt von Informationen.

In diesen gigantischen Mitteilungsfluten befinden sich auch nachrichtenrelevante Informationen über bedeutsame, zuweilen spektakuläre

Ereignisse. Manche verwechseln das mit wirklichen Nachrichten, glauben, dass der ständig aktuell genährte Informationsreichtum der digitalen Welt die traditionellen Nachrichtensysteme alter und neuer Medien weitgehend überflüssig machen werde. Dieser revolutionäre Wandel münde schließlich in der völligen Entbehrlichkeit des professionellen Journalismus. Doch gerade wenn aber unsere Welt wirklich zum globalen, digitalisierten und interaktiven Dorf werden sollte, werden deren Bewohner mehr denn je Orientierung brauchen.

Wir befinden uns mitten im Wandel

Selbst die prominentesten Protagonisten der neuen digitalen Zukunftskommunikation wissen, dass wir uns noch inmitten gravierender Strukturveränderungen befinden. Noch sei es gar nicht möglich, eine realistische Prognose zu stellen, glaubt Professor Jeff Jarvis, eine der wichtigsten Stimmen, wenn es um die Zukunft der Medien und der Kommunikation geht. „Wir wissen nicht, was das verpisste Internet überhaupt ist", meinte der amerikanische Wissenschaftler im April 2015 bei einem Medienkongress in Perugia.[2] Schließlich habe es nach der Erfindung des Buchdrucks auch 50 Jahre gedauert, bis die geniale Idee begann die Welt zu verändern, bis Bücher massenhaft gedruckt wurden. Und erst 150 Jahre später sei die erste Zeitung gegründet worden.

Auch dem von vielen verehrten Guru des neuen Medienzeitalters aus New York muss allerdings klar sein, dass im Gegensatz zu früheren Epochen technische Innovationen heute meist in sehr schnellem, zuweilen in schwindelerregendem Tempo umgesetzt werden. In der Tat lässt sich, obwohl wir uns noch inmitten des historischen Umbruchs befinden, schon heute in Umrissen erkennen, welche Folgen die digitale Ära für Kommunikation, Information und Nachrichten mit sich bringt.

1 Nachrichtenprofis hinken hinterher

„Qualitätsmedien zeichnen sich manchmal dadurch aus, was sie nicht berichten. ... Der Wert der Zurückhaltung lässt sich schlecht beziffern. Man bekommt nicht mehr Traffic, wenn man nicht berichtet. Aber man weiß, dass die Menschen sich daran erinnern, wer es falsch, nicht aber, wer es richtig hatte oder sich zurückhielt."[3]

Es sind nicht mehr die Korrespondenten, die uns als erste über weltbewegende Ereignisse informieren. Ob ein Tsunami in Japan, neue Unruhen in Istanbul, ein Anschlag in Boston oder ein Häuserbrand in Tröglitz: Bevor professionelle Journalisten und Medien die „breaking news" verkünden, die erste Eil-Meldung verschicken, haben Augenzeugen, Rettungskräfte oder Behörden, zuweilen auch Opfer oder Täter, längst über Twitter oder Instagram die ersten Informationen und Bilder geschickt.

Dank der Video-Stream-App „Persicope" besteht seit Anfang 2015 zunehmend die Möglichkeit, am Smartphone Augenzeuge von Ereignissen zu sein, die auch Tausende von Kilometern entfernt sein können. „Periscope wird die Art und Weise verändern, wie wir die Welt sehen", meint der TV-Moderator und Blogger Richard Gutjahr.[4] Den Schaden werde das Fernsehen haben, vermutet der renommierte Medienexperte.

In dieser neuen Welt hinken Medien und Journalisten in der Regel in ihrer Berichterstattung über wichtige Vorfälle oder Entwicklungen hinterher. Der neue Maßstab heißt vor allem Twitter. Aber niemand sollte die Ambition haben, den Kurznachrichtendienst mit seinen Millionen Quellen bei der Geschwindigkeit zu schlagen. Die Langsamkeit der Medien wird vermutlich sogar noch vielfach zunehmen — denn die Zahl von Informationen und Berichten, hinter denen Propaganda, Desinformation oder Sensationshascherei steht, droht weiter zuzunehmen. Das Beharren auf verlässliche Quellen jedoch erzwingt zuweilen aufwändige Recherchen.

Seine Existenzberechtigung schöpft der professionelle Journalismus genau aus seiner Verlässlichkeit und Glaubwürdigkeit, seiner Fähigkeit zu gewichten, zu sortieren, einzuordnen und zu erklären. Für Nachrichtenprofis sind in dieser Hinsicht die neuen digitalen Realitäten oft auch schmerzlich. Schließlich kontrollieren Nachrichtenagenturen traditionell bis hin zu den Minuten-, zuweilen sogar Sekundenabständen, welches Medium, vor allem aber welche Nachrichtenagentur mit einer wichtigen Eil-Meldung zuerst auf dem Markt war. Das ist heute zwar noch wichtig, aber dennoch ganz anders als früher.

Als Reich-Ranicki starb

Wegen der geradezu pedantischen Prinzipientreue müssen die dpa-Macher in der Berliner Redaktion nicht selten sogar den Spott der Kunden ertragen. Als am Nachmittag des 18. Septembers 2013 der damalige Mitherausgeber der *Frankfurter Allgemeinen Zeitung* (F.A.Z.), Frank Schirrmacher, mit einem Tweet den Tod des Literaturkritikers Marcel Reich-Ranicki verkündete, suchte dpa vergeblich nach einer raschen Bestätigung. Deshalb wurde nur folgender Hinweis gesendet:

(Achtung – unbestätigte Information über Todesfall – Diese Informationen sind nicht zur Veröffentlichung bestimmt)

Der Literaturkritiker Marcel Reich-Ranicki ist laut einem Twitter-Eintrag von „F.A.Z."-Herausgeber Frank Schirrmacher gestorben. dpa bemüht sich um eine Bestätigung.

Darüber mokierte sich dezent mit ein paar Anführungszeichen auf Twitter der ZDF-Redakteur Nick Leifert:

dpa „bemüht" sich um eine Bestätigung. RT „@fr_schirrmacher: Marcel Reich-Ranicki ist im Alter von 93 Jahren gestorben."

dpa-Nachrichtenchef Froben Homburger reagierte mit einem Tweet:

Bei Todesmeldungen sichern wir uns immer zusätzlich ab. Das unterscheidet Agenturmeldungen von Retweets.

Hintergrund für diese Vorsicht: „Auch verifizierte Twitter-Accounts können von Profis gehackt werden — vielleicht sogar ganz gezielt, um zu demonstrieren, wie einfach und blitzschnell sich Falschmeldungen weltweit verbreiten lassen", betont Homburger. Auf solche Fakes hereinzufallen, sei für seriöse Medien schon bei weniger dramatischen Ereignissen schlimm genug, „bei einer Meldung über den Tod eines Prominenten ist es für alle Beteiligten verheerend." Solch schmerzlichen Erfahrungen mussten am 3. Juni 2015 zahlreiche Medien in aller

Welt — beispielsweise *Bild.de* und *NBC.com* — machen, als sie einem unbeabsichtigt gesendeten Tweet einer *BBC*-Journalistin aufsaßen, die den angeblichen Tod von Königin Elizabeth meldete.

Bekenntnis zur Langsamkeit

Die dpa-Macher nehmen in Kauf, dass Konkurrenten oft sehr viel schneller berichten, auch bei besonders spektakulären Ereignissen. Am Abend des grauenvollen Mordens in Oslo und auf der Insel Utøya (22. Juli 2011), als es nach den ersten Informationen noch ein sehr unklares Bild gab, wie viele Menschen der rechtsradikale Täter Anders Breivik insgesamt getötet hatte, berichtete dpa über Stunden hinweg nur von zehn Toten auf der Insel. Mehr hatten die Behörden nicht bestätigt.

Lediglich der norwegische Sender *NRK* meldete, dass dort mehr als 20 Menschen erschossen worden waren. Mehr Informationen gab es für viele Stunden nicht. Also sendete dpa diesen Hinweis an die Redaktionen

(Eil – Achtung)

Bei der Schießerei auf der norwegischen Insel sind laut einem Bericht des norwegischen Senders NRK möglicherweise mehr als 20 Menschen getötet worden. NRK beruft sich allerdings lediglich auf einen Zeugen und betont selbst, dass diese Zahlen nicht bestätigt sind. dpa bemüht sich um eine Bestätigung.

Bis zum frühen Morgen des folgenden Tages blieb dpa in den Meldungen und Zusammenfassungen bei der Zahl von zehn Opfern. Auffallend war, dass viele Medien höhere Zahlen nannten, ohne auf die unsichere Quellenlage zu verweisen. Erst um kurz nach vier Uhr morgens, nachdem die Polizei es bestätigt hatte, sendete dpa dann mit *„Eil“*: *Mindestens 80 Tote.*

Wie schwierig akkurate Berichterstattung bei dramatischen Vorgängen ist, zeigt die Tatsache, dass sich später die Polizei korrigieren musste. Insgesamt waren 77 Menschen, also nicht „mehr als 80", umgebracht worden.

Gösmann: Wir konkurrieren nicht mit Twitter

„Wir konkurrieren nicht mit Twitter und Facebook, wir wollen die Ersten sein, die korrekt und gesichert berichtet", betont dpa-Chefredakteur Sven Gösmann das Prinzip aller seriösen Nachrichtenagenturen. „Professionelle Journalisten bleiben wichtig, aber einige müssen ihre Rollen neu definieren, sie sind nicht mehr Verfasser von ‚breaking news‘, sondern verantwortlich für Kontext, Analyse und Hintergrund", sagt auch der Ex-Reuters-Chef Tom Glocer.[5]

Die Notwendigkeit, zwischen Gerüchten, Lügen und Wahrheiten, zwischen akkuraten Informationen und dreisten Fälschungen, zwischen authentischen Zitaten und wilden Phantasiegespinsten zu unterscheiden, gewinnt mit der weiter wachsenden Unübersichtlichkeit der Informationsfluten noch an Gewicht. Selbst O-Töne, Fotos und Videos bergen eine Unzahl von Möglichkeiten der Manipulation und Verfälschung. Dabei gelingt es nur in Ausnahmen, Agenturen zu überlisten.

2008 gelang dies den iranischen Militärs mit der französischen Nachrichtenagentur AFP. AFP verbreitete Anfang Juli 2008 offizielle Fotos aus Teheran über einen angeblich erfolgreichen Raketentest. Um die Fehlzündung der Rakete zu kaschieren, hatten die Iraner allerdings ein Geschoss mitsamt Schweif über den Blindgänger kopiert. Die plumpe Bildfälschung gelangte sogar auf die Titelseite der *Chicago Tribune* und die Website der *New York Times* (NYT).[6]

dpa verbreitet manipulierte Fotos von Google

Auch bei dpa sind zwei Mal in den vergangenen Jahren unzulässig bearbeitete Bilder in den Dienst gelangt. Als im Mai 2014 der Europäische Gerichtshof Google verpflichtete, bestimmte Artikel über einen spanischen Kläger nicht mehr zu verlinken, fanden die Redakteure von Online-Portalen vieler Zeitungen wie der *Süddeutschen* (SZ), der *Frankfurter Rundschau* (FR) oder der *Welt* in der dpa-Bilddatenbank ein Foto, das von Google stammte. Man sah eine Google-Angestellte, die einsam zwischen riesigen Serverschränken am Laptop sitzt und Wartungsarbeiten vornimmt.

Der Mediendienst bildblog.de machte auf die — bereits früher aufgefallene — Fälschung aufmerksam bei der die Google-Fotografin „aus ästhetischen Gründen Korrekturen" vorgenommen hatte.[7] Allerdings wurden nicht nur Kontraste und störende Lichtflecke bearbeitet, sondern die ganze Aussage des Bildes digital verändert. Der breite Gang neben der Google-Mitarbeiterin wurde in der Nachbearbeitung mit einem Serverschrank überdeckt, so dass die Frau komplett von Computern eingeschlossen scheint.

Im Februar 2015 musste ein Foto mit dem Extremsportler Martin Szwed zurückgezogen werden, das er dpa gegeben hatte. dpa musste sich schließlich mit folgender Notiz an die Kunden wenden:

!!! Achtung !!! – – – – – – – Sperrung – – – – – – – – !!! Achtung!!!

Die Deutsche Presse-Agentur hat in Text und Bild über den Extremsportler Martin Szwed und ein Verfahren des Umweltbundesamtes gegen ihn berichtet. Nachdem Zweifel an einem angeblichen Südpol-Rekord Szwecs aufkamen, hat der Sportler jetzt eingeräumt, ein Foto, das ihn am Pol zeigen soll, manipuliert zu haben. Die dpa zieht das manipulierte Foto und weitere Bilder Szweds zurück. Bitte verwenden Sie deshalb und wegen der ungeklärten Sachlage auch die früheren Berichte zu dem Fall nicht mehr.

Ob Informationen millionenfach verbreitet werden, ob Berichte von Betroffenen oder Augenzeugen stammen, ob Darstellungen von Institutionen oder anderen Autoritäten kommen – über die Seriosität von Quellen, den Wahrheitsgehalt und die Qualität der Inhalte, oft auch über die wahre Identität des Absenders, lässt sich beim ersten Blick auf TweedDecks oder den Facebook-Feed oft nur schwer urteilen.

Glaubwürdigkeit ist das höchste Gut

Die Verlässlichkeit einer Information liegt in der Glaubwürdigkeit des Absenders begründet. Nur wer mit dem Instrumentarium und den Standards des seriösen Journalismus vorgeht, kann die Qualität von Informationen einschätzen, ist in der Lage, sie zu gewichten, einzuordnen, zu erklären und mit Hilfe von Hintergründen und Recherchen aus der Momentaufnahme ein verständliches Abbild der Ereignisse zu geben. Als Prinzip der täglichen Arbeit eines Profis gilt das ständige Bemühen um Sachlichkeit und Distanz, die Prüfung und Nennung von Quellen, in vielen Fällen, wie bei politischen Themen, die Verweise auf unterschiedliche Sichtweisen.

In der Regel beherrschen das nur professionelle, gründlich ausgebildete Journalisten. Zwar finden sich auch auf Blogs, Webseiten und sozialen Plattformen immer wieder Beiträge von Amateuren, die sichtlich das journalistische Handwerk beherrschen. Für den Leser und User ist das allerdings nicht auf den ersten Blick erkennbar. Wer mit seinen Geschichten und Meldungen in der Öffentlichkeit ernst genommen werden möchte, sei es der einsame Blogger oder das einflussreiche, neue Internet-Medium, unterwirft sich für eine seriöse Berichterstattung rasch den traditionellen journalistischen Prinzipien. Die nämlich sind unverzichtbar und stehen trotz digitaler Revolution nicht zur Disposition.

Irreführende Klischees

In der aktuellen Mediendiskussion wird häufig der angebliche Gegensatz zwischen dem althergebrachten Journalismus und den neuen Formen der Information in der digitalen Welt betont. Als Klischee dient der sendungsbewusste, zuweilen arrogante Redakteur, der seinen Lesern oder Zuschauern vorschreibt, was sie für wichtig und interessant zu halten haben — linearer Journalismus eben, vom Kommunikator zum Rezipienten. Ganz anders dagegen orientierten sich der mutige Blogger, der kreative Bürgerjournalist oder die neuen Autoren auf sozialen Plattformen an ihren Kunden, hätten ihr Ohr am Puls der Menschen. Zudem werte schon allein die Interaktivität diesen angeblich neuartigen Journalismus massiv auf. Einer Überprüfung hält dieser Stereotyp kaum stand.

Unparteiisch und historisch betrachtet ist es nicht wirklich von Bedeutung, wer die Aufgabe wahrnimmt, die Gesellschaft adäquat zu informieren, wer mit welchen Medienformen damit Geschäfte macht. Selbst die Machtverhältnisse in den verschiedenen Mediensystemen, die Bedeutung einzelner Verleger, der Einfluss öffentlich-rechtlicher Einrichtungen, sind letztendlich von nachrangiger Bedeutung, solange bei der Aufgabe, die Öffentlichkeit zu informieren strikt die journalistischen Standards gewahrt bleiben. Sie sind wahrscheinlich genauso universell — wenngleich natürlich nicht so bedeutsam —, wie es die Menschenrechte sind.

Wer die Menschen informiert und ob diese Aufgabe für Journalisten oder Medien allein existenzsichernd ist, welche Kanäle, Portale oder Formen der Kommunikation oder Arten von Medien genutzt werden, ist für die Bedeutung des Journalismus unerheblich. Er bleibt das wesentliche und nicht ersetzbare Instrument für Information und Kontrolle in der demokratischen Gesellschaft. Für die Journalisten und Medien heute geht es bei dem dramatischen Strukturprozess verständlicherweise um Arbeitsplätze und Geschäftsinteressen. Für die Gesellschaft muss es darum gehen, dass das Prinzip Journalismus überlebt und stark bleibt. Der Königsweg dazu ist sicher ein funktionierender Markt, auf dem sich Journalismus auch finanziell lohnt.

Es gibt keinen Ersatz für Journalismus

Die digitale Revolution berührt trotz der enormen Folgen für die gesamte Gesellschaft, für die Wirtschaft, Politik und Kultur, nicht die Kernaufgabe des seriösen Journalismus. Dessen Stellung in der Demokratie gleicht eher den hehren Aufgaben der unabhängigen Justiz. Die „Revolution" in der Nachrichtenwelt ist vor allem technisch und strukturell. Substanz und Funktion werden kaum berührt. Qualitätsjournalismus dient in erster Linie der Information der Bürger und der Kontrolle der Regierenden und Mächtigen.

Die Definition des ersten dpa-Chefredakteurs Fritz Sänger aus dem Jahr 1978 mag zwar sprachlich veraltet klingen, im Kern ist sie nach wie vor gültig: „Die moralische Position der Presse in der Demokratie ist die eines Helfers für den Staatsbürger. Sie soll zu diesem Zweck Regierung, Parlament und das öffentliche Leben in allen Bereichen kontrollieren, Wissenswertes aus Heimat und Welt berichten und so dem Bürger die Kenntnis vermitteln, die er benötigt, um sich zu orientieren, selbst eine Meinung zu gewinnen und dann eine Entscheidung zu finden. So will es die Verfassung, die den Bürger als Quelle der Staatsgewalt bezeichnet."[8]

Debatten über die Zukunft der Nachricht kranken oft an einem einseitigen Verständnis, was Nachrichten sind. Dabei dominiert eine übertriebene Fixierung auf Nachrichten über spektakuläre Ereignisse, Kriege und Katastrophen, Unruhen und Anschläge. Die Masse der Nachrichten in den Medien spiegelt aber die tägliche Entwicklung in Politik und Gesellschaft, Sport und Kultur wider. Wahlen, Bürgerproteste, Steuerreform, Flüchtlingsproblematik oder Autobahn-Maut — das sind Themen, die viele Menschen in Deutschland beschäftigen. Möchte sich jemand komprimiert, aber dennoch umfassend ein Bild machen, relativiert sich die Bedeutung von Bloggern und sozialer Plattformen schnell, gewinnt das Konzept der strukturierten, überschaubaren Medienberichterstattung enorm an Attraktivität.

Mut und Sturheit gefordert

Medien sind gut beraten, sich zur Langsamkeit zu bekennen. Auch wenn es dem Abschied von der alten Identität gleichkommt, der Aufgabe eines lang verfolgten Ideals: Nachrichtenagenturen ebenso wie elektronische Nachrichtenkanäle haben auch künftig noch den traditionellen Ehrgeiz, „als Erste zu berichten, aber als Erste richtig" —

allerdings wird es in der Realität wohl in den meisten Fällen um das „Richtige" gehen, nicht darum, „Erster" zu sein.

Dieses eherne Prinzip gehört schon immer zum Kern des Qualitätsjournalismus. Nur hat es heute angesichts der neuen Konkurrenz eine völlig andere Konnotation. Es braucht einen neuen Mut und altmodisch sture Pedanterie, nicht zu berichten, wenn scheinbar schon alle berichten. Im Extremfall bedeutet das: Niemand wird in der aktuellen Berichterstattung langsamer sein als die seriöse Nachrichtenagentur. Daran müssen alte Hasen des Journalismus erst mal kauen.

dpa-Blitzmeldungen

Meldungen und Berichte werden von Nachrichtenagenturen je nach Wichtigkeit mit verschiedenen Prioritäten gesendet. Die drei schnellsten Prioritäten sind „Blitz", „Eil" und „Vorrang". „Blitz" bedeutet bei dpa ein „völlig überraschendes, weltweit interessierendes Ereignis".

Die Liste der 33 „Blitz"-Meldungen seit 1951 bis Sommer 2015

13.03.2013: Argentinier Jorge Mario Bergoglio neuer Papst

11.02.2013: Papst Benedikt XVI. gibt Pontifikat am 28. Februar auf

17.02.2012: Bundespräsident Wulff tritt zurück

31.05.2010: Köhler erklärt Rücktritt

09.10.2009: Friedensnobelpreis 2009 geht an Barack Obama

19.04.2005: Ratzinger zum Papst gewählt

02.04.2005: Ansa: Der Papst ist tot

20.03.2003: Weißes Haus: Die Entwaffnung des Iraks hat begonnen

04.11.1995: Der israelische Ministerpräsident Izchak Rabin ist tot

07.05.1995: TV-Hochrechnung: Chirac zum französischen Präsidenten gewählt

23.05.1994: Herzog zum Bundespräsidenten gewählt

04.10.1993: Die Aufständischen im Weißen Haus ergeben sich den Jelzin-treuen Truppen

04.11.1992: Bill Clinton zum 42. Präsidenten der USA gewählt

21.08.1991: Jelzin: Notstandskomitee fliegt aus Moskau ab

20.06.1991: Der Bundestag hat sich für Berlin als Parlaments- und Regierungssitz ausgesprochen

24.02.1991: US-Präsident Bush: Ich habe die Offensive in Kuwait angeordnet

15.02.1991: Bagdad stimmt Rückzug aus Kuwait zu, meldet irakische Nachrichtenagentur INA

03.10.1990: Die Deutschen sind nach 45 Jahren Trennung wieder in einem Staat vereint

18.10.1989: ADN: Egon Krenz zum Generalsekretär des ZK der SED gewählt

18.08.1988: Das Geiseldrama ist beendet, erklärt die Polizei

01.10.1982: Helmut Kohl ist neuer Bundeskanzler. Helmut Schmidt über konstruktives Misstrauensvotum gestürzt

06.10.1981: Ägyptischer Staatspräsident Sadat bei Attentat getötet

29.09.1978: Papst Johannes Paul I. ist gestorben

19.10.1977: Schleyer tot aufgefunden

18.10.1977: GSG 9 befreite Geiseln

24.04.1975: Botschaft (Stockholm) gesprengt

09.08.1974: US-Präsident Richard Nixon erklärt Rücktritt

27.04.1972: Amtlich: Brandt bleibt Kanzler – keine absolute Mehrheit für Barzel

20.07.1969: Apollo 11 Fähre auf Mond gelandet

19.04.1967: Adenauer gestorben

22.11.1963: Kennedy tot

04.07.1954: Deutschland Fußballweltmeister durch 3:2-Sieg über Ungarn

20.08.1952: Kurt Schumacher gestorben

19.10.1951: Truman unterzeichnet Entschließung zur Kriegsbeendigung mit Deutschland

2 Verdrängte Wirklichkeit: Medien dominieren den Alltag

„Information ist der Kitt der Gesellschaft."

US-Mathematiker Norbert Wiener (1894-1964)

Früher lasen die Menschen in Wartezimmern, Bussen und Cafés Zeitungen, Zeitschriften oder manchmal ein Buch. Heute kann man kaum einen öffentlichen Raum betreten, in dem nicht, vor allem junge Menschen, auf die Displays ihrer Smartphones oder Tablets starren. Sie lesen, sie amüsieren sich, spielen oder kommunizieren. Umfragen belegen, dass für die Digital Natives kaum etwas schlimmer wäre, als ohne ihr Handy zu leben.

Für den britisch-schweizerischen Schriftsteller Alain de Botton haben „Nachrichten in der modernen Gesellschaft dieselbe Dominanz wie einst die Religion".[9] Das mag etwas übertrieben und verkürzt erschei-

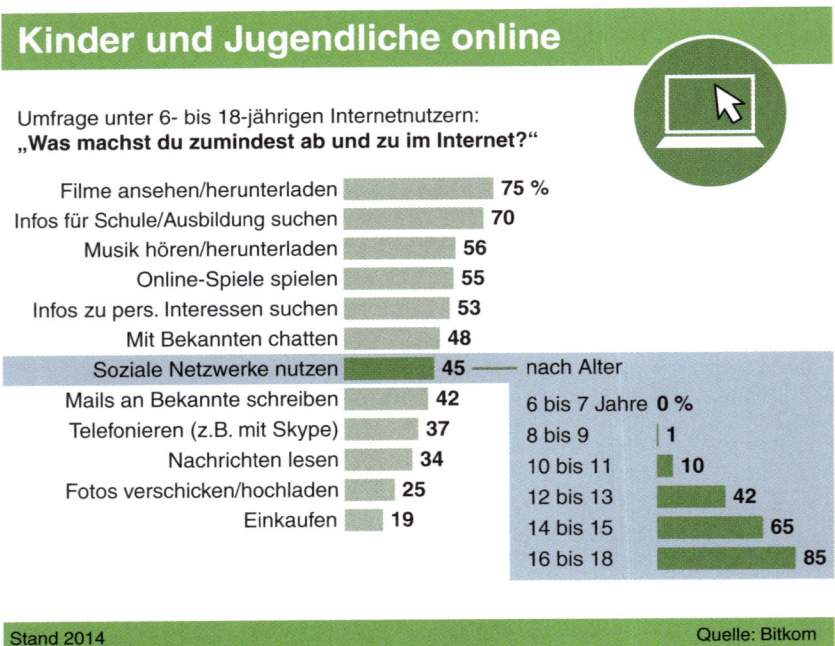

Kinder und Jugendliche online

Umfrage unter 6- bis 18-jährigen Internetnutzern:
„Was machst du zumindest ab und zu im Internet?"

Filme ansehen/herunterladen	**75 %**
Infos für Schule/Ausbildung suchen	**70**
Musik hören/herunterladen	**56**
Online-Spiele spielen	**55**
Infos zu pers. Interessen suchen	**53**
Mit Bekannten chatten	**48**
Soziale Netzwerke nutzen	**45**
Mails an Bekannte schreiben	**42**
Telefonieren (z.B. mit Skype)	**37**
Nachrichten lesen	**34**
Fotos verschicken/hochladen	**25**
Einkaufen	**19**

nach Alter

6 bis 7 Jahre	**0 %**
8 bis 9	**1**
10 bis 11	**10**
12 bis 13	**42**
14 bis 15	**65**
16 bis 18	**85**

Stand 2014 — Quelle: Bitkom

nen. Aber in der Tat orientieren sich die Menschen in ihren Sichtweisen und Handlungen mehr denn je an der wahrgenommenen Wirklichkeit und dann daran, wie es die anderen machen, wie die anderen denken. Nicht Kirche oder Politik geben die Werte vor, sondern die „Realität", sprich die von Medien vermittelte Wirklichkeit und die Reaktionen der Menschen. Deshalb haben Umfragen – egal, ob es um Sexualmoral, Sterbehilfe oder den Euro geht – so einen enorm hohen Stellenwert.

Zehn Stunden Medienkonsum

Für die Menschen heute stehen Medien im Zentrum des Alltags. Inzwischen sind es schon mehr als zehn Stunden, in denen der deutsche Durchschnittsbürger Smartphone und Fernsehen, Radio und Internet, Zeitungen und Zeitschriften nutzt.[10] Der Medienkonsum hat sich in wenigen Jahrzehnten vervielfacht, in den letzten zehn Jahren etwa verdoppelt. Nachrichten über Politik und Gesellschaft spielen dabei, was die aufgewendete Zeit angeht, eine eher untergeordnete, inhaltlich aber eine wichtige Rolle.

Am rasantesten zugenommen hat die durchschnittliche tägliche Verweildauer im Internet. Von 17 Minuten zur Jahrtausendwende stieg sie kontinuierlich an bis auf 111 Minuten im Jahr 2014. Immer weniger Zeit wird der gedruckten Zeitung gewidmet, inzwischen sind es statistisch gesehen nur noch 23 Minuten – wobei ohnehin nur jeder Zweite über 14 Jahren überhaupt zur Zeitung greift. Lediglich sechs Minuten Aufmerksamkeit gilt der Zeitschrift.

Auffallend allerdings auch: 37 Prozent der Menschen in Deutschland nutzten demnach 2014 das Internet noch gar nicht. Ein wichtiger Hinweis darauf, dass es durchaus viele Jahre braucht, bis sich technologischer Fortschritt wirklich voll umgesetzt wird.

In den USA dominieren die Medien den Alltag noch mehr: Statistisch beträgt der Medienkonsum täglich mehr als zwölf Stunden.[11] Für Zeitungen und Zeitschriften bleiben hier nur jeweils 21 Minuten Aufmerksamkeit.

weltweit betrachtet sieht der Medienkonsum noch einmal etwas anders aus. Einer Umfrage des Weltverbands der Zeitungen und Nachrichtenmedien (WAN-IFRA) zufolge verbrachte der globale Medienkonsument 2014 statistisch betrachtet täglich „nur" etwas mehr als sechs Stunden mit Medien. Dabei dominieren die mobilen Geräte wie Smartphone und Tablet, auf denen der Durchschnittsmensch 134 Minuten starrt. Danach folgten das Fernsehen mit 81 Minuten, der Desktop-Computer mit 70 Minuten, das Radio mit 44 Minuten und gedruckte Blätter mit 33 Minuten.[12]

Ein Medium ist oft nicht genug

Medienexperten verweisen auf die wachsende Rolle des Phänomens „second screen" (zweiter Bildschirm), das heißt die gleichzeitige Nutzung zweier Medien. Das „Beratungs- und Marktforschungsinstitut Initiative" kam sogar zu dem Ergebnis, dass inzwischen drei von vier Deutschen während des Fernsehens nebenbei auf ihr Smartphone, das Tablet oder Notebook schauen.[13] Das gelte insbesondere für die 14 bis 29-Jährigen. Das Fernsehprogramm werde nur noch als Berieselung wahrgenommen, so die Studie.

Diese Angaben scheinen zwar etwas überzogen zu sein. Ein Hinweis darauf ist auch, dass die „Second-Screen"-Nutzer in erster Linie Informationen über das aktuelle TV-Programm suchen — also vermutlich nicht ununterbrochen während der Sendungen andauernd im Web surfen, spielen oder kommunizieren. Dennoch spricht vieles für den Trend, dass viele sich gleichzeitig mit zwei Medien (beispielsweise Radio und Zeitschrift oder Zeitung) beschäftigen.

Segen der digitalen Zeit

Der enorme Medienkonsum ist nur eine der vielen Folgen der digitalen Revolution. Sie erweist sich für die Menschheit vor allem als ein ungeheurer Segen. Wie schon bei der industriellen Revolution werden nun wieder viele Waren und Dienstleistungen billiger und vor allem für viele Menschen leichter zugänglich. Vor allem aber eröffnet sich der globale Zugang zu Wissen, Informationen und Kommunikation.

Oft werden vor allem die Schattenseiten des digitalen Wandels betont, wie der Niedergang mancher Branchen, der Verlust vieler Arbeitsplätze, die beunruhigende Veränderung unseres gesamten Alltags sowie die neuen Herausforderungen durch weiter wachsende Komplexität, die Gefahren von „Big Data" in Händen mächtiger, neuer Konzerne. Dabei beschert uns die digitale Zeit natürlich auch grandiosen, wunderbaren Fortschritt und eröffnet faszinierende Perspektiven.

Wer weiß das besser als ein Reporter? Allein das Handy bedeutet einen Quantensprung für aktuelle Berichterstattung. Sie ist nun im Prinzip jederzeit von jedem Ort der Welt aus möglich.

Für mich unvergesslich, wie ich, im April 1992, damals als Auslandskorrespondent in Rom, das an einem Sonntag für mich entdeckte. ich war mit meinen kleinen Kindern im Zoo, als mich ein Alarmanruf aus der Zentrale ereilte; dank meines Handys konnte ich nach ein paar Anrufen auf einer Parkbank vor dem Affenkäfig sitzend Meldung und Zusammenfassung über den Skandal in der sozialistischen Regierungspartei nach Hamburg in die Zentrale durchgeben – und dann entspannt meinen Zoospaziergang fortsetzen. Goldene Zeiten für Reporter, jubelte ich – nicht ahnend, dass in jenen Jahren die Zeit anbrach, wo zumindest Auslandskorrespondenten rund um die Uhr ansprechbar und arbeitsbereit sein mussten.

Bereits das Handy – selbst noch ohne Internetanbindung – hat das Leben der Menschen weltweit tiefgehend verändert: Millionen Menschen müssen sich nun erheblich weniger Sorgen um abwesende Kinder oder kranke Verwandte machen, weil sie mit ihnen in Kontakt bleiben können. Noch nie gab es nach Unfällen, Katastrophen und Verbrechen ein Alarmsystem wie das Handy. Millionen Kleinbauern in Entwicklungsländern profitieren von den neuen Optionen beim örtlichen Handel, bei Kleinkrediten oder Geldtransfer. Schließlich nutzt auch der Widerstand in autoritär geführten Staaten die deutlich schwerer zu kontrollierende Kommunikation.

Aber die digitale Revolution konfrontiert die Menschen natürlich auch mit einer neuen, verunsichernden Unübersichtlichkeit und verwirrenden Komplexität. Laute Zeiten der Kakophonie sind angebrochen. Ein Klang- und Bilderteppich von zigtausenden Fernseh-, Radio- und Webprogrammen bedeckt die Kontinente. Der Globus dröhnt vor rasender Geschäftigkeit und permanenter Kommunikation. Milliarden Daten schwirren jede Minute über die Erde – im Unterschied zu früher bleiben Millionen Stimmen nicht mehr am Ort des Geschehens, sondern sind dank sozialer Plattformen für große bis gigantische Gruppen vernehmbar.

Medien verlieren Deutungshoheit

Traditionelle Medien drohen, zu den Verlierern der neuen Ära zu werden. Zum einen sind Internet-Medien mit neuen journalistischen Konzepten und Geschäftsmodellen überaus erfolgreich. Zudem verstehen sich immer mehr Politiker, Unternehmen, Verbände und Institutionen jeweils selbst als Medium und kommunizieren direkt mit ihren jeweiligen Zielgruppen. Hinzu kommt die anarchische Welt der Blogger und sozialen Plattformen. Sie alle fungieren als Medien und kämpfen um das begehrteste Gut in dieser Informations- und reizüberfluteten Welt: um Aufmerksamkeit.

Fernsehen, Radio, Zeitungen und Zeitschriften haben inzwischen massiv an Informations- und Deutungshoheit eingebüßt. Unabhängige Nachrichtenagenturen haben sich ungeachtet manch ökonomischer Turbulenzen bezüglich der Glaubwürdigkeit in der Gesellschaft und in der Branche zwar außergewöhnlich gut behauptet. Aber auch eine Agentur wie dpa spürt die heftigen, neuen Winde einer Kultur, die von einer allgemeinen Verunsicherung, oft auch Wut und von grundsätzlicher Skepsis gegenüber allem und jedem gekennzeichnet ist.

3 Medienkrise: falsche Prognosen, neue Chancen

„Wir stehen am Anfang einer Epoche, vor der mir graut."

Stanislaw Lem, 1996[14]

Düstere Zukunftsvisionen begleiten die Menschheitsgeschichte von Anfang an. Schon in der Bibel wird vielfach das drohende Ende der Welt beschworen. Spätestens seit es das geschriebene Wort gibt, warnen kluge Köpfe ihrer Zeit mit dramatischen Prognosen vor kulturellem Niedergang. Das ist im Verlauf der digitalen Revolution nicht anders als bei fast allen kleinen und großen gesellschaftlichen Umwälzungen in der Geschichte. Fairerweise muss man anmerken, dass Zeitenwenden sowohl von apokalyptischen als auch heilsbringenden Visionen begleitet werden.

Auch nachdem Gutenberg vor fast 600 Jahren die Druckpresse erfunden hatte, wetterten vor allem die kirchlichen Würdenträger, das neue Medium des gedruckten Buches bedrohe die Heiligkeit der biblischen Schrift und fördere „Glaubensirrtümer".[15] Und tatsächlich ist ja die Ausbreitung der Reformation ohne Gutenbergs Erfindung gar nicht vorstellbar.

Seit dem 16. Jahrhundert haben die Zeitungen immer mehr an Bedeutung gewonnen. Sie entwickelten sich nach und nach „zum bevorzugten Hassobjekt insbesondere für tiefsinnige Denker wie Schopenhauer, Kierkegaard und Karl Kraus", die mit den Blättern den kulturellen Verfall verbanden. „Die intellektuelle Presse macht dem Schwachsinn des Philisters Mut und erhebt Plattheit zum Ideale", lästerte der Wiener Schriftsteller Karl Kraus (1874 – 1936).[16]

Geunkt wurde auch beim Aufkommen des Radios und Fernsehens. Der geniale Erfinder Thomas Edison meinte 1922 verächtlich, der Hype um das Radio werde bald ein Ende haben („The radio craze will die out in time.") Das Fernsehen führe zur „Verkümmerung der Vorstellungskraft und Spontaneität" und zum „Zerfall der Bildung", schrieben die Soziologen Max Horkheimer und Theodor Adorno schon in den 50er Jahren. Mit Unterhaltung werde der Konsument ruhiggestellt und zu einem „Kultus des Billigen" verführt. Die Begründer der Frankfurter

Schule warnten vor der „Heroisierung der Durchschnittlichen" und der Verschmelzung von Kultur und „Reklame".[17]

Auch mit der Digitalisierung und dem Internet verbinden sich große Bedenken und finstere Voraussagen. Selbst einer der wichtigsten Vorreiter des technologischen Wandels, Microsoft-Gründer Bill Gates, äußerte sich Mitte der 90er Jahre eher skeptisch über das Internet und die Möglichkeiten, mit ihm Geld zu verdienen. In einem Brief beschrieb Gates das Web als eine „Modeerscheinung".[18] Der Kölner Verleger Christian DuMont Schütte glaubte im Frühjahr 2007 zu wissen: „In zehn Jahren ist Google tot."[19]

Der renommierte IT-Experte Robert Metcalfe sagte 1995 in einem Zeitungsbeitrag voraus, dass binnen der nächsten zwölf Monate das gesamte Internet kollabieren werde. Zwei Jahre später steckte er auf der 6. Internationalen WWW-Konferenz in Boston die Zeitungsseite mit seiner Kolumne vor seinen Zuhörern in einen Mixer, schüttete Wasser hinzu und würgte den Cocktail aus Papier und düsterer Prophezeiung — als Zeichen von Reue und Beschämung — herunter.[20] So viel Selbstkritik ist unter den Wissenschaftlern mit kühnen Voraussagen eher ungewöhnlich, da sind die Experten den Journalisten nicht unähnlich.

Ende des digitalen Rausches?

Selbst heute noch prophezeien manche — wie der „Zukunftsforscher" Matthias Horx im April 2015 —, dass selbst die digitale Revolution auf der Kippe stehe: „Wie alle aufgepeitschten Wellen" sei diese Revolution gerade dabei, „wieder in sich zusammenzufallen."[21] Nun hatte Horx 2001 schon ein Ende des „digitalen Rausches" und der Internet-Begeisterung verkündet.[22] Im Essay „Im kurzen Sommer der @narchie" heißt es, Millionen Menschen in den USA würden inzwischen dem Internet den Rücken kehren. „Das Internet wird kein Massenmedium — weil es in seiner Seele keines ist."

Besonders gerne wird auch der Wissens- und Bildungsverfall in der digitalen Welt geklagt. Der Schweizer Professor Walther Zimmerli sagte 1999 voraus, dass das Internet den Menschen überfordern und schwächen würde. „Das Problem ist, dass man benötigtes Wissen in den Datenmengen nicht mehr findet", meinte der Präsident der Privat-Hochschule Witten-Herdecke.[23]

Befürchtungen und Visionen

Besorgnis erregende Entwicklungen gibt es in der Tat. Eine große Verunsicherung hat insbesondere die Wirtschaft erfasst. Ganze Branchen fürchten den Ruin. Millionen Arbeitsplätze gehen wegen der Digitalisierung verloren. Vor allem gibt es in der neuen, digitalen Welt immer mehr Angebote unentgeltlich — was vor allem Erfinder und IT-Experten, Autoren und Künstler ängstigt. Die freie Verfügbarkeit und kostenlose Vervielfältigung ihrer Produkte haben sich insbesondere für die Musik- und Filmindustrie sowie die traditionellen Medien trotz völlig neuer, bisher ungeahnter Reichweiten zu einem ökonomischen Alptraum entpuppt.

Düstere Vorahnungen auch in der Gesellschaft: Die neuen, bislang kaum vorstellbaren digitalen Kontrollmöglichkeiten des Einzelnen und der Allgemeinheit, die neuen Transparenzen, eröffnen Missbrauch alle Art Tür und Tor. Die spektakulären Enthüllungen von Julius Assange und Edward Snowden demonstrierten nachdrücklich, dass es keine Hirngespinste sind, die Privatsphäre ebenso wie andere Freiheiten bedroht zu sehen. Die weltweite Debatte über „Netzneutralität" verweist auf die Gefahr, dass Netzbetreiber, Institutionen und Regierungen Inhalte von Plattformen, Diensten und Sendern sowie die Geschwindigkeiten bei der Datenübertragung gemäß politischen oder ökonomischen Interessen manipulieren könnten.

Kulturpessimisten werten die digitale Welt mit ihren Informationsfluten, der ständigen Verfügbarkeit des Wissens und dem Einfluss von Algorithmen dominierten Medienwelt als Gefahr für das Ideal einer informierten und gebildeten Gesellschaft. „Das Internet vermanscht unser Hirn", hatte der ehemalige F.A.Z.-Herausgeber Frank Schirrmacher (1959–2014) flapsig formuliert.[24] Das Internet „macht uns nachweislich vergesslich. Es verändert sich, wie wir jetzt wissen, wirklich etwas im Gehirn. Das hat mit der Reizüberflutung zu tun."

Digitale Gefahren unübersehbar

Auch der Untertitel seines Buches „Payback" verriet Schirrmachers Skepsis über die Segnungen der digitalen Ära. „Warum wir im Informationszeitalter gezwungen sind zu tun, was wir nicht tun wollen, und wie wir die Kontrolle über unser Denken zurückgewinnen".[25] Der F.A.Z.-Feuilleton-Chef fürchtete die Entmündigung der Bürger durch künstliche Intelligenz und digitale Systeme von Kontrolle und Manipulation. „Früher haben wir uns Informationen gesucht, heute suchen die Informationen uns — ob wir wollen oder nicht.“

Die Befürchtung, dass vor allem die Digital Natives Bildungsprobleme haben, wird durch manche Indizien gestützt: Professoren beklagen in vielen Ländern den erschreckenden Wissensmangel vieler Studenten. Der amerikanische Englischprofessor Mark Bauerlein (Emory-Universität Atlanta, Georgia) bezeichnete schon 2009 die Millennials (18 bis 31 Jahre) als die „dümmste Generation“ der US-Geschichte. In seinem zornigen Buch beschuldigt er die junge Generation der Unkenntnis von Geschichte und Politik sowie ihrer Fixierung auf Facebook und der Unwilligkeit zu lesen.[26]

Das Interesse junger Menschen am Gemeinwesen, die Bereitschaft zum Engagement in der Gesellschaft, scheint vielerorts auf einen neuen Tiefstand zuzusteuern. Viele Informations-Medien sind in einer Dauerkrise, die meisten Zeitungen verlieren weltweit seit vielen Jahren rapide an Auflage.

Kein Zweifel: Die digitale Revolution kann einem auch Angst machen. Aber natürlich ist all das nur die Kehrseite phantastischer neuer Perspektiven. Die digitale Ära ist vor allem ein weiterer Fortschritt in der Geschichte unserer Zivilisation.

Facebook-Gründer Mark Zuckerberg 2014 in San Francisco

Eine goldene Ära bricht an

Die Lebenserwartung des Menschen wächst, Wissenschaft und Medizin haben neue Horizonte. Das Alltagsleben wird einfacher, bequemer und reicher. Neue Industrien und Branchen blühen auf, neue Firmen entstehen. Schon jetzt hat die digitale Revolution einen einzigartigen Gründerboom ausgelöst. Noch nie ließen sich mit so wenig Kapitaleinsatz rasch wachsende Unternehmen aus dem Boden stampfen. Immer stärker übernehmen intelligente Maschinen mühsame menschliche Arbeit.

Auch Politik und Kultur profitieren enorm von Digitalisierung und Vernetzung. Völlig neue Möglichkeiten von Partizipation und Transparenz können die demokratische Gesellschaft bereichern. Neue Optionen eröffnen sich vor allem für alle bislang wenig gehörte oder beachtete Bürger, für Netzwerke, Basisgruppen, Randgruppen und Minderheiten.

Die Perspektiven und Gefahren der neuen Ära erinnern an frühere historische Schnittstellen, wie vor allem die Industrialisierung. Auch die digitale Revolution kennt viele Verlierer und viele Gewinner. Ganz sicher gehört jeder zu den Verlierern, der im fundamentalen Wandel nicht auch eine Chance sieht. Das gilt in ganz besonderer Weise für die Medienwelt und den Journalismus.

Widersprüchliche Trends

Während die einen den Tod von Branche und Profession voraussagen, schwärmen andere von einer Dominanz der Medien in der Gesellschaft, wie es sie bisher noch nie gegeben hat. Auch hier verwirrt die Gleichzeitigkeit widersprüchlicher Entwicklungen. Denn beide Tendenzen sind real und haben enorme Wirkungskraft.

Die gegenwärtige Krise der Informations-Medien beinhaltet ein weiteres Paradox. Nie zuvor nutzten die Menschen Medien intensiver als heute — obwohl aber Medien im Zentrum des Alltags stehen und der Medienkonsum boomt, spüren die meisten Medien schmerzhaft den Druck des aktuellen Strukturwandels, viele bangen sogar um ihre Existenz.

Manche Medien sind schon verschwunden, andere werden folgen. Das Berufsbild des Journalisten befindet sich weiter im Wandel. Aber dennoch lässt sich die moderne Gesellschaft noch am ehesten mit den

Begriffen Kommunikations-, Informations- oder Mediengesellschaft beschreiben. Unklar sind nur noch die künftigen Strukturen der Medienwelt, ungeklärt die künftigen Machtverhältnisse, offen der Geist dieser Zukunftsgesellschaft.

Medien, Social Media und Informations-Medien: eine Begriffsklärung

Bei allen Erörterungen über die Zukunft von Medien und des Journalismus sind Begriffsklärungen notwendig. So vielfältig der Begriff Medium von verschiedenen Wissenschaften und Denkschulen verwendet wird, so hat er in dem Kontext dieses Buches auch zwei Bedeutungen. Einmal ist alles, was als Kommunikationsmittel dient, ein Medium. Zum anderen sind mit Medien oft nur die professionellen Medien, meist die Massenmedien, gemeint. Der Zusammenhang sollte die jeweilige Bedeutung deutlich machen.

Kompliziert wird das alles noch durch den englischen Begriff Social Media, der im Deutschen als soziale Medien oder soziale Plattform übersetzt wird. Hier steht ohnehin die interaktive Kommunikation im Vordergrund – auch wenn solche Plattformen natürlich Adressen für journalistische Beiträge sind, zuweilen sogar extrem wichtige wie Facebook.

„Nur weil wir Google und Facebook zu Medien erklären, sind es nicht gleich Medien im Sinne journalistischer Berichterstattung, ... sondern es ist die Macht digitaler Distributionsplattformen, die vor allem Vernetzung betreiben und damit die Macht einer großer Menge haben, massenkommunikative Macht", schreibt Professor Altmeppen.[27]

Auch Buzzfeed ist für Nachrichten relevant

Früher war es relativ leicht, zwischen Informations- und Unterhaltungsmedien sowie der Spielewelt (von Kreuzworträtseln bis zu Videospielen) zu unterscheiden. Heute greift das viel zu kurz, die digitale Revolution und die zunehmende Konvergenz der verschiedenen Mediengattungen und der Unterhaltungselektronik sowie die Existenz von sozialen Plattformen und Blogs machen einfache Unterscheidungen unmöglich.

Weder Buzzfeed noch Facebook beispielsweise sind per se Informations-Medien – dennoch ist ihre Bedeutung auch für den seriösen Journalismus enorm. Im Zentrum dieses Buches stehen ohnehin weniger Probleme und Perspektiven von Medien, sondern die Zukunft des

I Revolution der Nachrichtenwelt?

seriösen Journalismus, die Rolle von Meldungen, Berichten und visuellen Darstellungen aus Politik, Wirtschaft, Wissenschaft und Kultur in den digitalen Gesellschaft.

Ähnliche Begriffsprobleme gibt es auch bei der Definition von „Nachricht". Zum einen gibt es einen gravierenden Unterschied zwischen News über Bahnstreik, Griechenlandkrise oder Erdbeben in Japan, den „hard news" also, und jenen „Nachrichten" über die Sex-Sucht von Filmstar Charlie Sheen, neue Tofu-Bratwürste oder Querelen im Fürstenhaus Monaco. In den Statistiken digitaler medien tauchen alle diese Berichte gleichberechtigt neben den „News" von Institutionen, Bloggern, Werbeagenturen oder Prominenten auf. Dieser Logik, Neuigkeiten qualitativ nicht mehr zu differenzieren, entspricht der Praxis von Google News seit 2015 neben den üblichen Nachrichten aus den Medien fast gleichberechtigt PR-Material von Autokonzernen oder Anlageberatern zu platzieren.

Zeitungen im Zentrum der Medienkrise

Der Strukturwandel im Medienbereich hat ein dramatisches Ausmaß. Deshalb beschäftigt das Thema nicht nur die Branche, sondern längst auch Politik, Wirtschaft und Wissenschaft. Seit den 90er Jahren treibt die technologische Entwicklung die Medien voran und gefährdet sie gleichzeitig. Nirgendwo wird das deutlicher als in der Zeitungs- und Zeitschriftenbranche. Zeiten, in denen Zeitungen für Verleger pflegeleichte Dukatenesel waren, sind Geschichte. Allerdings begann die Krise der Zeitungen — sowohl in Deutschland als auch in den USA — bereits in den 80er Jahren, also erheblich früher, als es das Internet gab.

Seit über 20 Jahren gilt die Faustregel, dass die deutschen Zeitungen jedes Jahr jeweils mindestens ein Prozent ihrer Auflage verlieren. Gab es 1990 noch eine tägliche Auflage von etwa 27 Millionen Blättern, so sind es 2014 nur noch 17 Millionen. Ähnlich ist es fast in allen industrialisierten Ländern, ganz besonders gravierend in den USA. Das Internet hat diese Entwicklung nochmals verstärkt. Nicht nur die Auflagen schmelzen dahin, auch die Werbeeinnahmen der Zeitungen brachen angesichts der neuen Konkurrenz im Internet massiv ein. Weder in Deutschland noch anderswo konnten die Verlage mit ihren Online-Auftritten auch nur annähernd die Anzeigenverluste der Druckausgaben ausgleichen.

Neue Konzepte und multimediale Angebote

Die Verlage reagierten mit neuen Konzepten — wie mit dem Ausbau der Lokal- und Regionalberichterstattung oder den Ratgeberseiten, mit Struktur- und Sparprogrammen, mit digitalen Offensiven und einer Vielzahl von Bezahlmodellen fürs Internet. Zudem wurde über das Kerngeschäft hinaus diversifiziert, sprich: Zeitungsverlage versuchten sich alleine oder mit Partnern als Veranstalter von Konzerten, Tagungen oder Reisen sowie mit allerlei anderen Zusatzgeschäften. Kaum eine Zeitung verweigerte sich dem modernen Mediengebot der Multimedialität. Fast alle setzen auf zusätzliche digitale Angebote. Ein Ergebnis der Krise vieler Verlage ist die zunehmende Konzentration in der Zeitungslandschaft. Besonders sichtbar wird das im Ruhrgebiet oder den Städten Frankfurt, Stuttgart und Bremen, wo jeweils einzelne große Zeitungsverlage die verschiedenen Blätter kontrollieren. Angesichts des allgemeinen Auflagenschwunds und der Einnahmeverluste ist es aber fast ein kleines Wunder, wie wenige Zeitungen tatsächlich aufgeben mussten.

Es gibt zwar fast überall Schrumpfungsprozesse in den Verlagen, zuweilen verbunden mit der Zusammenlegung von Redaktionen, dem Verzicht auf einen eigenen Mantelteil oder der Einstellung von Regionalausgaben. Aber ganz eingestellt wurden in Deutschland — anders als in den USA — nur wenige Blätter, vor allem kaum eine der großen Zeitungen.

Ganz verschwanden in den vergangenen Jahren nur die *Harburger Anzeigen und Nachrichten* (2013) und die *Financial Times Deutschland* (2012), die allerdings erst 2000 gegründet worden und ohne eine regionale Basis war. Viele Zeitungen allerdings wie die *Frankfurter Rundschau*, die Münchner *Abendzeitung*, der *Hanauer Anzeiger* oder die *Westfälische Rundschau* operieren nur noch mit deutlich kleineren oder gänzlich ausgelagerten Redaktionen. 1954 gab es in Deutschland noch 225 Tageszeitungen (publizistische Einheiten). 60 Jahre später war diese Zahl — vor allem wegen der fortschreitenden Verlagskonzentrationen — auf 129 gesunken.[28]

Höhenflug mancher Zeitschriften

Die Entwicklung der Zeitschriften ist denen der Zeitungen nicht unähnlich, betrachtet man vor allem die Publikumszeitschriften, die sich an eine breite Leserschaft wenden. Magazine wie *Der Spiegel*, *Fokus* oder *Stern* haben sowohl an Auflage wie auch an Anzeigen massiv verloren.

Insgesamt sank die Auflage der Publikumszeitschriften von 175 Millionen Exemplaren im Jahr 2005 bis 2015 um mehr als zwölf Millionen.

Dabei gibt es aber auch eine Reihe von Ausnahmen erfolgreicher neuer Magazine wie *Neon* oder *Landlust*. Noch besser ergeht es vielen „Special Interest"-Publikums-Zeitschriften, deren Vielfalt in den vergangenen Jahren enorm zugenommen hat. 1991 gab es 875, 2015 mehr als 1.500.[29] Eine Entwicklung, die auch die wachsende Individualisierung beziehungsweise Trivialisierung der Gesellschaft bestens veranschaulicht.

Skepsis gegenüber Prognosen angebracht

Besonders stark sind die Zweifel an der Zukunftsfähigkeit von Zeitungen, Zeitschriften oder News-Portalen, die auf ein breites Angebot mit großer Themenvielfalt setzen und nicht auf bestimmte Zielgruppen oder besondere Interessen fixiert sind. Die noch immer relativ hohen Auflagen von Zeitschriften und Zeitungen signalisieren allerdings, dass es noch länger dauern könnte, bis die Prognosen nach dem weitgehenden Verschwinden von Print Wirklichkeit werden. Nach wie vor gibt es offenbar noch ein sehr großes Bedürfnis in der Gesellschaft, in allen möglichen Medienformen durch eine unbekannte, überraschungsreiche Themenvielfalt zu flanieren, es besteht sichtlich noch viel Interesse daran, auf unerwartete und überraschende Inhalte zu stoßen.

Die anhaltenden Erfolge gedruckter Zeitungen und Publikumszeitschriften nähren die Skepsis gegenüber digitalen Zukunftsentwürfen mancher Medienexperten. Die zunehmende Loslösung journalistischer Produkte von Medien wie Zeitung oder Fernsehen zeigt sich allerdings in der wachsenden Zahl von Artikeln, Beiträgen, Bildern und Videos, die über soziale Plattformen verbreitet und aufgerufen werden. Facebook und Google tragen für viele Medien mehr zur Verbreitung ihrer Berichte bei als die eigene Zeitung oder Website.

De-Institutionalisierung des Journalismus

„De-Institutionalisierung des Journalismus" nennt der Bielefelder Soziologe Stefan Schulz[30] dieses Phänomen. Einen überzeugenden Beleg sieht er in der dramatisch gesunkenen Zahl der Webseiten-Besucher der *New York Times* zwischen 2011 und 2013 von 160 Millionen auf nur noch 80 Millionen Leser. Ursache war, dass immer mehr Amerikaner einzelne Artikel, die ihnen auf sozialen Plattformen von Freunden empfohlen wurden, lasen. „Eigentlich ist die Zeitung schon längst abgeschafft", konstatiert Schulz forsch. Ohnehin werde die Bedeutung des Geschriebenen radikal sinken. Der Soziologe ist aus dem Blickwinkel eines Journalisten ein besonders düsterer Vertreter der „Gutenberg-Parenthese".

Die Gutenberg-Parenthese

Den radikalsten Wandel von Medien und Gesellschaft beschreibt die „Gutenberg-Parenthese" der dänischen Wissenschaftler Lars Ole Sauerberg (Literatur) und Thomas Pettitt (Geschichte). In den vergangenen fünf Jahrhunderten hat demnach Gutenbergs Erfindung des Buchdrucks unsere Kultur dominiert (Marshall McLuhan sprach von der „Gutenberg-Galaxis"). Diese Ära, in der die gedruckte Form von Information und Wissen eine verlässliche Wahrheit suggeriert habe, sei nur eine „Parenthese" (wörtlich Einschub, Zwischenzeit), die mit dem 20. Jahrhundert ende, so die dänischen Professoren. Schriftliche Wissensvermittlung sei historisch eher eine Anomalie, mündliche Weitergabe von Wissen die Norm. „Die Zukunft ist mittelalterlich", behauptet Pettitt.

Dank der digitalen Revolution kehren die Menschen seiner Ansicht nach zurück zu Formen direkter, mündlicher Kultur (Oralität), wenngleich auf einem höheren technologischem Niveau.[31] Die Kommunikation werde flüchtiger, fließender und momentbezogen, so wie in Zeiten, als die Informationen von überall – von Reisenden, Nachbarn, dem Pfarrer oder dem Bänkelsänger – herkamen und deren Wahrheitsgehalt und Verlässlichkeit nur von Einschätzung jedes Einzelnen und seines engen sozialen Umfelds abhing. Ähnlich wie der Bauer im Mittelalter stehe der moderne Mensch (dank des Internets) in einem Strom von Gerüchten und Geschichten. Im Web schwinde die Bedeutung des geschriebenen, festgehaltenen Wortes zugunsten von direkter Kommunikation auf Plattformen, in Blogs und Jetzt-Zeit-Kommunikation (Skype, Periscope).

Schon das „Cluetrain-Manifest" sagte 1999 eine radikale Veränderung von Märkten, Kommunikation und Hierarchien voraus. Es entwarf in 95 Thesen die Vision von der neuen Macht aller Menschen gegenüber den alten Strukturen und die Rückkehr zu direkten, persönlichen Verhältnissen zwischen den Menschen. „Was wäre, wenn die unheimliche Faszination, die das Internet weltweit auf die Menschen ausübt, nicht in seinen bahnbrechenden Features, in seinen knalligen Interfaces oder in der fortschrittlichen Technologie der Datenleitungen liegt? Sondern stattdessen in dem atavistischen Rückschritt zur prähistorischen menschlichen Faszination für das Geschichtenerzählen?"[32]

Manch kluger Kopf ist fasziniert von der Gutenberg-Parenthese und folgt diesem waghalsigen Gedanken über eine weltumfassende palavernde Kommunikation. Das Web verändere die Organisation von Wissen und Information deutlich, „von der begrenzten, festen Form eines Buches oder einer Zeitung in etwas Flüssiges und frei Fließendes mit unbegrenzten Möglichkeiten", schreibt die Chefredakteurin des „*Guardian* Australia", Katherine Viner. Die Zeitung seit etwas Fertiges, Abgeschlossenes und Selbstgewisses. „Im Unterschied dazu werden digitale Nachrichten ständig aktualisiert, verbessert, verändert, bewegt, entwickelt, es gibt eine fortgesetzte Konversation und Kollaboration."

Zertrümmerte Hierarchien?

Für den Journalismus bedeute das, so Viner, „dass wir uns von einer eindimensionalen Verbreitung von Information" entfernen. Die Beziehung zwischen Journalisten und Lesern, „Empfängern und Sendern" werde fundamental neu definiert. „Wir sind nicht mehr länger die allwissenden Journalisten, die von oben herab Worte an die Leser richten … Die Digitalisierung hat diese Hierarchie fast über Nacht zertrümmert und eine demokratisierte Welt erschaffen … Und wenn man ihnen nicht zuhört, nicht mit ihnen arbeitet, nicht für sie arbeitet, ihnen nicht gibt, was sie wollen und brauchen, haben sie gewiss unzählige andere Orte, an die sie gehen können."

Eine demokratisierte Welt? Wirklich? Dass die Zahl jener wächst, die journalistische Arbeit geringschätzen, seichte Quassel- und Unterhaltungsplattformen aber sehr viel mehr, stimmt wohl. Aber diese Verflachung der Informations- und Wissenskultur auch noch zu begrüßen, scheint mir ein Irrweg, fast ein Suizid des Journalismus aus Angst vor dem Tod.

Tatsächlich hat der digitale Wandel die Welt strukturell radikal verändert, neue Optionen der Kommunikation, Interaktion und Mobilisierung beschert. Aber von einem Verschwinden der Macht der Eliten und der Märkte, der Institutionen und Konzerne ist nichts zu spüren. Eher im Gegenteil: Uns wird bewusst, welche neuen Gefahren sich mit den gigantischen Datensammlungen und der konzentrierten Macht von Facebook, Google, Amazon, Apple, Microsoft, YouTube und Twitter verbinden. „Es sind doch nicht die Leser, die die Medien herausfordern, … es sind Google, Facbeook und Twitter", schrieb der *Economist*.[33]

Gutenberg-Parenthese und Cluetrain-Manifest suggerieren einen historischen Freiheitssprung und schüren ähnliche idealistische Visionen wie jene, die in „Liquid Democracy" und „Schwarmintelligenz" unsere Zukunft sehen. Dabei scheint es wichtiger, Stimmen wie die der Chefin des IT-Unternehmens Teramark Technologies, Yvonne Hofstetter, ernst zu nehmen, die vor einem „brandgefährlichen", demokratie-feindlichen Denken des Silicon Valley und selbstgewissen, sendungsbewussten „Autokraten" warnt.[34]

Konstante unserer Zivilisation

Trotz der enormen Auswirkungen, die sie jeweils zu ihrer Zeit mit sich brachten, haben weder die Erfindung des Schießpulvers oder des Buchdrucks noch die industrielle Produktion noch die Luftfahrt oder das Fernsehen an den Eigenarten unserer Zivilisation grundlegend etwas verändert. Ungleichheit und Konkurrenz, Kampf um Macht und Besitz, Liebe und Hass, das Gute und das Böse sind Themen, die den Menschen der Bronzezeit ebenso bewegten wie den Bewohner des Silikon Valley heute. Warum sollte die digitale Revolution daran etwas ändern?

Jeff Jarvis behauptet in einem „Brief an ein Kind der Zukunft", dass es in 40 Jahren gar keine Bücher mehr geben wird.[35] Das Wissen habe sich dann „aus der Gefangenschaft in bestimmten Medien befreit und neue Wege und Formen" gefunden. Statt wie früher das Wissen der alten Griechen und Römer und später Autoren und Experten (die den Zugang zur Druckerpresse hatten) als Autoritäten zu bewundern, schätzten die Menschen im Internetzeitalter „das Wissen eines Netzwerkes". „Ich hoffe, dass Du in einer Zeit des vernetzten Wissens lebst, in dem sich Informationen, Analysen und Erkenntnisse frei zwischen Menschen und Maschinen bewegen, und dass sich das Wissen immer schneller verbreitet und neuen Wert schafft. Ich hoffe, Du lebst in einer Zeit, in der diese neuen Verbindungen wichtiger sind als die alten Konzepte von Nationen und Institutionen und deren künstliche Grenzen."

Welch eine leichtsinnige Missachtung unserer Schrift-Kultur! Kollektives Erinnern ist dem Soziologen Niklas Luhmann zufolge ohne Schrift nicht möglich. „Durch Schrift wird Kommunikation aufbewahrbar, unabhängig von dem lebenden Gedächtnis von Interaktionsteilnehmern … Der Übergang von der rein mündlichen Kommunikation zur schriftlichen erhöht ihre Wahrscheinlichkeit (mit Blick auf Reichweite, Wiederholbarkeit, Eindeutigkeit)", schreibt Luhmann.[36] Weder das Rechtssystem noch Organisationen können demnach ohne schriftliche, verbindliche Grundlagen existieren. „Ohne zu schreiben, kann man nicht denken; jedenfalls nicht in anspruchsvoller, anschlussfähiger Weise … Schrift leistet sehr viel mehr, als durch sie mitgeteilt wird."[37]

Stärke der „institutionalisierten" Medien ungebrochen

Mag sein, dass das Interesse an Medien, wie wir sie heute kennen, in einigen oder in vielen Jahren sinken wird. Zumindest derzeit aber präsentiert sich der „institutionalisierte Journalismus" in Form von

Zeitschriften, Wochenblättern und Monatsmagazinen noch immer als bärenstark und ein nach wie vor erfolgreiches Geschäftsmodell. Noch funktioniert hier die klassische Kombination von Verkaufserlösen, Werbeeinnahmen und Gewinnen aus allerlei medienfremden Sonderaktivitäten (wie Reiseangebote oder Kochkurse).

Die Frage ist, ob das auch noch so bleibt, wenn weiter entwickelte, individuell programmierte Aggregatoren oder auch die Weisheit besonders ausgetüftelter Algorithmen von Google und Facebook die facettenreichsten und komplizierten Bedürfnisse und Interessen des Medienkonsumenten im Web befriedigen können — selbst den Wunsch, völlig unerwartete und überraschende Geschichten präsentiert zu bekommen.

Manche glauben, es sei nur eine Frage der Zeit, bis diese gedruckten Medien in einer ökonomisch unbedeutenden Nische landen. Wer allerdings zu früh die Waffen streckt, den bestraft das Leben. Wie lebendig Printmedien sind, zeigen nicht nur die Erfolge zahlreicher neuer Zeitschriften, sondern auch manch andere Signale über die Attraktivität des bedruckten Papiers. Printmedien sind noch lange nicht tot.

Das US-Magazin *Newsweek* stellte 2012 ihre Printausgabe völlig ein, wollte nur — inzwischen gemeinsam mit dem Internet-Magazin *The Daily Beast* — noch als digitale Ausgabe Erfolg haben. Im Frühjahr 2015 die Kehrtwende. *Newsweek* gibt es wieder an den Kiosken, allerdings nur in einer Auflage von 70 000 — früher waren es bis zu 3,5 Millionen.

2014 produzierte dpa für Zeitungskunden eine strukturierte Sammlung von Texten für ein E-Book über den ersten Weltkrieg. Zum großen Erstaunen der zuständigen dpa-Tochter Infocom entschieden sich mehrere Zeitungsredaktionen auf Wunsch der Leser, das — mit regionalen Texten und Bildern ergänztes — E-Book als Druckausgabe anzubieten. Aber selbst den Inbegriff digitalen Wissens, das Wikipedia-Lexikon, gibt es ja bereits gedruckt.

Wachsende Sorgen auch bei Radio- und Fernsehsendern

Die Auswirkungen der digitalen Zeit kamen für die elektronischen Medien teilweise überraschend. Dem linearen Radio droht ein ähnlich großer Umbruch wie den Printmedien. Die digitalen Möglichkeiten, sich sein Programm — in der Regel Musik — selbst zusammenzustellen, sind enorm gewachsen.

Ohnehin lassen sich schon seit langem über Satelliten reine Musik-programme für alle Geschmacksrichtungen finden. Inzwischen gibt es Internet-Radioangebote ganz ohne Wortanteile. Musikstream-Dienste wie Spotify ermöglichen nicht nur eine persönliche Musikauswahl, sondern auch Algorithmen-gesteuerte Hörerprofile, die einem genau die Musik präsentiert, die man mag.

Öffentlich-rechtliche und private Programmradios mit einer Mischung aus Musik und Wortbeiträgen – meist schon zugeschnitten auf unter-schiedliche Hörergruppen – werden zwar noch gehört. Aber auch die Radiomacher fürchten eine Zukunft, in der unkompliziert genau das abgerufen wird, was man gerade hören möchte. Noch haben die meist stündlichen Nachrichtensendungen ebenso wie die reinen Nachrich-tenwellen hohe Einschaltquoten. Das haben sie aber auch der Tatsache zu verdanken, dass Radio als klassisches Begleitmedium – im Auto, bei Haushalts- oder Routine-Arbeiten sowie in Kneipen und Super-märkten – genutzt wird. Allerdings kratzt bereits ein Podcast-Boom am Radioerfolg, auch hier bedroht das „Radio on demand" und das Stream-Radio die traditionelle, lineare Radioübertragung.

Dabei galt das Radio lange als schnellstes der klassischen Medien, was dem Hörfunk besonders bei spektakulären Ereignissen wie Wahlen, Katastrophen, Terroranschlägen oder sportlichen Großereignissen einen enormen Vorteil gab. Inzwischen schlagen Twitter, Periscope oder Instagram locker das Radio bezüglich Schnelligkeit.

Auch die Fernsehmacher müssen umdenken

Fernsehsender bangen angesichts der unvermeidlich hohen Kosten des Mediums in besonderer Weise um ihre Zukunftsfähigkeit. Manche erklären schon das nahe Ende des traditionellen, linearen Fernsehens. Zu ihnen gehört der Begründer des Video-Streaming-Unternehmens Netflix, Reed Hastings. „ARD und ZDF braucht kein Mensch", behauptet er kühn.[38] Fernsehsender seien wie das alte Telefon. Natürlich gebe es auch heute noch das Festnetz. Aber inzwischen benutzten viel mehr Leute ihr Smartphone. Mal ganz abgesehen von dieser nur schwer zu beweisbaren Behauptung, funktioniert das lineare Fernsehprogramm weltweit noch recht erfolgreich – zumal es sich in Ländern wie Deutschland mit einer öffentlich-rechtlichen Finanzierung erstmal keine große Sorgen machen muss.

Sollte aber auch beim Fernsehen das Prinzip der Holdienste (Pull-Medien) die Oberhand gewinnen, stehen vor allem alle Nachrichten- und Informationsprogramme vor einer enormen Herausforderung. Hierzulande mag das öffentlich-rechtliche System die Strukturen auch künftig absichern, allerdings ist es schwer vorstellbar, dass der Umfang von journalistisch hochwertigen Fernseh- und Radiosendungen auch dann noch einen so großen Raum einnehmen, wenn sie nur kleine Publikumssegmente anlocken können.

Wie informieren sich die Menschen?

Wie viel Zeit die Menschen mit Medien verbringen, lässt sich relativ einfach erheben. Viel schwieriger wird es, wenn es um die Frage geht, wo und wie sie sich über die Welt informieren. Gegenüber vielen Studien scheint ein gesundes Misstrauen angebracht. Oft basieren die Ergebnisse nur auf reinen Befragungen. Jeder empirische Sozialforscher weiß um die teils gravierenden Unterschiede zwischen geschildertem und tatsächlichem Konsumverhalten. Der Kultursoziologe Martin Weichbold (Universität Salzburg) macht auf die wachsenden Probleme bei Umfragen aufmerksam und kritisierte die methodische Qualität vieler angeblich repräsentativer Befragungen. Die Bürger seien unnahbarer und „komplizierter geworden ... die traditionellen sozialen Milieus haben an Bindungskraft verloren", so der Soziologe. Ein anderes Problem seien die Auswirkungen sozialer Erwünschtheit. Kaum jemand bekenne sich bei Umfragen zu Parteien wie die deutsche NPD oder lange auch die österreichische FPÖ. Bei Bündnis 90/Die Grünen sei es umgekehrt. Wegen ihres fortschrittlichen Ansehens werden sie in Umfragen häufiger genannt, als sie anschließend gewählt werden.[39]

Auf eine repräsentative Umfrage stützen sich auch Wissenschaftler der Universität Düsseldorf, die 2014 untersuchten, wie Medien zur politischen Information genutzt werden.[40] Dabei erwies sich das Fernsehen nach wie vor als meistgenutzte Quelle, gefolgt von den Zeitungen. 81 Prozent der Befragten gab an, sich im Fernsehen zu informieren, 64 Prozent nannten Zeitungen. Online-Angebote wie *Spiegel Online (SPON)* oder *Bild.de* wurden nur von 32 Prozent angegeben. Sogar die 16- bis 29-Jährigen sagten, TV sei ihre wichtigste Quelle für politische Information.

Das Fernsehen ist auch nach den regelmäßigen Untersuchungen der Bayerischen Landeszentrale für neue Medien (BLM) das wichtigste

Medium für die Meinungsbildung in Deutschland.[41] Die im letzten Quartal 2014 erhobenen Werte zeigen, dass die Befragten dem Fernsehen (35 Prozent) gefolgt von Tageszeitungen (21,6 Prozent), Online-Medien (20,2 Prozent), Radio (19,9 Prozent) und Zeitschriften (3,3 Prozent) den größten Einfluss zuschreiben. Seit 2009 allerdings nimmt das Gewicht von Online-Medien demnach kontinuierlich zu.

Eine Untersuchung des Medienkonsumverhaltens von 16- bis 18-jährigen Jugendlichen zeigt die Dominanz der sozialen Netzwerke: So kam der Hightech-Verband BITCOM zu dem Ergebnis, dass sich 85 Prozent dieser Altersgruppe im Web über das Tagesgeschehen informieren.[42] Allerdings sagten 81 Prozent auch, dass sie sich auch übers Fernsehen informierten, eine Mehrheit nutzt demnach auch Radio und Zeitungen.

Smartphone und Facebook gewinnen rasant an Bedeutung

Nachrichten bleiben für alle aktuellen Medien ein zentraler Bereich ihrer Arbeit — völlig gleichgültig auf welchen Endgeräten die Informationen abgerufen werden. Die im Frühjahr 2015 veröffentlichte Studie des US-Instituts Pew Research Centers Washington zeigte, dass die Amerikaner immer häufiger Nachrichten auf mobilen Geräten wie Smartphones und Tablets als in Zeitungen oder auf ihrem PC lesen.[43] Erstmals war der Studie zufolge 2014 der mobile Medienkonsum größer als der am heimischen Computer.

Allerdings sinke die Aufmerksamkeit für Medien, die Verweildauer auf den Nachrichtenseiten ging von drei auf zwei Minuten zurück. Gleichzeitig stellte die Analyse auch ein steigendes Interesse an den Nachrichtensendungen lokaler Sender sowie an den Fernsehnachrichten am Morgen und am Abend fest. Die Erfahrung lehrt, dass die Entwicklung in Deutschland im Wesentlichen ähnlich verlaufen wird.

Einen rasanten Bedeutungsgewinn beim Nachrichtenkonsum hat demnach vor allem Facebook erzielt. Knapp die Hälfte der erwachsenen Facebook-Mitglieder in den USA beziehen ihre Informationen über die Welt fast ausschließlich über Facebook und Twitter. Die „friends" und „follower" suchen aber demnach eher selten gezielt nach Nachrichten — je nach der persönlichen Struktur der jeweiligen Facebook- und Twitter-Verbindungen stößt man — abgesehen von den Profis in Medien und Politik — eher zufällig auf Nachrichten, nämlich dann, wenn es oft genug von Freunden oder Kontakten gepostet, geteilt oder

I Revolution der Nachrichtenwelt?

getweetet wurde. Nach wie vor spielen Nachrichten eine zentrale Rolle bei allen Informations-Medien. Bei den Zeitungen gibt es allerdings manche Unsicherheiten über den Stellenwert der reinen Nachrichten im Blatt. Der oft gehörte Satz, die Leser wollten nicht nochmal das lesen, was sie am Vorabend schon im Fernsehen gesehen haben, ist ein weitgehend oberflächliches Argument. Zum einen ist die Zahl der Themen in den Nachrichtensendungen, selbst auf den reinen Nachrichten-TV-Sendern, relativ begrenzt. Zum anderen gibt es Hinweise darauf, dass viele Leser in der Zeitung — ebenso natürlich wie in digitalen Medien — eine vertiefende Information suchen.

Mut macht dem professionellen Journalismus der internationale Nachrichtenreport 2014 des britischen Reuters-Instituts. Es kommt beim Medienkonsumverhalten zu ähnlichen Ergebnissen wie die Wissenschaftler in Washington, auch wenn es offenbar noch manche Unterschiede zwischen Amerikanern und Europäern gibt. Die Reuters-Experten betonen, dass sich trotz der Trends zu Smartphone und Facebook das Informationsverhalten der Menschen keineswegs radikal ändere.

Es gebe Belege dafür, „dass vertrauenswürdige Medienhäuser und vertrauenswürdige Reporter für die meisten Menschen weiterhin wichtig bleiben". Die Medienlandschaft mag sich ändern, „aber die Auffassung von Glaubwürdigkeit, Aktualität („immediacy") und Relevanz bleiben Kernbestandteile des Erfolgs", so das Ergebnis der Untersuchung.[44]

Nachrichtenagenturen besser für den Wandel vorbereitet

Die Herausforderungen der digitalen Zeit, der sich verändernde Medienkonsum und die Krise vieler Medien trafen natürlich auch die unabhängigen, marktorientierten Nachrichtenagenturen. Allerdings haben sie in mancher Hinsicht eine bessere Ausgangslage. Gearbeitet wurde hier schon immer rund um die Uhr, jeden Tag im Jahr. Die sensible Orientierung an den sich wandelnden Kundenbedürfnissen gehört zum Geschäftsmodell des Dienstleisters. Ohne eine hocheffiziente Organisation, ohne ein profundes, weit gespanntes Netz von journalistischen Profis, ohne strenge Standards und permanente Qualitätskontrolle hätten sie nie die grundsätzlich respektierte Position in den Medienmärkten aufrechterhalten können.

Für Nachrichtenagenturen gab es nie den Ausweg der Nische oder die Beschränkung auf spezielle Bedürfnisse einer Kundengruppe. Agenturen waren auch schon immer gezwungen, die eigene journalistische

Arbeit besonders kritisch zu reflektieren. Denn Agenturen agieren auf der zentralen Bühne der Medienwelt, für alle Journalisten und Medienmanager einsehbar. Deshalb ist der Druck zu ständiger Innovation und Verlässlichkeit stets sehr groß gewesen.

Das alles erklärt, warum unabhängige Nachrichtenagenturen wie dpa oder AP im Vergleich zu fast allen anderen Medien bis zum heutigen Tag erstaunlich wenige Probleme haben, wenn es um Glaubwürdigkeit, Zuverlässigkeit und Unparteilichkeit geht. Allerdings ist das nur eine relative Feststellung — auch die Agenturen stehen mehr denn je im *Fokus* kritischer Beobachter.

4 Roboter drängen ins Nachrichtengeschäft

„I've come up with a set of rules that describe our reactions to technologies:

1. Anything that is in the world when you're born is normal and ordinary and is just a natural part of the way the world works.

2. Anything that's invented between when you're fifteen and thirty-five is new and exciting and revolutionary and you can probably get a career in it.

3. Anything invented after you're thirty-five is against the natural order of things."

Douglas Adams

Journalisten gehören seit Jahren zu den Arbeitnehmern mit besonders starken Existenzängsten. Nicht ganz zu Unrecht. In den USA sind, obwohl inzwischen 5000 Journalisten bei digitalen Nachrichtenplattformen angestellt sind[45], in den vergangenen zehn Jahren viele tausend Jobs für professionelle Journalisten verlorengegangen. In Deutschland sieht es nicht viel anders aus, zwischen 2012 und 2014 sind nach Angaben des Deutschen Journalistenverbands etwa 1000 Redakteursstellen gestrichen worden.

Datenrechner und Roboter übernehmen zunehmend die Arbeiten von Journalisten. Wurde die Geschichte der Industrialisierung und der frühen Digitalisierung vor allem vom Verschwinden mechanischer, oft auch kraftraubender, gefährlicher und stupider Jobs geprägt, sind nun zunehmend auch die anspruchsvolleren Arbeitsplätze des Mittelstands gefährdet. Einer Studie der Bank ING-Diba zufolge werden Roboter und andere Technologien in den kommenden Jahren etwa 18 Millionen der rund 31 Millionen sozialversicherungspflichtigen Arbeitsplätze in Deutschland überflüssig machen.[46] Bei Banken, Versicherungen oder der Reisebranche nimmt die Mitarbeiterzahl schon lange rapide ab.

Diese Entwicklung hat nicht nur eine ökonomische Seite, stellt nicht nur die Frage, wie viel Erwerbsarbeit künftig in unserer Gesellschaft überhaupt vorhanden ist. Noch gibt es auch kaum Vorstellungen davon, wie die uralte Beziehung zwischen Arbeit und Lohn als Basis für den Lebensunterhalt ersetzt werden könnte. Aber abgesehen von diesem dramatisch wichtigen Zukunftsthema der Verteilung ängstigt viele Menschen schon jetzt die Vorstellung, eine Arbeit zu verlieren, die weit mehr als nur ein Broterwerb ist. Arbeit bedeutet nach wie vor für sehr viele Menschen, insbesondere in den akademischen Berufen Sinn und Halt im Leben. Es hat wenig Sinn, darüber zu grübeln, ob die Voraussagen von Ex-Microsoft Chef Bill Gates, Tesla-Chef Elon Musk oder Astrophysiker Stephen Hawking stimmen, wonach in gar nicht ferner Zukunft künstliche Intelligenz sogar eine Bedrohung für die Menschheit werden könnte. Aber es lohnt, solange uns diese Welt noch untertan ist, erst einmal genau zu prüfen, ob künstliche Intelligenz Journalisten wirklich entbehrlich machen könnten.

Korrespondent ohne Chance gegen Roboter

Im Mai 2015 ließ der teilweise öffentlich-rechtliche US-Radiosender *NPR* teilweise einen Journalisten gegen einen Roboter antreten. Der *NPR*-Korrespondent im Weißen Haus, Scott Horsley, ein gelernter Wirtschaftsjournalist, ließ sich ein auf den Vergleich mit der Journalismus-Software „WordSmith" des Technologiekonzerns „Automated Insights" (Durham, North Carolina). Als am 4. Mai 2015 die Quartalszahlen der US-Fastfood-Kette „Denny's" veröffentlicht wurden, legten beide los. Aufgabe war, eine Meldung mit einer Länge von etwa 100 Worten zu verfassen. Das Ergebnis: Horsely brauchte etwa sieben, der Roboter zwei Minuten.[47]

Beim Vergleich der Meldungen besticht Horsleys (etwas längerer) Text mit mehr Lebendigkeit und Hintergrund: Eingebettet in die reinen Fakten sind Hinweise auf Denny's Spezialitäten, die Eröffnung einer großen Filiale in einem Casino in Las Vegas und eine besondere Betonung der unerwartet guten Geschäftszahlen. Der Computertext ist sachlicher, etwas knapper, aber mit mehr Details, auch mit Vergleichszahlen und Hinweis auf die übertroffenen Erwartungen der Finanzexperten. *NPR* verwies in der Analyse des kleinen Wettbewerbs darauf, dass es sicher kein großes Problem wäre, die auf größtmögliche Sachlichkeit getrimmte Software dem Stil der unterschiedlichen Medienkunden anzupassen, im Falle des Radiosenders beispielsweise mit einer etwas blumigeren Sprache.

Roboter haben vor allem in den USA schon längst Einzug in die Redaktionen gehalten. Insbesondere im Sport und in der Wirtschaft sorgen Algorithmen und standardisierte Textvorlagen für einen neuen Nachrichtenfluss. Allein das Unternehmen „Automated Insights" verkündete für 2014 insgesamt eine Milliarde Meldungen generiert zu haben. Das waren dem Medien-Institut Poynter zufolge mehr Artikel als in den USA im selben Zeitraum von Menschenhand geschrieben worden waren.[48]

„Automated Insight"-Gründer und Unternehmenschef Robbie Allan betonte allerdings, dass die meisten der eine Milliarde Nachrichten und Berichte für einen sehr begrenzten, persönlich zugeschnittenen Bedarf beispielsweise von Immobilienmaklern oder Spielern von „Fantasy Football" erstellt worden waren. („Fantasy Football" ist ein sehr beliebtes Spiel in den USA, bei dem Spieler mit virtuellen Mannschaften gegeneinander antreten.)

Roboter vor allem in Wirtschafts- und Sportredaktionen

Aber auch in den Medien haben die Roboter längst Einzug gehalten. Die Nachrichtenagentur AP operiert in der Finanzberichterstattung mit „Wordsmith", das in erster Linie Quartals- oder Jahresabschlussberichte börsennotierter Unternehmen in vorstrukturierte Texte integriert. Schon seit Oktober 2014 sendet AP diese vom Computer aus Daten und Textbausteinen zusammengefügten Texte, ohne dass ein Redakteur sie — wie in der Anfangsphase — noch gegenliest. Monatlich werden so etwa 1000 automatisch generierter Texte verbreitet.[49]

Natürlich fehlt den Texten jegliche Originalität oder gar sprachliche Finesse, aber die wird bei dieser Art von Wirtschaftsnachrichten auch kaum erwartet. Also folgen die Meldungen stets demselben Muster: „Das Unternehmen XYZ hat im 1. Quartal 2015 einen Umsatz von XXX Milliarden Dollar." Möglich sind zu diesen Meldungen auch automatisch generierte Infografiken oder aktualisierte Statistiken.

Zweifellos steht der Einsatz von Robotern im Journalismus erst am Anfang. AP hat angekündigt, die Software künftig auch für Wetterprognosen und vor allem im Sportressort einzusetzen. Damit soll die Berichterstattung ausgeweitet werden, weil mit der neuen Technik die Agentur unkompliziert auch über Spiele unterklassiger Ligen oder bisher wenig beachteter Sportarten berichten kann.

Die journalistische Software lässt sich inzwischen vielfältig einsetzen. Mit dem Programm „Quakebot" gelang es der *Los Angeles Times* (*LAT*) bereits am 17. März 2014 binnen drei Minuten ein Erdbeben in Zentral-Kalifornien zu melden. Die Software ist so programmiert, dass sie auf eine Erdbebenmeldung der amerikanischen Bundesbehörde „U.S. Geological Survey" reagiert und die Stärke des Bebens in einen vorgefertigten Text der Zeitung einfügt — worauf die Meldung auf der *LAT*-Website erscheint.

Roboter auch in deutschen Redaktionen

In Deutschland setzt die „Berliner Morgenpost" auf Roboterjournalisten. Beispielsweise werden die sehr detaillierten und grafisch illustrierten Meldungen über die Feinstaubbelastung in den verschiedenen Teilen der Hauptstadt ständig automatisch (für die Online-Ausgabe) generiert und aktualisiert. Das Fußball-Portal von *Radio Hamburg*, „FussiFreunde", erstellt seine Berichte dank der Software des Berliner Unternehmens Retresco.

Die französische *Le Monde* benutzte während der Regionalwahlen 2015 den Journalistenroboter „Data2Content". Das Programm schrieb 34.000 Meldungen über die Wahlergebnisse und die Prognosen.

Der ökonomische Vorteil von Roboter-Journalismus für die Medien liegt auf der Hand. Wenn es um Wirtschaftsberichterstattung geht, werde auch der Redakteur als mögliche Fehlerquelle bei dem oft umfangreichen Zahlenmaterial ausgeschaltet, heißt es in der Werbung der Software-Hersteller. Zudem eröffnet der Roboter dem Redakteur durch die Abnahme von Routinearbeiten mehr Zeit für zusätzliche Recherchen, Analysen und Kommentare. Gleichwohl ist es realistisch, davon auszugehen, dass mit der neuen Technik auch Arbeitsplätze eingespart werden.

Roboter produzieren „Verlautbarungsjournalismus"

Auch für die journalistische Arbeit der Redaktionen sind interessante Programme entwickelt worden, die erheblich zur Arbeitsentlastung der Journalisten beitragen. Die *New York Times*, die *BBC* und *Die Zeit* sind Medien, die das in Deutschland entwickelte „Tame"-Software-Programm zur Analyse und Kategorisierung von Twitter-Einträgen nutzen. Gegenwärtig werden in den Technologie-Firmen besonders Software-Programme (weiter-)entwickelt, die zu einer automatisierten Recherche, zur Überprüfung von Fakten und Daten sowie dem Durchforsten von sozialen Plattformen und Blogs in der Lage sind.

Politikerreden und Pressekonferenzen sollen dank neuer semantischer Verfahren automatisch in Meldungen komprimiert werden, durch Vergleiche mit früheren Aussagen und Ansprachen sowie der Analyse der Reaktionen im Web sollen Kernaussagen von Reden identifiziert werden — im Grunde ist das der Versuch, den oft geschmähten „Verlautbarungsjournalismus" zu automatisieren. Die Frage ist nur, wer daran wirklich ein Interesse hat.

Der Berliner Journalist Lorenz Matzat verwies auf die neuen Optionen für die Individualisierung von Nachrichten: Entsprechend der konkreten Beschreibung der Interessen, könnte jemand dank automatisierter Nachrichten Informationen aus seiner Gemeinde, seiner Branche, seinem Lieblingsverein, der örtlichen Verkehrslage und dem lokalem Wetter erhalten, alles auch umsetzbar in Audiostücke, angereichert mit Videos, Fotos und Grafiken.[50]

Grenzen des Software-Reporters: Putins Strategien oder Kochkünste von Bocuse

Sobald es um Journalismus geht, der über bloße Fakten und Daten hinausgeht, haben Computer in den Medien jedoch wenig verloren. Gerade bei den wesentlichen Aufgaben des Journalismus versagt der Roboter (solange ihm die Intelligenz und die psychologischen und emotionalen Fähigkeiten der Menschen fehlen): Die verständliche und sinnvolle Reduktion komplizierter Zusammenhänge, die Fähigkeit zu berührenden und spannenden Geschichten, die Analyse und Bewertung von politischen Entscheidungen, wirtschaftlichen Entwicklungen oder kulturellen Höhepunkten oder die Schilderung von Kochkünsten — dazu braucht es den guten, alten Journalisten.

5 „Demokratisierung" des Journalismus?

„Wenn ein zweites 9/11 passiert, werden jene Blogger, die derzeit als Hypes im Internet gefeiert werden, in der Bedeutungslosigkeit versinken. Alle Nutzer werden dorthin gehen, wo sie die vertrauten und die gewohnten Informationen bekommen: zu den traditionellen Medien."

Prof. Klaus Dieter Altmeppen, März 2015[51]

Als ich 1983 zum ersten Mal nach Afrika kam und über die gnadenlose Vertreibung der Menschen aus Ghana in Nigeria berichtete, war ich gewissermaßen Auge und Ohr der deutschen Öffentlichkeit. Denn außer meinem Kollegen Andreas Kohlschütter gab es keinen anderen deutschsprachigen Korrespondenten, der dem Treck der zwei Millionen Flüchtlinge über die etwa 500 Kilometer entlang der ehemaligen „Goldküste" folgte. Um — gemäß damaligen Vorstellungen — aktuell berichten zu können, verbrachte ich manche Nacht in dreckigen, stickigen Postämtern, um nach Stunden Wartezeit dank einer zeitweise funktionierenden Leitung meine Berichte per Telex-Streifen nach Hamburg abzusetzen. Währenddessen konnte mein Schweizer Kollege akribisch an seiner großen Reportage für *Die Zeit* feilen.

Als ich 2013, inzwischen als dpa-Chef in Afrika, in der nigerianischen Hauptstadt Abuja über die Terroranschläge von Boko Haram berichtete, gehörte es zum Alltag, dass mich Kollegen in der Berliner Zentrale — fleißig im Internet recherchierend — über allerlei Randaspekte und neue Zwischenfälle in dem bevölkerungsreichsten Land des Kontinents aufmerksam machten.

Das globale Dorf ist für Journalisten längst Alltagsrealität

Digitalisierung und Vernetzung haben in mancher Hinsicht auch den Reporter zum Verlierer gemacht — er hat vor allem sein kostbarstes Privileg verloren, für die Öffentlichkeit die wichtigste Quelle für Informationen und Geschichten in aller Welt zu sein. Soziale Plattformen, Dienste wie Twitter und Periscope erlauben schneller und rein quantitativ erheblich mehr Einblicke in die Ereignisse auf der Welt, als ein Korrespondent es je könnte.

Bedeutungs- und Prestigeverluste sind meist Teil der Journalistenkarrieren meiner Generation. Denn vor allem die traditionellen Medien haben insgesamt an gesellschaftlicher Deutungshoheit eingebüßt. Für die Apologeten einer neuen digitalen Welt sind das alles begrüßenswerte Entwicklungen hin zu einer Gesellschaft, die sich in erster Linie auf sozialen Plattformen und dank Blogs, Tweets und Postings informiert, Bildern und Videos anschaut. Wer würde auch bestreiten wollen, dass eine große Zahl von Informationsquellen grundsätzlich sinnvoll und gut sind.

Nutznießer dieser Entwicklung sind zahllose Blogger und Autoren, Menschen mit den unterschiedlichsten sozialen und kulturellen Hintergründen, die sich oft als „Journalisten" gerieren und mit allerlei Beobachtungen und Stellungnahmen, Informationssplittern und Geschichten, Smartphone- und Home-Videos und Fotos ins digitale Netz drängen. Manche YouTube-Stars erfreuen sich einer Millionenschar von Abonennten ihrer Kanäle. Manche interpretieren die Vielfalt von Texten und Sendungen als eine Art „Schwarmjournalismus", der auch einen wichtigen Beitrag zur Demokratisierung der Medien leisten könne, ja sogar als eine neue, „fünfte Gewalt" in der Demokratie angesehen werden könne — neben Exekutive, Judikative, Legislative und dem traditionellen Journalismus.

„Fünfte Gewalt" hat viele Gesichter

Cyber-Utopisten fasziniert die Vorstellung, dass nicht mehr Medien Öffentlichkeit herstellen, sondern die Öffentlichkeit in einer ungeahnten Breite mit sich selbst kommuniziert, die Bürger sich dank Blogs, Facebook oder Twitter gleichzeitig informieren und informiert werden, Kommunikation und Debatten ein bislang unbekannt großes Ausmaß der Gesellschaft einschließt. Traditionelle Medien spielten in diesem Szenario nur noch eine marginale Rolle.

Die Apologeten einer neuen Web-Kultur und einer „Liquid Democracy" spekulieren darauf, dass das angeschlagene Monopol des professionellen Journalismus bald einer angeblich „demokratisierten" Informationsgesellschaft weichen werde. Die Wucht, wenn nicht sogar das vermeintliche Genie der „Schwarmintelligenz" und die neue Macht von Abermillionen Quellen in sozialen Netzwerken und Blogs sowie von computer-generierten Daten werden demnach unzählige, neue Nachrichtenrealitäten schaffen. Deren Qualität, so glauben manche, wäre dem weitgehend eindimensionalen Nachrichtenbild klassischer Medien hoch überlegen. Zweifel sind mehr als angebracht.

Mit sozialen Plattformen und neuen digitalen Diensten, den Kampagnen und Shitstorms, den spontanen Bewegungen und neuen Interessenzirkeln ist im Internet tatsächlich etwas völlig Neues entstanden. „Die vernetzten Vielen sind zur neuen Macht geworden", konstatiert Prof. Bernhard Pörksen (Universität Tübingen). Diese „fünfte Gewalt" habe viele Gesichter, sei „hässlich und grausam, klug und moralisch, mal am Gemeinwesen und einer funktionierenden Demokratie interessiert, dann wieder zerstörerisch", schreibt Pörksen.[52]

Man könnte durchaus von einer „fünften Gewalt" sprechen. Ihre Erfolge sind schon jetzt legendär — Firmen wie Nestlé und Dell, Politiker wie Rainer Brüderle oder Christian Wulff wissen davon ein Lied zu singen. Mit Journalismus aber hat diese „fünfte Gewalt" sehr wenig zu tun, geschweige denn, dass sie mit gutem Grund beanspruchen könnte, der Demokratie zu nutzen. Nicht nur deshalb, weil diese neue Macht oft peinlich und dazu noch oft anonym auftritt, häufig von heftigen Emotionen, finsteren Ideologien und penetrantem Missionsdrang getrieben ist. Es gibt viele Gründe, dieser neuen Macht zutiefst zu misstrauen: es gibt keinen, der hier Verantwortung übernehmen kann, keine Ansprechpartner, oft nur eine amorphe, unorganisierte Masse ohne Verbindlichkeit, Regeln und Ansprechpartnern — auch das unterscheidet sie von den anderen vier Gewalten.

Auch die Mächtigen nutzen die Optionen des Netzes

Zur neuen Macht im Internet gehört auch die Unzahl professioneller Agitatoren und PR-Dienste. US-Präsident Barack Obama erkannte als einer der ersten Politiker die Möglichkeiten der Web-Kommunikation. Im Wahlkampf 2008 ließ er Heerscharen von Unterstützern auf sozialen Plattformen und mit Twitter für sich werben und Geld einsammeln.

Heute nutzen viele Konzerne, Politiker und Regierungen das Netz mit großem Erfolg. Probleme dabei bekamen nur jene, die mit großem Idealismus das demokratische Potential im Web erschließen wollten. Insbesondere die Piratenpartei scheiterte kläglich, mit ständigem Dialog und Austausch im Netz ein Höchstmaß an lebendigen Debatten und demokratischer Partizipation zu erreichen. Mangelndes Interesse und destruktive Trolle ernüchterten die Piraten binnen zwei Jahren. Das Netz hat dennoch mit einer Vielfalt neuer Informationsblogs und -sendungen von Amateuren mit mer oder minder hohem journalistischem Anspruch durchaus zu einer Bereicherung der Medienlandschaft beigetragen. Dazu gehören kleine, ambitionierte und um Seriosität bemühte Internet-Medien, oft im lokalen Bereich zu finden, aber auch die neuen YouTube-Stars (fast ausschließlich von Jugendlichen genutzt) oder Programme wie die YouTube-Interviewsendung „Jung und Naiv". Manche orientieren sich ehrgeizig an professionellen Medienvorbildern, andere sind bewusst subjektiv und emotional. Fast allen ist gemein, dass sie an einem erkennbaren Mangel an journalistischer Qualität leiden.

Medien adeln Informationen und Nachrichten

Ein gutes Beispiel dafür ist die millionenfach aufgerufene Sendung „Jung und Naiv" der drei Initiatoren Tilo Jung, Alex Theiler und Hans Hütt. Das Niveau ihrer Interviews schwankt zwischen den bewusst simplen journalistischen Angeboten für Kinder in seriösen Medien und der sogenannten „Leichten" oder „Einfachen Sprache". Diese vor allem in der Politik und von Behörden und Institutionen verwendete Ausdrucksweise zielt auf Menschen mit geringen Deutsch-Sprachkompetenzen wie Ausländer und geistig Behinderte.

Doch so ehrenwert diese Bemühungen auch sind, ein politisch eher naives und weniger interessiertes junges Publikum zu erreichen, so problematisch erweist sich ein solches Konzept in der Praxis. Denn zum Journalismus gehören neben der Verständlichkeit auch profundes Wissen der Autoren, Distanz und Skepsis, das hartnäckige, kritische Hinterfragen. Wer sich das 52 Minuten lange Gespräch von „Jung und Naiv" mit PDS-Politiker Georg Gysi (Mai 2015) anschaut, hört den Ex-SED-PDS-Vorsitzenden unwidersprochen sagen, das Verhältnis von Merkel zu Obama sei so wie früher die Beziehung zwischen dem DDR-Staatsratsvorsitzenden zur Sowjetführung. Oder die Überwachung der NSA sei gravierender als die Methoden des früheren DDR-Staatsicherheitsdienstes.

„Blogger besitzen seltener als wir die Tugenden, auf die es ankommt: Weltkenntnis, Misstrauen, Augenmaß, klares Deutsch und den Willen, von möglichst vielen gehört, gelesen und verstanden zu werden", schrieb Journalisten-Lehrmeister Wolf Schneider.[53]

Die meisten neuen Stimmen und Quellen im Internet haben mit Qualitätsjournalismus wenig zu tun. Allerdings können sie — vor allem als interessante Stimmen aus der Bevölkerung, als kritischer Begleiter von

Medien oder als Tippgeber — durchaus dazu beitragen, die journalistische Arbeit der Profis besser zu machen.[54]

Schwarmjournalismus ist kein Journalismus

In erster Linie aber verstärkt diese „fünfte Gewalt" vor allem den Einfluss von Stammtisch- und Verschwörungstheorien, von missionarisch getriebenen Ideologen und schlichten Spinnern. In mancher Hinsicht — sobald diese Stimmen nämlich überbewertet und ernst genommen werden — hat das faktisch schon jetzt einen zutiefst negativen Einfluss auf die Qualität wirklich journalistischer Arbeit. Das geschieht immer dann, wenn Journalisten schon bei dem Aufschrei von ein paar tausend Twitter-Followern in ihren Texten von einer Welle des Protests schreiben — obwohl sich hier manchmal nur Randgruppen lautstark Gehör verschaffen. Schwarmjournalismus ist kein Journalismus.

Qualitätsjournalismus unterliegt strengen Standards, sowohl beim Sammeln, Schöpfen und Einordnen von Nachrichten als auch bei den berufseigenen Methoden und Instrumenten von Recherche, Schreiben, Produzieren. Zu dieser mühsamen, aufwändigen Arbeit gehören auch die Entlarvung von Desinformation und Manipulation, das stete Bemühen, selbst unterschwellig Tendenziöses zu vermeiden.

Noch immer gilt, dass erst Qualitätsmedien schon allein mit ihrer Auswahl Informationen und Nachrichten adeln. Noch gilt ungebrochen, dass gesellschaftliche Relevanz nur gewinnen kann, was von den traditionellen Medien vermittelt wird. „Partizipatorische Formen im Internet ersetzen nicht die nachrichtlichen News-Angebote", betont Kommunikationswissenschaftler Michael Haller.[55]

Auch Snowden vertraute traditionellen Medien

Ebenso wenig wie sich die „Schwarmintelligenz" rühmen könnte, zu irgendeiner Erfindung oder wichtigen Innovation wesentlich beigetragen zu haben, ebenso wenig gibt es Belege für journalistische Leistungen, die Kollektiven oder Bloggern zu verdanken sind — außer sie waren Tippgeber. Der Whistleblower Edward Snowden, der die westliche Welt mit der Veröffentlichung brisanter Geheimdokumente aufwühlte und Regierungen in Washington und London provozierte, gab sein Material nicht an irgendeine Plattform oder einen Blogger, sondern zunächst an die *Washington Post* und den englischen *Guardian*, später auch anderen Medien. Erst nachdem die renommierten Medien die Papiere ausgewertet, gewichtet und analysiert hatten, konnten sie ihre politische Wirkung entfalten.

Etwas anders gelagert war der Fall Julius Assange. Dieser nutzte zwar zunächst die äußerst umstrittene Enthüllungsplattform Wikileaks. Allerdings reagierte die Öffentlichkeit vor allem auf die von traditionellen Medien verbreiteten Berichte über die geheimen Kriegspapiere der US-Streitkräfte. Zwischen 2010 und 2015 funktionierte Wikileaks nicht mehr — Ergebnis sicher auch der entsprechenden Bemühungen der US-Regierung, da die Betreiber nach ihrer Auffassung klar gegen Gesetze verstoßen hatten. Seit 2015 präsentiert Wikileaks wieder geheime Dokumente, wie etwa aus dem NSU-Untersuchungsausschuss — ganz unabhängig von der politischen Bewertung solchen Vorgehens ist diese Plattform auf jeden Fall kein journalistisches Medium.

Medien waren Gewinner der säkularisierten Gesellschaft

Journalisten wie traditionelle Medien haben durch die digitale Revolution insgesamt massiv an Deutungshoheit und gesellschaftlicher Autorität verloren. Dabei war in der zweiten Hälfte des 20. Jahrhunderts die Entwicklung in den demokratischen Ländern des Westens zunächst genau entgegengesetzt verlaufen.

Die traditionellen Säulen der Gesellschaft waren seit den 60er Jahren immer stärker ins Wanken geraten. Der Zusammenhalt von Familien und Ehen schwand. Die Emanzipation der Frau, das neue Selbstbewusstsein von Minderheiten, die sexuelle Revolution und die rebellischen, anti-autoritären Bewegungen sorgten für einen enormen Zugewinn an Freiheit und Selbstbestimmung des Individuums.

Damit verknüpft war allerdings auch eine wachsende Orientierungslosigkeit und Verunsicherung in der Gesellschaft. Die Befreiung von den alten Autoritäten, von Kirche und Obrigkeit, nahm den Menschen auch nicht hinterfragte Gewissheiten vom Leben, bescherte die zwiespältige Freiheit, über Gott und die Welt, Moral und Werte selbst urteilen zu dürfen — oder zu müssen. Zu den Profiteuren dieser zunehmend säkularisierten, desillusionierten und in vieler Hinsicht skeptischen Gesellschaft der Moderne zählten vor allem die Medien.

Ambivalenz gegenüber Medien

Zwar gab es an ihnen schon immer heftige Kritik, insbesondere von Intellektuellen, die sich gerne über die *Bild*-Zeitung oder private Fernsehsender empörten. Nicht viel anders war das in Ländern wie den USA, Italien oder Großbritannien. Dennoch schienen Medien eine wichtige Rolle zur Deutung der Welt zu übernehmen, ungeachtet des schwindenden Vertrauens der Menschen in die Medien, das begleitet wurde von einem noch sehr viel deutlicheren Verlust an Ansehen für Journalisten.

Aber das Verhältnis der Gesellschaft zu den Medien blieb ambivalent. Denn der Beruf des Journalisten war jahrzehntelang auch ein Traumberuf für viele junge Menschen. Dieses Phänomen war nur ein Hinweis auf die machtvolle Rolle der Medien für die öffentliche Meinung und die Orientierung der Gesellschaft.

Angesichts des Bedeutungsgewinns der Massenmedien seit den 60er Jahren sprachen Politologen schon von einer Mediendemokratie. Der Dortmunder Politikwissenschaftler Thomas Meyer beschrieb mit dem Begriff „Mediokratie" die „Unterwerfung" der Politik unter die Mechanismen und den Erfordernissen der Medien.[56]

Diese Orientierung an der öffentlichen Wahrnehmung bewirkte, dass vor allem die Politiker Selbstdarstellung und Inszenierung immer wichtiger nahmen. Was in den Massenmedien geschah, war entscheidend. Das beginnt sich zu ändern. Die digitale Revolution erweist sich nun als eine ernsthafte Herausforderung für die gesellschaftliche Bedeutung der Medien.

Medien reagieren auf „fünfte Gewalt"

Blogger haben durchaus schon oft zu journalistischer Qualität beigetragen, insbesondere wenn es um die Kontrollfunktion der „vierten Gewalt" und die Aufdeckung von Skandalen und Missständen ging. Für den Journalisten Richard Gutjahr, einem Experten der digitalen Medien, war die sogenannte Haderthauer-Affäre in Bayern dafür ein Beleg.[57] Es zeige, „wie das Internet das Machtgefüge aus Politik und Medien verschiebt und wie Journalismus funktionieren kann, wenn Blogger und Journalisten zusammenarbeiten."

In der Tat gehörten die Bloggerin Ursula Prem, eine gelernte Opernsängerin aus dem Frankenland, sowie einige andere Mitstreiter im Internet zu den treibenden Kräften, die die CSU-Politikerin Christine Haderthauer aus Amt und Würden vertreiben konnten. Die frühere Sozialministerin und Staatskanzleichefin, eine Vertraute des bayerischen Ministerpräsidenten Horst Seehofer, musste am 1. September 2014 zurücktreten.

Hintergrund waren dubiose Geschäfte ihres Mannes, Landgerichtsarzt Hubert Haderthauer, mit hochwertigen Modellautos. Diese waren im Rahmen von Arbeitstherapie in den Bezirkskrankenhäusern Ansbach und Straubing von Häftlingen hergestellt worden. Zeitweise unterstanden diese Kliniken der damaligen Ministerin Haderthauer.

Seit Mai 2013 hatte Ursula Prem mit hartnäckigen Recherchen, die sie in ihrem Blog veröffentlichte, geholfen, die befremdlichen Geschäfte des Ehepaars Haderthauer mit den Oldtimermodellen aufzudecken. Sie war die Erste, die die Spur der Affäre aufnahm. Rasch griffen die Medien den Fall des Psychiaters auf, der Patienten Modellautos für einem Hungerlohn bauen ließ und sie später zu schwindelerregenden Preisen von bis zu 20.000 Euro verkaufte.

Prem arbeitete sowohl mit anderen Bloggern wie der „Nixe Muschelschloss" und „Ernst von All" als auch mit Journalisten großer Medien wie dem *Spiegel*, dem *Stern* oder der *Süddeutschen Zeitung* zusammen. Die Netzaktivistin blieb jedoch beharrlich bei der Affäre, auch als zunächst Haderthauer dank der Rückendeckung durch Seehofer die kritischen Berichte in der Öffentlichkeit aussitzen und politisch überleben konnte. Gutjahr beschrieb das „Trommelfeuer" von Tweets und Posts in Facebook, mit dem Prem vor allem Bayerns Justizministerin Merk immer weiter in die Defensive trieb.

Zahlreiche Journalisten — wie auch besorgte CSU-Funktionäre — folgten Prem auf Twitter. Trotz vieler, vor allem juristischer Einschüchterungsversuche aus München blieb Prem unbeirrt. Allerdings hätten die Anwälte Haderthauers „einen strategischen Fehler gemacht", so Gutjahr. Die Juristen warnten die Landtagskorrespondenten von dpa, *SZ*, des *Bayerischen Rundfunks* (*BR*) und des *ZDF*, dass „eine Berichterstattung über Dr. Hubert Haderthauer nicht zulässig ist". Einen solchen Maulkorb ließen sich die Medien nun nicht gefallen, recherchierten intensiver als je zuvor, fanden neue Dokumente, konnten Aussagen von Christine Haderthauer widerlegen — was schließlich zu ihrem Rücktritt führte.

Ein Blog ist keine Zeitung

Sicher war diese Geschichte ein Beleg für einen Wandel „im Machtgefüge der Republik", wie Gutjahr schrieb. Er zitiert *SZ*-Journalist Dietrich Mittler, der in den Amateurreportern mehr als nur Tippgeber sieht: „Jeder Blogger ist für sich eine eigene kleine Zeitung." Das nun stimmt genau nicht.

Denn eine Zeitung ist so viel mehr als nur ein Medium zur Verbreitung von Berichten. Ohne die Arbeit der professionellen Journalisten, ohne die akribische Prüfung von Quellen, Fakten und Dokumenten sind die im Blog verbreiteten Informationen ein äußerst heikles, schwer zu beurteilendes Gut. Zum professionellen Handwerk des Reporters kommt ja auch die Qualität des Mediums hinzu. Die *SZ*, der *Spiegel* oder der *BR* stehen für journalistische Werte, haben sie ihre Reputation über Jahrzehnten verdient, unterliegen intern und extern vielen Arten von Qualitätskontrollen.

Ein Blogger oder YouTube-Star mag Millionen Follower haben, die ihren Stars blind vertrauen. Maßstab für die Qualität von Journalismus kann aber doch nicht die Zahl der Klicks, Freunde oder Nutzer sein. Das wäre genauso, als ob die Anhänger eines obskuren Gesundheitsgurus durch ihre schiere Zahl die Qualität der Heilmethoden belegen würden.

Eindringlich warnt auch der *F.A.Z.*-Mitherausgeber Werner D'Inka vor der „schleichenden publizistischen De-Professionalisierung".[58] Blogs seien eben keine „besonders authentische Form des Journalismus", schreibt D'Inka. Blogger und „Graswurzeljournalisten" überließen meist professionellen Medien die Recherchearbeit, schöpften ab, was Zeitungen kostenlos ins Netz stellen. Seriöser Journalismus sei „mehr als nur Geschichtenerzählen ... keine Heimwerker-Beschäftigung, sondern ein Beruf, der bestimmte Fähigkeiten und Kenntnisse verlangt."

Der *F.A.Z.*-Journalist spricht es nicht aus, aber macht deutlich, dass für ihn Blogger und Bürgerjournalisten meist nur Dilettanten seien. Aber, so fragt er, „würden wir uns auch von einem Bürgerchirurgen den Blinddarm entfernen lassen?"

Journalisten lassen sich beeindrucken

Die Erfolge der neuen Kommunikatoren im Internet haben allerdings sehr viele Macher und Journalisten in den traditionellen Medien tief beeindruckt. Die Verunsicherung der Branche ist offensichtlich. Manche Journalisten versuchen ihre Modernität mit einer besonders intensiven Umarmung der neuen Web-Welt zu belegen. Viele Medien haben die Schleusen weit für Blogs, Leserforen und einer neuen Verlinkungskultur geöffnet. Das ganze firmiert dann unter dem fragwürdigen Begriff „partizipativer Journalismus".

Die Bild-Zeitung führte 2014 online ein, was Buzzfeed schon lange seinen Nutzern anbot: Sie können mit einem Klick ihren Gefühlen freien Lauf lassen und das der Welt mitteilen. Bei der Bild gibt es die Wahl, auf einen Beitrag mit „Lachen", „Weinen", „Wut", „Staunen" oder „Wow" zu reagieren. Auffallend ist die besondere Vorliebe für den „Wut"-Knopf: Nach der TV-Talkshow von Anne Will am 20. Mai 2015 über das EU/US-Handelsabkommen TIPP, bei der auch dank Friedrich März (CDU) und Sahra Wagenknecht (Die Linken) alle Sichtweisen kontrovers zu Wort kamen, reagierten 692 Bild-Leser mit „Wut", 239 mit „Lachen", rund ein hundert Leser insgesamt weinten, staunten oder waren „Wow"-beeindruckt. Vielleicht nicht untypisch für die allgemeine Vehemenz im Netz.

Die Beteiligung von Zuschauern, Hörern und Nutzern sozialer Netzwerke bei Veranstaltungen oder Sendungen hat ein bislang unbekanntes Ausmaß angenommen. Gingen vor einigen Jahrzehnten vielleicht täglich Tausende, in besonderen Fällen insgesamt vielleicht sogar Hunderttausende Leserbriefe und telefonische Reaktionen in Medienhäusern ein, so sind es heute viele Millionen, die die Medien — sehr häufig mit drastischer Kritik — begleiten.

Zunehmende Infantilisierung

„Ich kenne keine andere Berufsgruppe, die sich in so kurzer Zeit so freigiebig der Mitsprache und dem Mitspracherecht durch alle und jeden geöffnet hat. Es wäre mir jedenfalls neu, dass sich der Metzger über die Güte des Fleisches dreinreden lässt oder der Neurologe seine Diagnose von den Likes seiner Postings abhängig macht", kritisiert der Ex-Chefredakteur der Neuen Zürcher Zeitung (NZZ), Markus Spillmann.[59]

Der Publizist würdigt zwar durchaus auch manches Gute der „viel besungenen Demokratisierung des Internets" für den Journalismus. „Leider steht auf der Negativseite eine zunehmende Infantilisierung und Verarmung dessen, was wir gemeinhin als Journalismus bezeichnen. Schund und Ramsch vermengt sich mit Werthaltigem und Tiefsinnigem. Diese Melange ist daher so fatal, weil sie für den Konsumenten nicht mehr erkennbar aus mehreren Teilen besteht, sondern eine graue Molasse ist." Die Einbindung des Konsumenten gefährde letztendlich „grundlegende journalistische Prinzipien".

6 Digitale Medienrealitäten: Web-Giganten und Blogs

„Das Jahr 2049. Die Welt nach der analogen Apokalypse. Verlage und TV-Sender sind nicht mehr. Die Kommunikation der Menschheit ist aufgegangen in eine globale Facebookratie. Das Protokoll vom Ende der Massenmedien, wie wir sie kannten."

Richard Gutjahr, Mai 2015[60]

Journalisten sind auch nur Menschen. Angesichts all der Probleme des Berufstandes, von Arbeitsverdichtung über den Bedeutungsverlust bis hin zur Gefährdung des Arbeitsplatzes, ist es nur zu verständlich, in den neuen digitalen Mächten des Nachrichtengeschäfts vor allem bedrohliche Risiken zu sehen. Aber es gibt für Journalisten viele gute Gründe, Google, Facebook, Twitter und YouTube zu lieben.

Es stimmt zwar, dass vor allem Google News und Facebook das Geschäftsmodell der traditionellen Informations-Medien massiv bedrohen. Richtig ist auch, dass der Mangel an Transparenz bei den Mechanismen der Suchmaschinen-Algorithmen und die Eingriffe der Google-Macher in ihrem Geschäftsinteresse, das heißt meistens Werbe-Interesse, beunruhigend ist. Die Veröffentlichung von Medienbeiträgen bei Facebook, YouTube und Twitter Medienunternehmen beschert zumindest bisher kaum relevante Einnahmen. Hinzu kommt, dass das Leistungsschutzrecht, das Recht am geistigen Eigentum und an journalistischen Produkten sich in der digitalen Welt nur begrenzt durchsetzen lässt.

Digitale Riesen wichtig für Qualitätsjournalismus

Aber Tatsache ist, dass diese vier Giganten des Internets massiv zur Weiterverbreitung von hochwertigem Journalismus — angefangen von Nachrichten bis hin zu Reportagen und Hintergrundberichten — beitragen. Damit verbunden natürlich auch, sofern die Medienlinks angeklickt werden, alle Werbebotschaften, die mit den Beiträgen verbunden sind. Bisher deutet nichts darauf hin, dass sie die im Web erzielte Aufmerksamkeit für seriösen Journalismus verringern würden, ganz im Gegenteil.

Google News ist bei der Verbreitung von Nachrichten weltweit das größte Medium. Die Suchmaschine nutzt allein im deutschsprachigen Raum etwa 700 Nachrichtenquellen, weltweit sind es mehr als 25.000 Medienunternehmen, die bei Google einfließen.

Eine ähnliche Bedeutung hat Facebook, was schon dadurch deutlich wird, dass sich heute fast bei allen traditionellen Medien die Option findet, Artikel und Beiträge auf Facebook und anderen sozialen Netzwerken zu posten. Einige amerikanische Zeitungen – wie die *Washington Post* – haben ihre Kommentarfunktion mittlerweile zu Facebook ausgelagert oder die beiden Kommentarrubriken miteinander verbunden. Schätzungen zufolge informieren sich fast ein Drittel der Amerikaner über die Ereignisse in der Welt auf ihrem Facebook-Account.

Prägt Facebook das Bild von der Welt?

Für den Soziologen Schulz ist diese Entwicklung der augenfälligste Beleg für die „De-Institutionalisierung des Journalismus".[61] Künftig werde man sich auf Facebook sein Bild von der Welt machen. „Die Rolle und die Funktion des Journalismus in der Gesellschaft wird heute von Facebook geplant." Facebook-Gründer Mark Zuckerberg setze damit, so Schulz, auf sein 2013 verkündetes Konzept, um den Facebook-Newsfeed zu einer „perfekten, personalisierten Tageszeitung für eine Milliarde Menschen" zu entwickeln. Dabei gehe es Zuckerberg natürlich vor allem darum, sich „in der Aufmerksamkeitsökonomie gegen Konkurrenten durchzusetzen". Das Ziel sei profan: „Es geht darum, Werbeplätze zu erschließen."

Zuckerbergs Vision der personalisierten Tageszeitung ist irreführend. Denn den Facebook-Nutzer erreicht – zumindest in Deutschland, wo es anders als in den USA auf Facebook kein „Trender"-Fenster mit einem Feed aktueller Nachrichten gibt – im Wesentlichen nur, was er im selbst bestimmten Horizont sehen möchte. Das sind die Nachrichten und Postings seiner Facebook-Freunde und der von ihm „gelikten" Seiten. Bei dem einen kann das eine bunte Medienpalette beinhalten, den anderen erreicht möglicherweise nicht mal die Nachricht über eine Atombombe auf Südkorea oder die Meldung über ein Attentat auf den US-Präsidenten auf seiner Facebook-Seite. Eine „Tageszeitung" ist das dann ganz sicher nicht.

Facebook lockt mit „Instant Articles"

Im Frühjahr 2015 beschlossen mehrere große — traditionelle und neue — Medien, künftig Nachrichten und Multimedia-Reportagen direkt im News-Feed der Anwender als „Instant Articles" zu veröffentlichen. Das bedeutet, dass die Nutzer auf ihrer Facebook-Seite bleiben und nicht auf die Webseite der jeweiligen Medien gelenkt werden. Das System ist für den Nutzer mit erhöhter Schnelligkeit und besserer Qualität (von Fotos und Videos) verbunden.

Beim Start dabei waren sowohl *Bild.de*, *Spiegel Online*, die *New York Times* und der britische *Guardian* und die britische *BBC* News, aber auch das populäre Portal Buzzfeed.com sowie die *Huffington Post*. Damit tragen die Medienhäuser der ungeheuren gesellschaftlichen Verbreitung von Facebook Rechnung — allein in Deutschland gibt es etwa 30 Millionen Facebook-User. Für viele haben Facebook und andere Plattformen den morgendlichen Griff nach der Zeitung ersetzt.

Social Media wollen vor allem die Abschöpfung der Nutzerdaten

„Instant Articles" bergen für die Medien allerdings auch manche Gefahren, wie die Medienwissenschaftlerinnen Juliane A. Lischka und Isabelle Krebs kritisch anmerkten.[62] Die Beiträge auf Facebook schwächen demnach vor allem die „Reputation von Medienmarken, deren Image (stark) vom Facebook-Image abweicht". Die Marke des Mediums verliere an Gewicht, auch wenn die Beiträge erhöhte Aufmerksamkeit genießen. „Wohl dem, der eine Marke gepflegt hat, die nach all der Entbündelung nicht plötzlich verschwunden ist", twitterte *Zeit Online*-Chefredakteur Jochen Wegner.[63]

Im Juni 2015 ging auch Apple auf der Nachrichtenfront in die Offensive. Die neue „News"-App des US-Konzerns soll ein personalisiertes Nachrichtenangebot bieten, bei dem die Nutzer nicht mehr auf Seiten der Medien weitergeleitet werden, sondern — wie bei Facebook auch — die Beiträge direkt öffnen können. Die App wird zudem standardmäßig direkt ins Betriebssystem eingebunden, ist also in Apple-Geräten künftig schon vorinstalliert.

Von Anfang an wollten große US-Medien mitmachen, darunter mehrere Zeitungen wie die *New York Times*, der TV-Sender *CNN*, die Bloomberg-Nachrichtenagentur oder Zeitschriften wie Wired und Vogue. Verknüpft werde die üppige Reichhaltigkeit der Printmedien mit der digitalen Interaktivität. Für jeden Nutzer werde Apple News multimediale Beiträge aller Art gemäß seiner Interessen strukturieren. Diese können dann auch mit einem Klick auf soziale Plattformen weitergeleitet werden. Mehr als eine Million Themen aus dem Fundus zahlreicher Verlage wollte Apple seinen englischsprachigen Lesern in den USA, Großbritannien und Australien ab Herbst 2015 anbieten.

Der Direktor der Nieman Journalism Lab an der Harvard Universität, Joshua Benton, sprach von einem epochalen Schritt für die gesamte News-Branche. Denn künftig würden die Beiträge der Medien eingebettet in die „Intelligenz der I-Phones", das heißt das System Apple organisiere und strukturiere das Angebot. [64]

F.A.Z.-Digitalchef von Blumencron warnt die Medien davor, zur „verlängerten Werkbank" von Apple oder Facebook zu werden. Wenn die Seiten der US-Konzerne zur ersten Nachrichtenquelle würden, gehe der Markenzusammenhang verloren. Den Nutzern werde es zunehmend gleichgültig, von wem die Geschichten stammten.[65]

„Angst vor Google"

Der Vorstandsvorsitzende des Axel Springer Verlags, Mathias Döpfner, hatte schon 2014 formuliert: „Wir haben Angst vor Google"[66]. Im Grunde seien die Medien, aber keineswegs nur sie, „Google ausgeliefert … Wir kennen keine Alternative, die auch nur ansatzweise vergleichbare technologische Voraussetzungen zur automatisierten Werbevermarktung bietet. … Wir kennen auch keine Suchmaschinenalternative zur Sicherung oder Steigerung unserer Online-Reichweite." Sein Haus sei „von Google abhängig", sagte Döpfner. „Google braucht uns nicht. Aber wir brauchen Google."

Allen sozialen Medien ist gemein, dass ihr erstes und wichtigstes Ziel die Abschöpfung der Nutzerdaten ist. Dieser sich rasch mehrende Datenschatz erst ermöglicht Algorithmen, mit denen die Werbewirtschaft gezielt Konsumenten ansprechen kann. Natürlich dienen die Formeln auch dazu, auf die Nutzer konzentrierte und maßgeschneiderte Formate an Information und Unterhaltung anzubieten.

Diese Personalisierung birgt neben allen Vorteilen auch manche Gefahren wie beispielsweise die stark eingeschränkte Wahrnehmung von Wirklichkeit (siehe Kapitel III) oder eine weiter wachsende Entpolitisierung. Die amerikanische Medienstudie des Pew Research Centers

2014[67] zeigt auch, dass „Nachrichten und Berichte" bei Facebook in ihrer großen Mehrheit Meldungen aus dem Bereich Unterhaltung sind.

Twitter für junge Amerikaner wichtigste Informationsquelle

Viele, vor allem junge Menschen in den USA, nutzen Twitter als wichtigste Quelle für Nachrichten. Gratisdienste wie www.tweetedtimes. com oder www.paper.li versuchen, den Kurznachrichtendienst zur „Zeitung des 21. Jahrhunderts" umzufunktionieren. Die Dienste speichern die Lieblingsthemen der User, filtern die beliebtesten Beiträge der internationalen und amerikanischen Medien heraus und tragen sie als nutzergenerierte Zeitung zusammen.

Auf vielen Plattformen und Webseiten wie Reddit, Tumblr, Instagram oder Linkedin finden sich Nachrichten und andere journalistische Formate. Hier spiegelt sich die Internetwelt wider: Es herrscht eine unüberschaubare Vielfalt aller Medienelemente, von seriösen Beiträgen und politischen Themen bis zu lustigen Katzenvideos und üblen Kampagnen.

Der Nachteil der Social Media als Nachrichtenplattform liegt auf der Hand. Weder wird die Fülle relevanter Nachrichten abgedeckt, noch ist der Wahrheitsgehalt einigermaßen gesichert. Gerüchte und Falschmeldungen, getürkte Videos und Fotos gehören hier genauso zum „content" wie seriöse Berichte. Vor allem aber wird alles kräftig mit oft schwer erkennbarer Werbung vermengt.

Neue Medien als Bereicherung

Die digitale Zeit hat auch eine Welle neuer Medien mit interessanten und wertvollen journalistischen Inhalten geschaffen. Was allerdings digitale Medien wie Politico, Slate, Daily Beast, Ozy Media, Drudge Report oder *Krautreporter* verbindet, ist ihre prinzipiell journalistische Identität — im Unterschied zu Blogs und sozialen Plattformen mit „Graswurzeljournalisten", „Bürgerjournalisten" und anderen journalistischen Amateuren, deren Artikel häufig genug jede journalistische Qualität vermissen lassen.

Diesen Mangel haben viele der neuen Medien nicht. Sie mögen sich von traditionellen Verlagen und Sendern mit mehr Multimedialität, neuer und zahlreicher Dialogelemente für Leser, Hörer und Zuschauer sowie der Schaffung von „communities" unterscheiden. Aber diese sehr respektablen neuen Plattformen und Blogs sind den klassischen journalistischen Standards verpflichtet. Sie sind viel weniger neu als sie selbst denken.

Zu diesen seriösen Informations-Medien im Web gehörte auch die „net-zeitung". Sie war in Deutschland die erste und einzige Internet-Zeitung (2000 bis 2009) und gilt als ein Beispiel für das Scheitern neuer, digitaler Medien — auch weil die Internetauftritte traditioneller Medien wie *Spiegel Online* oder der *Bild.de* deutlich erfolgreicher waren.

Unterhaltung und Werbung vor Information und Standards

Eine ganz andere Kategorie sind Plattformen und Medien, die zwar auch den Anspruch haben zu informieren, vor allem aber der Unterhaltung und Kommunikation dienen. Die Problematik von Webseiten und Diensten wie Snapchat, Heftig, LikeMag oder Upworthy wird besonders gut deutlich bei Buzzfeed, das mit lustigen Katzenvideos und originellen „Listicles" (redaktionell aufbereitete Listen) berühmt und erfolgreich wurde und inzwischen weltweit expandiert.

Buzzfeed ebenso wie die andere der besonders erfolgreichen neuen Medien-Plattformen, die *Huffington Post,* verbergen nicht ihre Absichten, die alte Medienwelt abzulösen und selbst weltweit Marktführer zu werden. „Wir arbeiten weiter daran, die erste globale Digital-Redaktion zu werden", betonte die Chefredakteurin der *Huffington Post,* Arianne Huffington, in einem von *CNN Money* veröffentlichten internen Papier der Post, die heute zum AOL-Konzern gehört.[68]

Huffington Post will Nachrichtenagenturen überflüssig machen

Die sendungsbewusste, links-liberale Amerikanerin, politisch bei den Demokraten engagiert, kündigte die weitere Expansion der Plattform über die bisherigen 13 Staaten hinaus an, „Millionen von Bloggern" sollen neben den eigenen Redaktionen Inhalte liefern. Vor allem mit Videos aller Art, eigenem Fernsehen und mit Filmen soll der Nachrichtenmarkt erobert werden. „Während wir AP ersetzen, werden wir unseren eigenen ‚world-class global newsroom' schaffen, mit eigenen Redakteuren, Reportern und Multimedia-Produzenten in der ganzen Welt", so formulierte forsch die Mitbegründerin der *Huffington Post.*

Ohne Zweifel hat das digitale Medium eine beeindruckende Erfolgsgeschichte vorzuweisen: Es startete 2005 in den USA als Nachrichten-Aggregator und Blog. Das Geschäftsmodell basiert zunächst wesentlich auf kostenlosen Beiträgen freiwilliger Autoren, die sich allerdings massiv aus dem Nachrichtenangebot der Medien bedienen. Mit der Mischung aus nutzergeneriertem Content, aber auch eigenen journalistischen Beiträgen und mit Starautoren wie Norman Mailer und John Cusack sowie Links zu anderen Blogs, Medien und Kolumnisten gewann die *Huffington Post* rasch eine Millionenschar an Lesern und auch politischen Einfluss in Washington. Sie wurde ernst genommen. 2012 erhielt die Plattform als erste kommerzielle Onlinezeitung den renommierten Pulitzer-Preis.

Schon als die Plattform 2013 in Deutschland begann, unkte der Journalist und Unternehmer Karsten Lohmeyer über „den Beginn eines großen Umwälzungsprozesses", nach dem „in der Medienlandschaft kein Stein mehr auf dem anderen stehen wird" und die klassischen Medienmarken weitgehend der Vergangenheit angehören.[69] Buzzfeed und *Huffington Post* würden „aufgrund ihrer Technologie und Denkweise zu den neuen Meinungsführern und Newslieferanten".

Auch Buzzfeed will Nachrichtenmarkt erobern

Auch Buzzfeed, inzwischen mit einer Reichweite von mehr als 100 Millionen Menschen, ist enorm ehrgeizig. „Wir werden zum größten Nachrichten- und Unterhaltungs-Unternehmen in den sozialen und mobilen Netzen", so Buzzfeed-Chef Jonah Peretti, der auch zu den Gründern der *Huffington Post* gehört.[70]

Die riesige Aggregationsmaschine, die ihren Erfolg vor allem den Tierfilmchen, Abertausenden mehr oder minder kuriosen Listen und natürlich „user generated content" verdankt, will eine große Redaktion mit journalistischen Profis, mit erstklassigen Reportern und Redakteuren etablieren. Buzzfeed soll global expandieren und mehrsprachig werden. Im Blick hat Peretti natürlich vor allem die Digital Natives, die mit Internet und sozialen Plattformen aufgewachsen sind. Der Medienmacher weiß allerdings um seine Schwächen: „Natürlich genießen wir noch nicht das Vertrauen, das Medien-Marken sich in über 100 Jahren angeeignet haben. Aber wir arbeiten hart daran, und wir werden keine 100 Jahre brauchen."

Noch aber dominiert bei Buzzfeed vor allem alberne und abstruse Unterhaltung. Das Portal ist zwar etwas strenger geworden bei der Übernahme fragwürdiger Berichte und Videos. Auch wird erkennbar der journalistische Bereich ausgebaut. Also finden sich (Mai 2015) „17 Tipps von Typen auf Tinder, mit denen Du jede Frau bekommst" und

„22 nervige Klo-Probleme, an denen Du jedes Mal verzweifelst", aber etwas verloren inmitten des kuriosen Unterhaltungsangebots auch ein interessantes Interview mit Astronauten oder ein ernsthafter Beitrag über den FIFA-Skandal.

Trotz der Mitarbeit professioneller Redakteure und Korrespondenten ignorierte zumindest bis 2015 Buzzfeed wichtige journalistische Standards. An die Berichte, Videos und Listicles, die in ihrer überwältigenden Mehrheit noch immer der reinen Unterhaltung dienen, schmiegt sich die passende Werbung, sie ist oft nicht klar von redaktionellen Inhalten getrennt.

Es gibt keinen „neuen Journalismus"

Vielen neuen Medien ist gemein, dass sie — wohl eher unbewusst — mit ihren neuen Strukturen auch eine rationale Reaktion auf den allgemeinen Preisverfall im Medienbetrieb sind. Denn als eine Faustregel für *Huffington Post* oder *Krautreporter* gilt, dass hier journalistische Arbeit in den meisten Fällen schlechter bezahlt wird als bei traditionellen Medien. Die große Mehrheit der Journalisten und „Content-Lieferanten" ist nicht fest angestellt — und schon damit meist in einer materiell benachteiligten Situation.

Die Marktentwicklung im Medienbereich — gekennzeichnet von Stellenschwund und prekärer freier Mitarbeit — ist zumindest ein gewichtiger Grund für das neue Selbstverständnis mancher junger Journalisten. Das Loblied auf den Journalisten als sich selbst vermarktenden „Unternehmer" scheint vor allem vom Prinzip getragen, aus der Not eine Tugend zu machen. Wie reizvoll und in manchen Fällen sogar profitabel ein journalistischer Ein-Mann-Betrieb auch sein mag: Rein ökonomisch betrachtet sind diese neuen Formen von Journalismus in erster Linie Ausdruck eines gravierenden Strukturwandels, in dem der Beruf des Journalisten einen geringeren Marktwert hat als früher.

Manche dieser „freien" und „unabhängigen" Produzenten oder Mitarbeiter eines seriösen, aber nichtsdestotrotz miserabel entlohnenden neuen Mediums glauben, Vorreiter eines neuen, besseren Journalismus zu sein. Nicht selten ist diese Attitüde gepaart mit einer gewissen Verachtung für den altbackenen Redakteur in Verlagen und Sendern. Als Beleg dient auch die in der Tat zuweilen beeindruckende Multimedialität der Beiträge junger Journalisten — die aber inzwischen schon längst auch die traditionellen Medien beherrschen. Das wirklich Neue ist die schlechte Entlohnung journalistischer Arbeit.

Neue Öffentlichkeit für kluge Leute

Unbestritten ist die enorme Bereicherung der öffentlichen Diskurse durch all die klugen Leute in allen nichtmedialen Berufen und Branchen, die bisher nur über traditionelle Medien oder Bücher Öffentlichkeit herstellen konnten. Nun sind sie aber eine gewichtige Stimme im täglichen Diskurs geworden. Gute Beispiele sind Blogs des vielseitig begabten Künstlers und Autors Gerd Buurmann, des Publizisten Roland Tichy, des Schriftstellers Gideon Böss oder die smarten Autoren von der „Achse des Guten".

Es wird häufig über den demokratisierenden Effekt der digitalen Welt gesprochen. Dabei ist der gesellschaftliche Qualitätsgewinn durch die neue Beteiligung von blitzgescheiten Leuten der geistigen Eliten, von Juristen, Künstlern, Ärzten, Architekten, Wissenschaftlern oder Ingenieuren, eine wirkliche Bereicherung und ein Fortschritt. Auch wenn er zu Lasten der Journalisten geht, die früher fast alleine entscheiden konnten, wer es durch die Medienschleusen in die Öffentlichkeit schafft.

II   Die Besonderheiten der Ware Nachricht

„Über lange Sicht gesehen gibt es für alle Waren fallende Preise. Die Kosten für guten Journalismus sind eine Ausnahme von dieser Regel."

US-Medienexperte George Brock[1]

Für Verschwörungstheoretiker ist der alltägliche Nachrichtenstrom aller Medien nichts anderes als das zentral gelenkte System, um den Menschen die eigentliche Wahrheit vorzuenthalten — sei es eine marxistische, rassistische oder religiöse „Wahrheit". Manche Medienwissenschaftler glauben beweisen zu können, dass im Wesentlichen Pressestellen, PR-Agenturen und Spin-Doktoren den größten Einfluss auf die Nachrichtenwirklichkeit haben. Vielleicht sind es nur die sehr naiven Menschen, die denken, in die Nachrichten gelange, was objektiv wichtig und wissenswert sei.

Tatsächlich tobt hinter den Medienkulissen schon immer ein erbitterter Kampf um die Nachricht — das beginnt bei der grundsätzlichen Philosophie der Medienhäuser und endet bei der alltäglichen Auswahl dessen, was an die Oberfläche der öffentlichen Wahrnehmung vordringt. Über „Nachrichtenwert" wurde schon immer gestritten. Im Unterschied zu früher finden diese Auseinandersetzungen nun nicht mehr in erster Linie unsichtbar fürs Publikum hinter den Kulissen statt, sondern zunehmend auch in Blogs, Foren und sozialen Plattformen.

„Was gibt es Neues?" ist schon seit Jahrhunderten eine der meist gestellten Fragen zwischen Menschen. Daran hat sich nichts geändert. Informationen und Nachrichten sind nach wie vor begehrte Güter. Nachrichten gehören zum Alltag wie Wasser aus dem Hahn und elektrischer Strom aus der Steckdose. Nachrichten haben nichts an Wert eingebüßt, eher dazu gewonnen. Nur die Preise sind rapide gesunken.

Nachrichten geht es wie manch anderen Gütern auch: Orientalische Gewürze oder tropische Früchte, Flugreisen oder Auslandstelefonate kosteten einst viel Geld. Inzwischen sind sie vergleichsweise billig zu haben. Genau das unterscheidet diese Waren und Dienstleistungen von journalistischen Produkten: Kostensenkungen bei der Produktion von hochwertigem Journalismus sind enge Grenzen gesetzt.

Nachrichten sind wie Medikamente, Grundnahrungsmittel oder Strom Güter mit einer besonderen gesellschaftlichen Relevanz. Denn sie gelten als lebenswichtig. Ernsthafte Versorgungsprobleme werden als bedrohlich empfunden. Das gilt natürlich auch für Nachrichten. Deshalb ist auch jeder Staatsstreich oder Militärcoup von Nachrichtensperren und der Übernahme der Massenmedien begleitet. Der ungehinderte Nachrichtenfluss ist ein Pfeiler der Demokratie. Ohne verlässliche Nachrichten gibt es keine informierte Gesellschaft.

Alle demokratischen Verfassungen schützen in besonderer Weise Journalismus und Medien. Keine andere Branche wird dort erwähnt. Meinungs- und Pressefreiheit und die Aufgabe der Medien begründen die verfassungsmäßige Sonderstellung und konstituieren den Anspruch, „Vierte Gewalt" zu sein. Wer die Welt verstehen, und erst recht, wer seinen staatsbürgerlichen Pflichten nachgehen möchte, braucht dazu die relevanten Informationen, angefangen vom lokalen Streit über öffentliche Bauten bis hin zu den großen Konflikten in der Welt.

Nur Medien haben von den Verfassungs-Vätern den Auftrag bekommen, ein wichtiger Teil der „checks and balances" zu sein, ein gesellschaftliches Kontrollorgan, um den Missbrauch von Macht aufzudecken oder zu verhindern. „Medien sind eben nicht ein Geschäft wie jedes andere — was man zum Beispiel daran erkennen kann, dass die Produktion von Kaugummis nicht unter dem Schutz des Artikels 5 des Grundgesetzes steht, dass es keine tausend Gerichtsentscheidungen darüber gibt, wie die Verfassungsväter sich die richtige Elastizität des Kaugummis vorgestellt haben, dass jede Sekundärliteratur über die Tatsache fehlt, dass auf dem Fundament des Kaugummis ein wesentlicher Teil unserer freiheitlich-demokratischen Grundordnung beruhe", formulierte 1996 der *SZ*-Journalist Herbert Riehl-Heyse (1940-2003).[2]

II Die Besonderheiten der Ware Nachricht

1 Wie Nachrichten entstehen

„Wirkliche Nachrichten sind schlechte Nachrichten – schlechte Nachrichten über jemanden oder schlechte Nachrichten für jemanden."

Marshall McLuhan[3]

Nachrichtensysteme gibt es seit dem Altertum. Könige und Fürsten, Kirchen und Händler organisierten in ihren jeweiligen Interessen einen Nachrichtenstrom, dessen Bedeutung – beispielsweise bei Unruhen, Kriegen oder Naturkatastrophen – oft existenziell war. Im 17. Jahrhundert entstanden schließlich Nachrichtensysteme, zu denen nicht nur Eliten Zugang hatten: überall wurden Zeitungen gegründet, deren Bedeutung durch Kolonialisierung und Industrialisierung rasant zunahm. Mitte des 19. Jahrhunderts betraten die ersten Massenmedien (Zeitungen in den USA) die Bühne, in Frankreich und den Niederlanden gründeten sich die ersten Nachrichtenagenturen.

Das politische, ökonomische und gesellschaftliche Gewicht der Printmedien und ihrer Agenturen, der ersten Heimat des professionellen Journalismus, hat bis in das letzte Drittel des 20. Jahrhunderts stetig dazu gewonnen. Beginnend mit den 30er Jahren wurde zudem das Radio immer wichtiger, weitere 30 Jahre später begann die enorme Erfolgsgeschichte des Fernsehens. Mitte der 90er Jahre wurde schließlich das World Wide Web zum Massenmedium. Die Zahl der Produzenten und Anbieter sowie der Umfang von Nachrichten, Berichten, Fotos und Videos sind seither explodiert und unüberschaubar geworden.

Das Internet verstärkte erheblich die schon seit langem registrierte, viele Wirtschaftsbereiche erfassende Konvergenz. Die ohnehin schon verschwommene Grenze zwischen Medienhäusern und der Gesellschaft, der Wirtschaft und Politik wurde weitgehend aufgehoben. Zum Medium werden oder sich als Medium verhalten kann heute jede Organisation, Institution oder Firma, jede Gruppe und jeder Einzelne.

Die digitale Revolution hat dem Journalismus ein strukturelles Erdbeben mit neuen Akteuren, Mächten, Spielregeln, Formaten und Moden beschert. An der Substanz des seriösen Informationsjournalismus hat sich dennoch nichts verändert. Ob uns Nachrichten durch reitende Boten, dressierte Brieftauben oder ratternde Telegrafen erreichen, oder ob sie als Brief, Telex, E-Mail oder Tweet ankommen — ihr Wert ist der Inhalt, die relevante Information. Natürlich ist Relevanz relativ: Was für einen Taxifahrer wichtig ist, muss es für den Wissenschaftler nicht sein, was Bauarbeiter bewegt, kann Opernfreunde kalt lassen.

Nachrichten sind mehr als nur Informationen

Die moderne Informationsgesellschaft basiert wesentlich auf dem raschen Austausch und Transport von Daten und Nachrichten. Nachrichten sind nicht einfach Informationen. Nachrichten sind die selektierten, gewichteten, eingeordneten und damit verwertbaren Informationen. Sie erhalten eine neue, wertvolle und verwertbare Qualität, obwohl sie sowohl (quantitativ) eine Verkürzung und (qualitativ) oft auch eine Vereinfachung bedeuten. Ständige Reduktion der enorm gewachsenen Komplexitäten, lautet vereinfacht die Definition der Nachricht durch die Kommunikationswissenschaft.

Für den Begründer der deutschen Publizistikwissenschaft, Emil Dovifat, waren Nachrichten noch „die Elementarform der Information".[4] Schließlich erlaube es nur die Verknüpfung verschiedener Nachrichten sowie der Hintergrund von Bildung und Wissen, informiert zu sein. Dovifats Informationsbegriff, keine 40 Jahre alt, hat mit einer modernen Definition des Rohstoffs Information kaum etwas zu tun. Daten und Fakten sind heute die Währung der Information, die Nachricht schon die weiterverarbeitete Form von Informationen. In Dovifats Begriffswelt, tief verwurzelt in der Philosophie der Aufklärung, war das noch umgekehrt.

Die „unsichtbare Hand" der Nachrichtenrelevanz

Wer sich an einem nachrichtenintensiven Tag die Zeitungen und die News-Webseiten anschaut oder die Informationssendungen in Radio und Fernsehen verfolgt, wird eine erstaunliche Übereinstimmung bei der Gewichtung von Ereignissen und Vorgängen feststellen. Wenn in den USA ein neuer Präsident gewählt wird, in Deutschland wegen eines Streiks der Eisenbahnverkehr ruht oder Bundespräsident Wulff seinen Rücktritt erklärt, dann dominieren entsprechende Berichte die Medien.

Aber auch wenn es weniger bedeutsame Nachrichten gibt, ähneln sich die redaktionellen Entscheidungen über die Gewichtung von Informationen sehr. Zwar war diese Übereinstimmung von Schlagzeilen und Top-News vor drei oder vier Jahrzehnten noch sehr viel größer — aber grundsätzlich hat sich bis heute daran wenig geändert. Das gilt so gut wie für alle demokratischen Gesellschaften. Es gibt ganz offensichtlich auch eine „unsichtbare Hand" auf dem Informationsmarkt, denn Absprachen zwischen den völlig unterschiedlichen Redaktionen gibt es ganz sicher nicht.

Sie entscheiden erstaunlich ähnlich — allerdings heute in einer völlig anderen Weise begründet als früher. Schon seit langem geben Auflagen, Einschaltquoten, allerlei Befragungen und Untersuchungen über die Medienkonsumenten gewichtige Hinweise für die Medienmacher, was erfolgreich ist und was nicht.

Das Primat der Relevanz hat auch in seriösen Nachrichtenredaktionen seit den 80er Jahren spätestens auf Kosten eher unpolitischer, unterhaltsamer oder spektakulärer Aspekte gelitten. Moderne Medienmanager auf unterschiedlichen Positionen der Verlagshäuser forderten vehement von den Redaktionen mehr „Kundenorientierung". Diese Botschaft hatte auch einen erheblichen Einfluss auf die Strategien der Nachrichtenagenturen.

Taz gegen den Strom

Angesichts der Ähnlichkeit redaktioneller Entscheidungen über die tägliche Nachrichtenhierarchie erregt es besonders viel Aufsehen, wenn ein Medium bewusst gegen den Strom schwimmt. Beispielsweise die Taz, die am 16. April 2015 mit einer fast ganzseitigen Todesanzeige für die 400 Flüchtlinge aufmachte, die im Mittelmeer am Vortag bei einem Bootsunglück ertrunken waren. So gut wie alle anderen Zeitungen und Nachrichtensendungen beschäftigten sich dagegen als Aufmacher mit der spektakulären Kündigung des Trainers von Borussia Dortmund, Jürgen Klopp.

Solche Entscheidungen von Redaktionen lösen in der digitalen Zeit neue Debatten aus, die es in diesem Ausmaß und dieser Intensität nie gab. Medienkritik ist nicht mehr ein Nischenthema für Experten, sondern rückt — wie eben die Medien überhaupt — in die Mitte der öffentlichen Wahrnehmung und Diskussion.

Während Anfang 2015 in Europa der Terroranschlag gegen das Magazin Charlie Hebdo und einen jüdischen Supermarkt in Paris Wellen von Empörung und Solidarität auslöste, blieb ein Massenmord in Nigeria weitgehend unbeachtet. Halb Europa betonte, „Je suis Charlie" und demonstrierte Mitgefühl mit den Opfern der französischen Islamisten.

Deren afrikanische Gesinnungsgenossen von Boko Haram hatten just in jenen ersten Januartagen bei Terroranschlägen und Massakern im Nordosten Nigerias, insbesondere im Ort Baga, viele hundert Menschen umgebracht. Die wenig vertrauenswürdige Regierung in Abuja sprach von 150 Opfern, Menschenrechtsorganisationen wie Amnesty International bezweifelten diese Schätzung als viel zu niedrig. Um die Monstrosität der Verbrechen zu krönen, kündigten die Islamisten in einer Videobotschaft noch viele weitere Massaker an.

Der Pariser Anschlag mit insgesamt 17 Toten wühlte weltweit die Öffentlichkeit auf. Dutzende von Regierungschefs und Präsidenten demonstrierten auf den Straßen der französischen Hauptstadt Geschlossenheit gegen die islamistischen Terroristen. Über die Gräuel in Nigeria wurde zwar in westlichen Medien berichtet, aber verspätet und sehr dosiert. Die Schlagzeilen und Sondersendungen galten nur dem Anschlag gegen *Charlie Hebdo*.

Auch bei den dpa-Meldungszahlen spiegelt sich die unterschiedliche Gewichtung wider: Zum Thema Terror in Paris erschienen im Januar

Straßenszene nach dem Terroranschlag auf Charlie Hebdo am 7. Januar 2015

II   Die Besonderheiten der Ware Nachricht

nach dem Anschlag etwa 400 Wortbeiträge im Basisdienst, zu den blutigen Vorgängen in Nigeria waren es weniger als zwei Dutzend.

An dieser Diskrepanz der öffentlichen Aufmerksamkeit gab es viel Kritik. „Es ist eine Schande, dass 2000 Menschen, die von Boko Haram bei ihrem größten Massaker getötet wurden, so gut wie keine Medien-Berichterstattung bekommt", schrieb der Terrorismusexperte, Max Abrahms, auf Twitter.[5] „Die mediale Vernachlässigung von terroristischer Gewalt und bürgerkriegsähnlichen Zuständen auf afrikanischem Boden ist kein neues Phänomen. Gerade einmal knapp über 20 Jahre ist es her, dass die Welt fast tatenlos zusah, als die Tutsi in Ruanda niedergemetzelt wurden", hieß in einem Papier der Konrad Adenauer Stiftung.[6]

Die Hierarchie der Nachrichten

Die Auswahl und Gewichtung der Informationen, die jeden Tag aufs Neue eine Hierarchie der Nachrichten konstituieren, sind in demokratischen Staaten mit einer freien Presse Resultat von redaktionellen Entscheidungen und dem öffentlichen Interesse. Das vielschichtige Spannungsverhältnis zwischen beiden Aspekten wird hier noch oft

© picture alliance / AP Images

Aufnahme aus einem Video von Boko Haram im Oktober 2014 mit Führern der Terroristenorganisation.

Thema sein, erklärt es doch den Medienwandel und die Zukunft des Journalismus.

Die Medienwissenschaft hat sich zwar intensiv mit dem Thema „Nachrichtenwert" beschäftigt und vieles zur Unterscheidung von Ereignismerkmalen (über die berichtet wird) und den journalistischen Selektionskriterien beigetragen. Letztendlich kommen auch die verschiedenen Schulen trotz zahlreicher Listen über die Kriterien für den Nachrichtenwert (wie beispielsweise Überraschung, Konflikt, persönliche Betroffenheit oder räumliche Nähe) nur zu dem Ergebnis, dass sich objektive und subjektive Faktoren mischen. „Nachrichtenwert ist nicht universell und kann sich in verschiedenen Gesellschaften deutlich unterscheiden. In der Praxis im Westen entscheiden Redakteure aufgrund von Erfahrung und Intuition", schrieb der US-Radiojournalist Andrew Boyd.[7]

Die Bewertung der Relevanz von Nachrichten durch die Medien spiegelt in der Regel die gesellschaftlichen Prioritäten von Staaten und Regionen wider. Die Leser, Hörer, Zuschauer oder User interessiert der Wintereinbruch in der Region mehr als die Überschwemmungskatastrophe in Indonesien. Die Erhöhung der Benzinpreise scheint wichtiger als die Flüchtlingswelle in Somalia. Der Tod der Schauspielerlegende Johannes Heesters bewegt mehr als die Hinrichtung von Homosexuellen im Iran. Dementsprechend nutzen Medien — insbesondere auch Nachrichtenagenturen — ihre Ressourcen und setzen ihre Schwerpunkte.

Über die Frage, was relevante Nachrichten sind, wird stets gestritten. Der Philosoph Peter Sloterdijk verstieg sich sogar zu der These, dass die Terroranschläge vom 11. September 2001, bei der in New York über 3000 Menschen starben, auf die Seite acht der Zeitungen gehört hätte, um den Propaganda-Effekt der Islamisten auszuschalten.[8]

Die Missachtung ferner Katastrophen und die damit verknüpften ethischen Fragen haben eine lange Tradition. Schon vor Jahrhunderten beschäftigte die Menschen die Frage nach der angemessenen Haltung gegenüber Katastrophen in fernen Ländern. Nach dem verheerenden Erdbeben in Lissabon 1755, bei dem Hunderttausende starben, entzündete sich vor allem im aufgeklärten England eine heftige Debatte über die Frage nach den Möglichkeiten und Grenzen menschlichen Mitgefühls.

Eine Frage der Ethik

Der liberale Philosoph Adam Smith erörtert in seiner Theorie der moralischen Empfindungen, wie ein einfacher Bürger in London auf die Nachricht über ein gigantisches Erdbeben in China reagieren würde, das der gesamten Bevölkerung das Leben gekostet hätte. Smith spekuliert, dass die spontane Bestürzung des imaginären Briten über die unvorstellbare Katastrophe mit Millionen Toten relativ schnell in allgemeine Überlegungen über die generelle Gefährdung menschlicher Existenz münden würde, zudem der Mann ziemlich rasch seinen üblichen Geschäften nachgehen würde. Müsste dieser plötzlich wegen einer Entzündung um den Verlust seines kleinen Fingers fürchten, würde das bei ihm vermutlich schlaflose Nächte und ängstliches Grübeln auslösen.

Adam Smith bewertet das Verhalten des Londoners als vollkommen normal und verständlich. Erstaunlicher findet er, dass es dennoch Humanität und Großzügigkeit im menschlichen Umgang gibt. Der deutsche Publizist Henning Ritter griff vor einigen Jahren das Thema über „Nahes und fernes Unglück" auf, insbesondere weil die Katastrophen der Welt in der digitalen Zeit virtuell ständig näher rücken.[9] Die Globalisierung verschärfe unser aller Mitleidsgebot — einer „Ethik der grenzenlosen Einfühlung" sei der Mensch aber kaum gewachsen. Moral verdünne sich mit der Entfernung.

Diese „Fernoptik in der Ethik" verunsichere den Menschen, schreibt der Medienwissenschaftler Norbert Bolz.[10] „Wenn die ganze Welt zum Gegenstand des Verantwortungsgefühls wird, dann entspricht dem natürlich kein konkretes Handeln mehr." Diese Ohnmacht angesichts der Präsenz des Elends in den Medien führe dazu, dass das „Pathos der Betroffenheit" immer lauter werde.

Spenden, Unterschriften unter Petitionen oder Solidaritätsschreiben sowie die Beteiligung an Demonstrationen bieten dem wohlinformierten Bürger ein Stück weit moralische Entlastung. Die Erfahrungen der Medien allerdings belegen, dass das grundsätzliche Mitgefühl mit fernem Elend nicht zu einem größeren Interesse an entsprechenden Nachrichten und Reportagen führt.[11]

Wenig Interesse an Afrika

Das mangelnde Interesse an den Massenmorden in Nigeria führte natürlich zu dem Vorwurf des „Eurozentrismus" oder „Ethnozentrismus" unserer Medien und unserer Gesellschaft. Afrika und Muslime seien den Europäern ziemlich gleichgültig, hieß es. Immer wieder wird in Afrika und von Medienexperten der Mangel an Berichten aus Weltregionen wie Afrika beklagt. Das ist sicher eine Frage der Sichtweise.

Es gibt aber gute Gründe, warum das Geschehen in Westafrika eine relativ geringe Resonanz in der Welt hatte. Das ist zum einen der Mangel an zuverlässigen Berichten. In einem Staat wie Nigeria, ja in der ganzen westafrikanischen Region, gibt es kaum mehr als eine Handvoll von Auslandskorrespondenten seriöser Medien. Diese haben nicht nur erhebliche Probleme, verlässliche Quellen für Berichte zu finden, sie müssen auch die mörderische Gewalt von Organisationen wie Boko Haram fürchten, die sich den Hass auf den Westen und seine Werte auf die Fahnen geschrieben haben.

Es sind im Wesentlichen ohnehin nur die Nachrichtenagenturen wie AP, Reuters, AFP und dpa sowie die Radiosender *BBC* und Radio France International, die in Europa für einen einigermaßen zuverlässigen Nachrichtenstrom aus fast allen Staaten Afrikas sorgen.

dpa betreibt verglichen mit den anderen europäischen Medien einen vergleichsweise hohen Aufwand — der dennoch angesichts der 52 afrikanischen Staaten mit über einer Milliarde Menschen natürlich eher gering scheint. Über das politische Pulverfass Nigeria berichten für die dpa mehrere freie Mitarbeiter in verschiedenen Städten und entsandte Afrika-Korrespondenten in Johannesburg, Kapstadt und Addis Abeba, die immer wieder zu Reportage-Reisen nach Nigeria aufbrechen.

Die journalistische Arbeit dort ist alles andere als einfach. Die Medien Nigerias wie fast aller afrikanischer Staaten sind wenig zuverlässig, oft von den jeweiligen Regierungen oder anderen politischen Interessen streng gegängelt. Ministerien und Behörden sind wenig auskunftsfreudig und vertrauenswürdig. Das gleiche gilt für die unzähligen echten oder angeblichen Augenzeugen der blutigen Wirren jener Region.

Berichterstattung aus Nigeria kostet viel Geld

Allerdings handelt es sich bei Nigeria, dem bevölkerungsreichsten Staat Afrikas, trotz Ölreichtum und enormer Konflikte um ein Land, das es meist nur bei außergewöhnlichen Vorfällen in die deutschen Nachrichten schafft. Betriebswirtschaftlich bedeutet das für die Nachrichtenagentur, dass angesichts der geringen Nachfrage die Berichterstattung aus Nigeria extrem teuer ist.

Schließlich widmete sich die afrikanische Öffentlichkeit selbst kaum dem Massaker in Nigeria. Weder die Medien noch die Regierungen, nicht einmal Nigerias Präsident Goodluck Jonathan reagierten auch nur ansatzweise so betroffen und heftig wie die europäische Öffentlichkeit auf die Attacken in Paris. „Die Afrikaner missachten ihre eigenen Tragödien, sie nehmen das Leben von Europäern wichtiger als ihr eigenes", schrieb zornig Simon Allison.[12]

Auch die *Washington Post* beschäftigte sich mit der relativen Nachrangigkeit der Massaker in Nigeria im Westen und verwies gleichfalls auf eine skandalöse Ignoranz des nigerianischen Präsidenten. Er habe sich mehr für die Ereignisse in Paris als in seiner Heimat interessiert: „Jonathan verurteilte die Anschläge in Paris, wartete aber eine Woche, um über das Massaker in Baga zu sprechen ..." Der Zorn auf westliche Medien sei kaum berechtigt.[13]

Gefährliche Moralisierung

Nur rigorose Moralisten können aus dem proportional zur Entfernung abnehmenden Interesse der Menschen einen Vorwurf von mangelnder Moral und egozentrischer Ignoranz machen. Offenbar verführen aber die digitalen Möglichkeiten besonders stark zum rigorosen Moralisieren, was sich in der krassesten Form in Shitstorms ausdrückt. Mit Empörung und Zorn kann man heute leicht Aufmerksamkeit für seine angeblich besonders hohe moralische Sensibilität wecken — und zwar unkompliziert und billig am Smartphone.

In unserer globalisierten und vernetzten Welt sind Einblicke ebenso in die entferntesten Winkel der Erde wie auch in die Hinterzimmer der Parteizentralen oder auf die Stammtische der Kneipen möglich. Wer möchte, kann sich Elend und Hunger, Dramen und Grausamkeiten gemütlich auf dem Sofa sitzend auf seinem Notebook anschauen. Wir könnten uns rasch ein sehr realistisches Bild vom teilweise entsetzlichen Alltag von Millionen Menschen in menschenverachtenden Systemen machen.

Wir wissen um die systematische, grausame Verstümmelung von Hunderttausenden von Mädchen in Afrika jedes Jahr, die Folter in den Gefängnissen der halben Welt oder die brutale Verfolgung von Minderheiten. Wer sich diesen täglichen Herausforderungen an unser Mitgefühl und unserem moralischen Anspruch angemessen stellen wollte, müsste schlicht irrewerden. Die Realität der Welt, ließe man sie an sich heran, würde uns völlig überfordern.

2 Standards und Praxis der Nachrichtenprofis

„Journalismus, wenn er erfolgreich sein soll (und das kann zuallererst nur heißen: wenn er die Mehrzahl der Menschen erreichen soll), lässt sich nicht ohne Verkürzung und Vereinfachung, Polemik und Emotion betreiben, was immer unsere puristischen Sonntagsredner dazu sagen mögen."

Publizist Horst Stern 1974[14]

Nachrichten sollen die Wirklichkeit wahrheitsgemäß und objektiv abbilden — jeder weiß, dass dieser Anspruch möglichst objektiv zu sein, immer nur ein Bestreben nach dem Unerreichbaren und nur höchst relativ sein kann. „Qualität im Journalismus definieren zu wollen, gleicht dem Versuch, einen Pudding an die Wand zu nageln." Der Medienwissenschaftler Stephan Russ-Mohl hat seine flapsige Formulierung selbst schon oft bedauert, aber sie wird nicht ganz zu Unrecht immer wieder zitiert. Denn die Medienwissenschaft kennt sehr unterschiedliche, differenzierte Definitionen für journalistische Qualität. Für eine Nachrichtenagentur wie dpa ist es dagegen weniger problematisch, klar die Qualität für ihre Berichterstattung in allen Diensten zu definieren.

Für einen erkennbar sauberen Nachrichtenjournalismus existieren schlüssige Standards: Nachrichten müssen sich an überprüfbare Fakten halten, die Quellen benennen, unparteiisch sein, gegebenenfalls auch unterschiedliche Sichtweisen berücksichtigen und aufgreifen. Ziel ist es, den Leser so zu informieren, dass er sich selbst ein Urteil machen kann.

Natürlich ist schon die Entscheidung, was zu einer Nachricht wird, kaum wirklich objektiv zu begründen. Für Ideologien wie den Marxismus ist die bürgerliche Presse ohnehin nur ein Legitimationsinstrument der kapitalistischen Gesellschaft, in der mit scheinbarer demokratischer Meinungs- und Pressefreiheit die wahren Machtverhältnisse immer wieder aufs Neue begründet, gerechtfertigt oder verschleiert werden. Allerdings belegt die große Empfindlichkeit von Regierungen weltweit, seien es Demokratien oder Diktaturen, gegenüber der Berichterstattung der Massenmedien den enormen Einfluss, den professioneller Journalismus auf die öffentliche Meinung auch heute noch ausübt.

Zur Nachricht wird, was Relevanz hat und die Öffentlichkeit interessiert oder worüber Redaktionen denken, dass es Relevanz hat und die Öffentlichkeit interessiert. Schon immer beeinflussten subjektive Faktoren redaktionelle Entscheidungen, spielten Sendungsbewusstsein und Parteilichkeit eine Rolle, der Impuls zur Aufklärung und zum Erziehen — besonders häufig bei Journalisten zu finden, die wie ich zur „kritischen" 68er Generation gehören oder jenen, denen Umwelt und Klima besonders wichtig sind.

Die digitale Ära allerdings weist diese subjektiven Faktoren, die letztendlich alle manipulativ wirken, zunehmend in die Schranken. Quoten, Auflagen, Klick-Zahlen und Leseanalysen zwingen Medien und Redaktionen zu einer bislang einmalig starken Orientierung an den Konsumenten. Nachrichtenagenturen sind in der Pflicht, darauf zu reagieren.

Rolle der Nachrichtenagentur als Schleusenwärter funktioniert

Für kaum ein Medium ist die tägliche und strategische Entscheidung über die Bedeutung von Themen, Ressorts und Regionen eine so gewaltige Aufgabe wie für Nachrichtenagenturen. Sie müssen sich nach wie vor als „Schleusenwärter und Leuchttürme" für ihre Medienkunden bewähren, die sie verlässlich durch die Fluten der Informationen navigieren. Noch funktioniert das bestens: Es gab 2015 in Deutschland kein Informationsmedium, das ohne dpa arbeitete. Die Marktabdeckung bei Zeitungen betrug 100 Prozent. Auch die meisten elektronischen und digitalen Medien bezogen dpa-Dienste.

Die Heterogenität der Medienkunden zwingt Nachrichtenagenturen wie dpa zu einem besonders vielschichtigen Angebot. Schließlich reicht die Palette von großen, überregionalen Zeitungen bis zu kleinen, lokalen Blättern und Boulevardzeitungen, von öffentlich-rechtlichen Sendern bis zu rein digitalen Medien. Besonders wichtig ist — neben unterschiedlichen Formaten — die nüchterne Ausgewogenheit, die journalistische Qualität der Nachrichten, Berichte und Analysen. Sie müssen von der *Taz* ebenso akzeptiert werden wie von der *Bild*-Zeitung oder der *Frankfurter Allgemeinen Zeitung*, von Radio Bremen wie vom Bayerischen Rundfunk, von der *Huffington Post* wie von Hit-Radio *FFH*.

dpa muss sich zum einen am Kern der gemeinsamen Anforderungen — beispielsweise nach der Berichterstattung über Top-Ereignisse — orientieren. Zum anderen geht es auch darum, den vielen unterschiedlichen Bedürfnissen der verschiedenen Medien zu entsprechen. Dafür gibt es beispielsweise die Landesdienste für Regionalzeitungen, den Audio-Dienst fürs Radio oder Newsline für Internetseiten.

Gab es bis in die 90er Jahre noch einen vergleichsweise großen gemeinsamen Nenner der Medien, ist dieser inzwischen erheblich geschrumpft. Neue private Sender, neue Konzepte vieler Zeitungen, die Entstehung reiner Nachrichtensender und schließlich die Anforderungen des Internets sowie die Notwendigkeit einer umfassenden Berichterstattung täglich fast rund um die Uhr stellen Nachrichtenagenturen, als gemeinsamer Dienstleister der Medien, vor enorme Herausforderungen.

dpa verändert das Angebot

Das gilt insbesondere bei der Auswahl der Nachrichten und für die Formate, also neue Dienste und neue Darstellungsformen für die auseinander driftenden Bedürfnisse der verschiedenen Medien und Redaktionen. Eine erste Antwort auf die moderne Mediengesellschaft war in den 90er Jahren eine erhebliche Ausweitung des Angebots, insbesondere in den Landesdiensten. 1990 erhielten die Basisdienstkunden durchschnittlich etwa 400 Beiträge täglich, 2000 waren es schon 660 pro Tag, derzeit hat sich das auf etwa 640 Artikel eingependelt.

In den Landesdiensten gab es zwischen 1990 und 2000 einen Anstieg von 380 auf 960 Meldungen und Berichte und damit mehr als eine Verdoppelung der Beiträge. Zu einem kleineren Teil war das den neu geschaffenen Diensten für die neuen Bundesländer zu verdanken. Aktuell senden die 13 Landesdienste täglich im Durchschnitt insgesamt etwa 630 Meldungen und Berichte.

Die Begrenzung der Dienste in den vergangenen Jahren ist auch ein Ergebnis gründlicher Marktbeobachtung, bei dpa Akzeptanzuntersuchungen genannt: Neben den täglichen Abdruckkontrollen der Top-News erlaubten immer bessere und intensivere Methoden zur Kontrolle des Abdruckerfolgs von Berichten und Bildern sowie eine sehr viel engere Kommunikation mit den Kundenredaktionen, dass dpa zielgenauer als früher auf die Bedürfnisse der Medien eingehen konnte. Einfluss hatte natürlich auch das Bemühen, vorhandene Kapazitäten in den Redaktionen so effizient wie möglich einzusetzen.

dpa setzt Maßstäbe für digitale Nachrichten

dpa darf für sich in Anspruch nehmen, als Nachrichtenagentur schon früh bei digitalen Angeboten weltweit Maßstäbe gesetzt zu haben. „Wir sind und waren immer Trendsetter, wenn es um technologisch neue Entwicklungen und Formate für digitalen Journalismus ging", betont der Geschäftsführer von dpa-infocom, Meinolf Ellers. Nachdem 1995 die „Schweriner Volkszeitung" und die „Neue Westfälische" als erste deutsche Zeitungen digital gestartet waren, ging dpa wenige Monate später 1996 mit einem bahnbrechenden digitalen Nachrichtenangebot auf den Markt, das damals weltweit einzigartig war.

Mit dpa-online erhielten die Medienkunden bereits fertig verknüpfte Texte und Bilder, die zwar automatisch, aber im individuellen Layout des jeweiligen Portals publiziert werden konnten. Die Leser sahen, dass sie auf der Seite des angeklickten Mediums waren. Bei AP konnten die Nutzer der Zeitungs-Webseiten dagegen lediglich auf den Button „News" klicken und landeten stets auf der Einheits-Website von AP-Wire.

Ein Erfolg war auch die Mobilfunkplattform MINDS (Mobile Information and News Data Services for 3G), einem von dpa geleiteten EU-Förderprojekt mit Partnern aus fünf Ländern. Zeitweise nutzten etwa die Hälfte aller deutschen Tageszeitungen das MINDS-Angebot, das ebenso SMS-Informationsdienste (mit Kurznachrichten) wie auch Gewinnspiele am Handy umfasste.

Beim digitalen Nachrichtenangebot ist dpa seit fast zwei Jahrzehnten klarer Marktführer im deutschsprachigen Raum, die große Mehrheit der alten und neuen Medien nutzt das Angebot von dpa-infocom.

Neben den aktuellen Nachrichtenformaten der dpa-online-Angebote erfreut sich dpa-SportsLive großer Popularität. Es erlaubt, fast in Echtzeit, die Fußball-Bundesliga, Formel 1-Rennen oder Olympischen Spiele auf den Internetseiten vieler Medien zu verfolgen. Um dem sich verändernden Nutzungsverhalten im Netz zu entsprechen, bietet dpa als „Spiel zwischendurch" inzwischen auch „dpa-NewsQuiz" an.

Sehr erfolgversprechend wurde 2014 „dpa-Live" gestartet. Mit schnellen Liveblogs von Ereignissen wie dem Bahnstreik in Deutschland, den Terroranschlägen gegen die Zeitschrift *Charlie Hebdo* oder der Präsentation der neuen Apple-Watch in New York wird dem wachsenden Bedarf nach „Snippet-Journalismus" (Kurze Schnipsel von Artikeln vor allem für Smartphones) Rechnung getragen. Kunden sind sowohl Blätter wie *Die Welt* und *Die Zeit* als auch Portale wie Yahoo und T-Online.

Boulevardisierung auch bei dpa

Nachrichtenagenturen ohne direkten Zugang zum Endverbraucher können auf sich verändertes Medienkonsumverhalten erst reagieren, wenn ihre Medienkunden entsprechende Signale geben oder zumindest offen für Innovationen und konzeptionelle Änderungen sind. Einen gravierenden Wandel gab es in den vergangenen zwei Jahrzehnten bei dem Wunsch nach Material, das einen Unterhaltungs- oder Nutzwert hat.

Mit dem Themendienst dpa/gms kam dpa Mitte der 90er Jahre diesen Bedürfnissen mit eigenen Redaktionen und Diensten nach. Eine Vielfalt von Verbraucherthemen wie Gesundheit, Auto, Finanzen, Tiere, Bauen, Internet, Garten oder Reisen wird inzwischen längst multimedial angeboten. Mehrere Auszeichnungen für journalistische Glanzstücke belegen, dass der Spagat gelang, die strengen Vorgaben der dpa-Standards einzuhalten und gleichzeitig über neue Produkte und Dienstleistungen, über einzelne Branchen oder Firmen distanziert und unparteiisch zu berichten.

Vor allem aber war die Etablierung einer dpa-Redaktion fürs Vermischte — der heutigen Panorama-Redaktion — der entscheidende Schritt, um im Kernangebot des Basisdienstes der Berichterstattung sowohl über Naturkatastrophen, Unglücke und Verbraucherthemen als auch aus dem Show-Business und Königshäusern sowie aller möglichen unterhaltsamen Boulevardthemen mehr Gewicht zu verleihen. Auch hier war es für ein Medienunternehmen mit hohem journalistischem Anspruch zuweilen eine Gratwanderung — denn die Verschmelzung von Unterhaltung und Information, das „Infotainment", ist für die Dienste einer Nachrichtenagentur ein heikles Thema.

Keine Scham bei Leute-Meldungen

So war es denn für manche dpa-Redakteure damals fast ein Kulturbruch, dass nun auch Eskapaden und Familien-Stories über Lady Gaga, Boris Becker oder Paris Hilton ihren Weg in den Dienst fanden. Innerhalb der Redaktionen gibt es bis heute teilweise heftige Debatten, vor allem wenn es um Klatsch und Tratsch des Hochadels oder in Hollywood geht, „ob wir das wirklich brauchen", so die besonders häufig gestellte Frage.

Er habe sich „bei keiner der Leute-Meldungen geschämt", betonte der damalige dpa-Landesbüroleiter in Düsseldorf, Jürgen Hein, als er sich Anfang 2011 im Rahmen der üblichen Qualitätskontrollen näher mit den dpa-Meldungen über Prominente beschäftigte.

Hein spielte zu Recht auf das Unbehagen altgedienter Redakteure an, die früher niemals einer Meldung über die Schönheitsprozeduren der US-Schauspielerin Mila Kunis oder die Hundeliebe des „Rock-Rüpels" Liam Gallagher in den Dienst gegeben hätten. Aber es zeigte sich schon in den 90er Jahren, dass es einen Bedarf nach Meldungen über die Welt der Promis und des Hochadels, der Schönen und Reichen gab. Wer sich dem verweigerte, wurde rasch bestraft.

AP musste 2007 eine solch wenig erfreuliche, aber lehrreiche Erfahrung beim Umgang mit Promi-Meldungen machen. Die US-Agentur wollte testen, wie ihre Kunden reagieren würden, wenn sie einmal eine Woche lang keine Klatsch- und Tratsch-Meldungen über die Hotelerbin Paris Hilton verbreiten würde. Das Experiment endete nicht sehr ermutigend, die Kunden verlangten vehement nach Hilton-News. Eine ähnliche Erfahrung machte auch die *Bild*-Zeitung, als sie 2005 versprach,

Top-Ereignis für vermischte Seiten: Polizeifoto von Hugh Grant und amerikanischer Prostituierten im Juni 1995

II   Die Besonderheiten der Ware Nachricht

nichts mehr über die schöne Millionenerbin zu schreiben, weil sie „ein Nix" sei und weder „Möpse, noch Hintern, noch Schulabschluss" habe.

Top-News sind für alle Top-News

Die Bedürfnisse der Medien driften zwar für eine Nachrichtenagentur schmerzhaft auseinander. Dennoch bleibt eine weitgehende Gemeinsamkeit. Wichtig für alle bleiben die Top-Ereignisse in der Welt, egal in welchem Bereich: Anschläge, Bürgerkriege, Wahlen und Skandale, aber auch Naturkatastrophen, wissenschaftliche Sensationen oder der Tod eines großen Künstlers. Diesen Themen ist bis in unsere digitalen Zeiten hinein gemein, dass sie unverändert einen Großteil der alten und neuen Informations-Medien ebenso wie viele soziale Plattformen und Blogs beschäftigen. Sie berühren viele Menschen gleichermaßen.

Das ist und bleibt auch die Definition des Kerngeschäfts einer internationalen Nachrichtenagentur. Sie ist der Spezialist für „hard news" — und genau die sind es, die Informations-Medien von allen anderen Medien und Unternehmen unterscheiden.

„Nachrichten sind das, was irgendwer irgendwo unterdrücken will. Alles andere ist Werbung", lautet der berühmte Lackmustest für „hard news" des britischen Verlegers Lord Northcliffes (1865–1922). Für diese Aufgabe könne die Gesellschaft auch künftig nicht auf professionelle Journalisten verzichten, heißt es in einer Studie der Columbia Journalism School über den „post-industriellen Journalismus".[15]

Auch wenn manche Ideologen es gerne negieren: Im Bereich der politischen und gesellschaftlichen Information funktioniert der Markt erstaunlich effizient. Ein Beleg dafür ist die ähnliche Themengewichtung der großen Nachrichtenagenturen, die sich auf vielen Medienmärkten einen erbitterten Konkurrenzkampf liefern — nirgendwo so sehr wie im deutschsprachigen Raum, in dem es mehr Agenturangebote in der Muttersprache gibt als in irgendeinem anderen Land der Welt.

Höchstmaß an Marktgespür gefordert

Die Konzentration auf die mutmaßlichen Top-Themen des Tages bedeutet für die Nachrichtenredaktionen bei allen vorhersehbaren Ereignissen — und die dominieren den Nachrichtenalltag — ein Höchstmaß an Marktgespür. Kaum ein Medium hat traditionell eine strengere und detailliertere Kontrolle des Erfolgs ihrer Produkte wie Nachrichten-agenturen.

Inzwischen haben allerdings digitale Medien Echtzeit-Auswertungen über Klicks und Verweildauer, die weit über die Kontrollmöglichkeiten von dpa oder Printmedien hinausgehen. Dennoch sind die dpa-Instrumente wichtig für die Qualitätskontrolle, den optimalen Einsatz von Ressourcen und die Entscheidungen über das Ausmaß von Berichterstattung für die verschieden Themen und Ressorts.

Als Dienstleister der Medien orientieren sich Nachrichtenagenturen an den Präferenzen ihrer Kunden. Deren Orientierung an Quoten und Klickzahlen, an Aufmerksamkeit und Resonanz ist in den vergangenen Jahren rapide gewachsen. Womit sich der Kreis zwischen öffentlichem Interesse und Nachrichtenauswahl der Agenturen schließt.

Mitteleinsatz und Qualität

Modernes Nachrichtenmanagement, insbesondere bei Großereignissen, wo alle Medien trotz Twitter nicht viel anders als in vordigitalen Zeiten gebannt die Agenturmeldungen verfolgen, ist sehr komplex geworden. Ohnehin sind nur noch relativ große Redaktionen mit einem sehr effizienten und aufwändigen Apparat in der Lage, bei spektakulären oder bedeutenden Vorgängen in der Welt den heutigen Anforderungen für einen sauberen Journalismus gerecht zu werden – das bedeutet auf Grundlage eigener Korrespondenten und Mitarbeiter zu berichten, die Kapazitäten zu haben, Quellen und Informationen zu überprüfen.

Nur professionell und effizient aufgestellte Medien sind für alle Eventualitäten ausreichend gerüstet. Das beginnt schon bei Themen, für die einst nur ein gutes Archiv notwendig war. Angesichts der heute erwarteten Schnelligkeit sind seriöse Medien zum Beispiel auf das Ableben von einer sehr großen Zahl von Prominenten vielfältig und multimedial vorbereitet, alles muss im gegebenen Fall blitzschnell gesendet werden können.

dpa ist auf den Tod von 1100 Personen vorbereitet

In dem sogenannten „Leichenspeicher" der dpa befinden sich mehr 1100 Berichte über – meist schon recht betagte – Personen der Zeitgeschichte in verschiedener Länge, mit Fotos und anderem Material wie Zitate oder Hintergründe. Gut 40 Prozent der hier versammelten

Prominenten sind Politiker. Stirbt ein Prominenter, beginnt die eingespielte Nachrichtenroutine. Weltweit werden Stimmen über den Verstorbenen gesammelt, in manchen Fällen über die Auswirkungen berichtet — wenn beispielsweise ein Politiker in einem hohen Amt oder der Patriarch eines Konzerns stirbt.

Zuweilen werden solche Würdigungen irrtümlich noch vor dem Todesfall veröffentlicht. In sozialen Netzwerken finden sich immer wieder falsche Todesnachrichten. Aber auch seriöse Medien publizieren aus Versehen vorzeitig Nachrufe — besonders peinlich, wenn es sich, wie bei der Agentur Bloomberg 2008, um einen Mann handelt (Apple-Gründer Steve Jobs), der schwer krank ist. Jobs starb 2011 im Alter von nur 56 Jahren.

Die großen Herausforderungen für Nachrichtenprofis sind allerdings weniger Todesfälle, sondern sogenannte „Großlagen" in der Berichterstattung. Manche dieser Ereignisse, wie wichtige Wahlen, Gipfeltreffen, Kongresse oder Prozesse sind absehbar und planbar. Richtig spannend aber wird es, wenn völlig überraschenden „Großlagen" wie verheerende Erdbeben oder blutige Terroranschläge, ein aufwühlender Skandal oder ein Börsen-Crash „breaking news" provozieren.

Auch für eine Agentur gibt es in solchen Fällen einen „worst case": Die ersten Meldungen der eigenen Korrespondenten kommen sehr spät, die Redaktionen sind — beispielsweise an einem Feiertag oder nachts — dünn besetzt, eine Planung wird spät aufgesetzt, die Zuordnung der Aufgaben ist wirr, die Verantwortlichkeiten nicht klar. Ein wenig war dies bei dpa im Fall *Charlie Hebdo* der Fall.

Manöverkritik tut weh

Wie streng eine Agentur dann mit sich selbst ist, zeigt die „Manöverkritik" vom 12. Januar 2015, fünf Tage nach dem Ereignis.

Auszug:

„... Wir lagen mit der ersten EIL 25 Minuten hinter der französischen afp, 14 Minuten hinter der deutschen afp und 11 Minuten hinter rtr Deutschland — obwohl wir die französische afp als Quelle für Meldungen aus Frankreich nutzen dürfen ... Chefredakteur und Chefredakteur vom Dienst haben sich nicht klar genug abgesprochen in der Führung. Die Nachrichtenchefs haben das Zepter gemeinsam mit dem Ressortleiter Politik nicht schnell und entschieden genug in die Hand

genommen. Es fehlte ein klassischer Koordinator. Rollen und Verantwortlichkeiten waren nicht klar genug verteilt. Die Entscheidung, das Pariser Büro personell zu verstärken, haben wir zu spät getroffen. ... Der Sondertisch ‚Charlie Hebdo‘ in der Redaktion war nicht multimedial aufgestellt und nicht stark genug ausgestattet. Er hätte mehr direkt die Berichterstattung übernehmen können zur Entlastung von Paris ... Das Social-Media-Monitoring hätte von Beginn an systematischer erfolgen müssen.“

Es braucht nicht viel Phantasie sich vorzustellen, wie unerfreulich diese nüchterne Kritik für die Betroffenen war, immerhin war die Chefredaktion auch involviert.

Konzept „Top-Desk“

Auch diese weniger erfreuliche Erfahrung verwertend wurde umgehend für solche „Großlagen“ das dpa-Konzept „Top-Desk“ als zentrale Steuerungseinheit im Berliner Newsroom entwickelt. Ähnliche Konzepte haben auch andere Medien, insbesondere Fernsehen und Radio. Ein völlig neues Element bei diesen „Großlagen“ ist auch für Redaktionen professioneller Medien die ständige Beobachtung sozialer Plattformen. Gezwungenermaßen muss oft eine Flut ungesicherter Angaben überprüft werden.

Neu ist auch die Intensität der Rund-um-die-Uhr-Berichterstattung — es gibt kaum noch Zeiten, in denen der Hunger nach News die Redak-

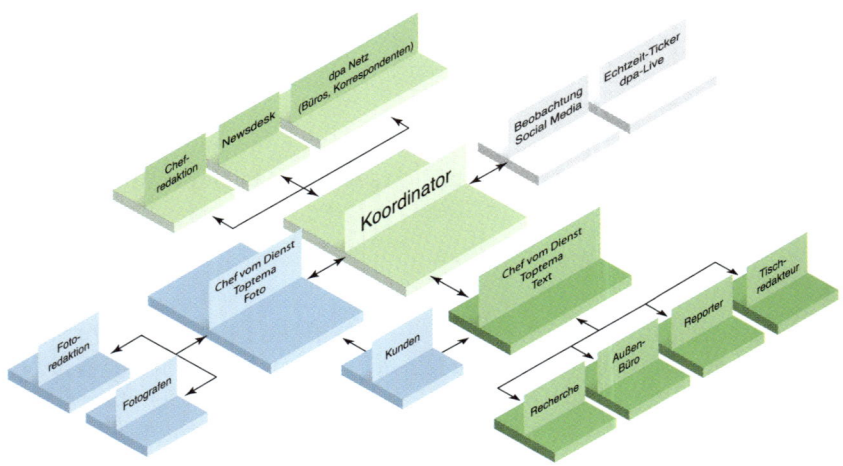

Koordination der dpa-Berichterstattung bei außergewöhnlichen Nachrichtenlagen

II   Die Besonderheiten der Ware Nachricht

tionen nicht treibt. Was zum Problem werden kann, wenn sich einfach nichts Neues getan hat. Nur noch von marginaler Bedeutung ist für Nachrichtenagenturen die früher extrem wichtige Fixierung auf den Redaktionsschluss von Zeitungen. Deren Spanne — ohnehin nur für die Druckausgabe entscheidend — reicht heute von 14.00 Uhr bis 24.00 Uhr.

Bewährungsproben auch für Auslandskorrespondenten

Die Erfahrung hat gezeigt, dass alle Tücken des Nachrichtengeschäfts geballt und zugespitzt genau dann lauern, wenn eine Revolution ausbricht, ein Hurrikan oder ein Erdbeben Zehntausende Opfer fordert oder ein Staatsoberhaupt einem Attentat zum Opfer fällt.

Das beginnt schon damit, dass sich in solchen Fällen oft alle gleichzeitig gefordert fühlen, angefangen von Mitgliedern der Chefredaktion über Nachrichtenchefs und Ressortleitern bis hin zu Fachredaktionen und Dienstleitern. Im schlimmsten, nämlich unkoordinierten Fall, strömen bei einer Nachrichtenagentur auf den oder die Korrespondenten am Ort des Geschehens eine verwirrende Flut von zuweilen sogar sich widersprechenden Anregungen, Wünschen und Hinweisen ein.

Ohnehin ist der Korrespondent einer Nachrichtenagentur zumindest in manchen Teilen der Welt gefordert, nicht nur die umfangreiche Wort-Berichterstattung zu gewährleisten, sondern auch noch fürs Radio zu sprechen und zuweilen auch O-Töne und Fotos zu schicken. Selbst in den größeren Auslandsbüros wie Washington, Paris oder London liegt es in den Händen einiger weniger Journalisten, bei solchen Ereignissen einig gewaltiges Arbeitspensum zu bewältigen.

80 Meldungen und Berichte in 72 Stunden

Für die Berichterstattung über das Erdbeben und die Katastrophe bei der Nuklearanlage Fukushima am 11. März 2011 steuerte der dpa-Chef in Japan, Lars Nicolaysen, binnen 72 Stunden mehr als 80 Beiträge zu der umfangreichen Berichterstattung bei. Darunter waren zwei Dutzend nachrichtliche Zusammenfassungen und drei Korrespondenten-Berichte, wie man bei Agenturen die ausführlichen, oft auch lebendig geschriebenen und erklärenden Artikel nennt.

Nachdem am Abend des 13. Januar 2012 das Kreuzfahrtschiff Costa Concordia auf Grund lief, wurden allein im Basisdienst binnen 48 Stunden zu dem Komplex mehr als 60 Meldungen und Berichte verfasst. Darunter waren 14 nachrichtliche Zusammenfassungen, sieben Korrespondentenberichte, fünf Hintergründe und drei Interviews. Die überwältigende Hauptlast der Arbeit ruhte auf dem damaligen dpa-Büroleiter in Rom, Hanns-Jochen Kaffsack. dpa bot im Übrigen etwa 200 Fotos sowie eine Infografik zu dem Unglück an. Da es ein Wochenende war, begann die audio-Berichterstattung fürs Radio erst am frühen Montagmorgen.

Zwar werden dpa-Büros bei Ereignissen wie „9/11" (2001) in den USA, die Katastrophe um Fukushima oder die Beerdigung des südafrikanischen Freiheitshelden Nelson Mandela (2013) personell verstärkt. Dennoch ist die Arbeitsbelastung für Korrespondenten einer Nachrichtenagentur in der Regel so hoch wie bei keinem anderen Medium, Korrespondenten des ebenso aktuellen und schnellen Mediums Hörfunk oder von TV-Nachrichtensendern ausgenommen. Inzwischen allerdings sind wegen der digitalen Angebote von Zeitungen und Zeitschriften oft auch deren Korrespondenten ähnlich hart gefordert.

Seriosität der Medien und der Politik

Fehlleistungen und Mängel der Berichterstattung von professionellen Medien werden heute in der Öffentlichkeit intensiver gegeißelt als je zuvor. Sehr schnell wird höhnisch über den „angeblichen Qualitätsjournalismus" gelästert. Medien geht es so wie der Politik: Scheinbar begeistert werden Einzelfälle verallgemeinert — oft genug, damit das Kind mit dem Bade ausgeschüttet wird, wenn es gleich „die Medien" oder „die Politik" heißt.

Banale, aber höchst erfreuliche Tatsache ist, dass Korruption, Vetternwirtschaft und Betrug in der deutschen Politik Randerscheinungen sind — verglichen vor allem mit den real existierenden Demokratien in der Welt. Ähnlich ehrenwert sind Deutschlands Medien. Sie sind der Objektivität und Wahrheit verpflichtet. Wer fair ist, muss zugeben, dass auch in besonders meinungsstarken Medien eine Vielfalt von kontroversen Meinungen und Stimmen zu finden sind. Dabei sind ein liberal-konservativer Jan Fleischhauer beim *Spiegel* oder ein Gastkommentator Oskar Lafontaine bei der *Bild*-Zeitung nicht nur Feigenblätter ihrer Häuser.

Was nichts daran ändert, dass die Liste von Pannen und Fehlleistungen großer Medien in den demokratischen Staaten sehr lang ist. Auch Nachrichtenagenturen haben bittere Erfahrungen sammeln müssen.

Besonders misslich wird es, wenn sich vermeintlich sensationelle Exklusivmeldungen als „Ente" entpuppen. Alle Agenturen haben solche leidvollen und beschämenden Erfahrungen machen müssen. Das eherne Agentur-Prinzip „Be first — but first be right" versagt manchmal.

Als am 13. April 1964 die damals noch junge dpa fälschlicherweise den Tod des sowjetischen Staats- und Parteichefs Nikita Chruschtschow verkündete, musste die Agentur besonders schmerzlich Lehrgeld zahlen. Zur Ausweisung des damaligen Moskau-Korrespondenten Heinz-Günther Wurzel und Schließung des dpa-Büros kam der öffentliche Imageschaden.

Die abendliche Fehlentscheidung in der Hamburger Zentralredaktion gehört auch Jahrzehnte später zu jenen Geschichten, die immer wieder zitiert werden. Ursache war nach ersten Gerüchten über den Tod des Sowjet-Führers und einer Anfrage des *WDR* eine Verkettung unglücklicher Umstände, menschliches Versagen und ein nie geklärtes, gefälschtes Fernschreiben des „British Information Services".

Aprilscherze und die „Bluewater-Affäre"

Versuche, Medien in die Irre zu führen, gibt es immer wieder. Das beginnt bei den jährlichen wiederkehrenden Anstrengungen, am 1. April seriösen Medien allerlei Unsinn unterzujubeln. Obwohl Chefredaktionen jeweils am 30. März alle Mitarbeiter immer wieder neu mit aufrüttelnden Memos warnen und auffordern, am 1. April extrem misstrauisch zu sein, landen immer wieder Enten im Strom seriöser Nachrichten. Allerdings belegen diese medialen Streiche auch, welche natürliche, provozierende Autorität nach wie vor die Redaktionen genießen — vor allem das erklärt die Lust, mit Aprilscherzen in den Nachrichten zu landen.

Von ganz anderem Kaliber sind falsche Dokumente und Berichte — wie die angeblichen Hitler-Tagebücher oder fingierte Interviews wie des Autors Tom Kummer, der seine Phantasie-Gespräche mit dem Euphemismus von „Borderline-Journalismus", einer Mischung aus Realität und Fiktion, umschrieb …

Auch dpa bleibt beliebte Zielscheibe von Manipulationsversuchen. In den Morgenstunden des 10. September 2009 erhielt die dpa-Zentrale von angeblichen Zeugen telefonisch Hinweise auf einen angeblichen

Bombenanschlag in der — wie sich später herausstellte, fiktiven — kalifornischen Kleinstadt Bluewater. Die dpa-Redakteure in Berlin, die fatalerweise zu dieser frühen Stunde (an der US-Ostküste war es 4 Uhr morgens) nicht die dpa-Korrespondenten in Washington D.C. oder New York wecken wollten, verließen sich auf eigene Recherchen.

Beeindruckende Raffinesse

Dabei stießen sie aber auf ein virtuelles potemkinsches Dorf von beeindruckender Raffinesse. Es war eine perfekte Fassade errichtet worden: Die dpa-Redakteure recherchierten zunächst im Netz, fanden einen (eigens am Vortag eingetragenen) Wikipedia-Beitrag über Bluewater, zudem Webseiten der (fiktiven) Stadt und des (gleichfalls erfundenen) lokalen Fernsehsenders KVPK-TV, zudem scheinbar authentische Informationen in sozialen Netzwerken. Unter den Telefonnummern der angeblichen Dienststellen von Polizei und Feuerwehr bestätigten Schauspieler das angebliche Drama.

Also berichtete dpa um 9:38 Uhr exklusiv über ein Ereignis, das nie stattgefunden hatte. Um die Glaubwürdigkeit zu erhöhen, kam aus Kalifornien noch eine angebliche „Korrektur" der Story, demnach es sich nicht um echte Attentäter, sondern um eine Publicity-Aktion deutscher Rapper handle, die mit Bombenattrappen in ein Restaurant gestürmt seien.

Ziel dieser „Guerilla-Marketing-Kampagne" war die Irreführung von dpa und anderen Medien, um für den Film „Short Cut to Hollywood" der Deutschen Jan Henrik Stahlberg und Marcus Mittermeier zu werben. Mehr als drei Stunden lang dauerte es, bis dpa mit einer „Achtung"-Meldung die Berichterstattung über das „Drama in Bluewater" zurücknahm, das nichts anderes als ein gigantischer Fake gewesen war.

Handwerkliche Fehler

Im Nachhinein war rasch klar, welche journalistisch handwerkliche Fehler begangen worden waren, es hätte manche Gründe gegeben, skeptisch zu werden — nicht zuletzt der Mangel an Nachrichten über die Ereignisse in Kalifornien von Seiten der meist sensationsgierigen US-Fernsehsender oder der erstklassig vernetzten AP. Sicher spielte es aber auch eine Rolle, dass kaum ein Journalist oder eine Redaktion sich der Faszination entziehen kann, als Erster mit einer Sensation auf dem Nachrichtenmarkt zu sein.

Zwar verschärfte dpa nach diesem zur Wirklichkeit gewordenen Agentur-Alptraum ihre Regeln im Umgang mit Informationen aus dem Internet. Aber zum einen werden es wohl immer wieder ausgebuffte Leute schaffen, seriöse Medien aufs Glatteis zu führen. Zum anderen machen solche Vorfälle auch deutlich, welche Gefahren der Irreführung in der digitalen Zeit möglich sind. Es ist eine Illusion zu glauben, die globale Vernetzung und neue Transparenz schütze die Öffentlichkeit vor Lug und Betrug.

Wenn es ein paar gewitzten, recht skrupellosen Filmleuten gelungen war, eine internationale Nachrichtenagentur hereinzulegen, dann kann einem vor anderen möglichen Szenarien nur angst und bange werden. Wie könnten Informations-Medien trotz aller Sensibilisierung und strenger, professioneller Standards ihrem gesellschaftlichen Anspruch gerecht werden, wenn einmal Regierungen, mächtige Interessengruppen oder Konzerne massiv versuchen sollten, Nachrichten nicht nur zu manipulieren, sondern Nachrichtenrealitäten zu erfinden?

Absurde Verschwörungstheorien

Zumindest kurzzeitig kann das sicher gelingen, über einen längeren Zeitraum kaum. Hier gilt dasselbe wie bei all den absurden Verschwörungstheorien. Noch immer gibt es viele, die glauben, die Mondlandung sei getürkt und in den Filmstudios von Hollywood aufgenommen worden oder der CIA und Mossad seien für die Terroranschläge vom 11. September 2001 verantwortlich. Aber wer immer auch intensiv mit Politik in westlichen Demokratien zu tun hatte, lernt, dass zwar auch die schlimmsten Abgründe an Verbrechen und Gewissenlosigkeit möglich sind. Gleichzeitig aber scheint es kaum vorstellbar, dass wirklich etwas von historischer Bedeutung geheim bleibt, wenn viele Menschen involviert sind. Ganz abgesehen von den Interessen Einzelner, die Wahrheit aufzudecken, ungeachtet der Whistleblower vom Schlage eines Edward Snowden und Julius Assange, spielen auch simple menschliche und gesellschaftliche Mechanismen eine überragende Rolle. Sei es das Gewissen, die Wichtigtuerei, der Profit oder die Macht: aus irgendeinem Grund wird — zumindest in Demokratien — immer jemand plaudern. Die Geschwätzigkeit der Menschen ist eine ziemlich sichere Garantie, dass keine der modernen Verschwörungstheorien etwa mit der Realität zu tun hat.

Diese „Conditio humanae" gehört zum wirkungsvollsten Instrument, wenn es um Kontrolle der Macht, um angebliche Verschwörungen und gigantische Missetaten geht. Es ist schwer genug, schon harmlose Geheimnisse und Vertraulichkeiten in kleinen Parteizirkeln, in Ministerrunden oder auch Geheimdienstkreisen auf Dauer zu bewahren — geht es um historische Ereignisse, scheint das so gut wie unmöglich.

Qualitätsjournalismus im Nachrichtengeschäft?

Hochwertiger Journalismus ist deutlich mehr ist als die sensationellen Enthüllungs-Stories von investigativen Reportern oder aufwühlende Reportagen von Edelfedern. Natürlich gehören sowohl die Berichterstattung über dramatische Ereignisse und wichtige Entwicklungen als auch der Grundstrom von Nachrichten und Berichten aus dem politischen oder lokalen Alltag zum Qualitäts-Journalismus. In der öffentlichen Diskussion wird die Bedeutung der Nachrichten für hochwertigen Journalismus gerne unterschätzt.

Auch hier zeigt sich ein Unterschied zwischen Medien auf der einen, Blogs und sozialen Plattformen auf der anderen Seite. Denn hochwertiger Journalismus — beispielsweise wunderbar geschriebene Reportagen, interessante Hintergründe oder tiefschürfende Analysen — sind sicher auch in nicht professionellen Medien zu finden. Einzelne Artikel, die den höchsten Maßstäben des Journalismus genügen, gibt es auch ohne Medien — aber ohne Nachrichten gibt es keinen wirklichen Qualitätsjournalismus. Dabei geht es nämlich um mehr als nur um eine nette Geschichte.

Qualität zeigt sich oft auch an dem Aufwand für Berichterstattung. Anschaulich werden die Unterschiede oft in den Pressezentren von Gipfeltreffen, Wahlen, Parteitagen oder Olympischen Spielen und Fußball-Weltmeisterschaften. Die größten Stäbe haben meist die großen Fernsehsender, die schon wegen der Eigenheiten des Mediums einen enormen Aufwand betreiben müssen.

Was bedeutet Qualität im Nachrichtengeschäft?

„Qualität im Journalismus definieren zu wollen, gleicht dem Versuch, einen Pudding an die Wand zu nageln." (Prof. Stephan Russ-Mohl). Auf diese flapsige Formulierung, die der Medienwissenschaftler selbst schon oft bedauert hat, kann man sich aber besonders schnell einigen. Denn die Medienwissenschaft kennt sehr unterschiedliche, differenzierte Definitionen für journalistische Qualität. Russ-Mohl hat dazu Standardwerke geschrieben. Für eine Nachrichtenagentur wie dpa ist es dagegen weniger problematisch, klar die Qualität für ihre Berichterstattung in allen Diensten zu definieren.

Nachrichten sollen die Wirklichkeit wahrheitsgemäß und objektiv abbilden. Über die Relativität der Begriffe „wahr" und „objektiv" sind sich Journalisten bewusst. Aber im Redaktionsalltag gibt es schlüssige Standards für den sauberen, hochwertigen Nachrichtenjournalismus. Die Berichterstattung soll „unabhängig von Einwirkungen oder Einflüssen durch Parteien, Weltanschauungsgruppen, Wirtschafts- oder Finanzgruppen und Regierungen" sein (dpa-Gesellschaftsvertrag). Jeder dpa-Journalist ist darauf festgelegt. Von ihm werden Nüchternheit und Distanz zu seinen Themen erwartet. Er soll kritisch, aber nicht kommentierend berichten.

Nachrichten und Berichte müssen sich an überprüfbare Fakten halten, wenn möglich verschiedene Quellen nutzen und diese benennen. Unterschiedliche Sichtweisen müssen ausgewogen und fair geschildert werden, d.h. beispielsweise bei politischen Auseinandersetzungen, dass die jeweils besten Argumente der verschiedenen Seiten berücksichtigt werden. Nachrichten sollen so geschrieben sein, dass sie dem Leser ermöglichen, sich ein Urteil zu bilden.

Den höchsten Rang für Quellen haben – abgesehen vom dpa-Reporter selbst – Informationen aus erster Hand, von den Protagonisten (Politiker, Konzernchefs, Wissenschaftler, Stars), von Betroffenen, Augenzeugen und Experten. Auch Pressestellen und Pressesprecher sind akzeptierte Quellen. Andere seriöse und verlässliche Medien dienen vor allem mit exklusivem Material („Vorab-Meldungen") häufig als Quelle. Bei manchen Themen – vor allem im Ausland – sind auch Nachrichtenagenturen oft erst einmal auf Medienquellen angewiesen.

Gefordert sind eine leicht verständliche Sprache, gute und flüssige Formulierungen, die Vermeidung von Floskeln, Füllwörtern und unnötigen Fachbegriffen, eine klare, logische Struktur der Darstellung sowie eine Meldungslänge, die sich nach der jeweiligen Bedeutung des Inhalts orientiert.

Zur Qualität gehört die ständige Qualitätskontrolle. Im Alltag der dpa gilt das Vier-Augen-Prinzip: Jede Meldung muss von mindestens zwei Journalisten geprüft werden. Sprachliche und inhaltliche Fehler in den Diensten müssen sofort und deutlich erkennbar berichtigt werden.

Mit den meisten Journalisten sind allerdings in der Regel Welt-Nachrichtenagenturen vertreten. Bei einem G8 oder G7 Treffen besetzen AP, AFP, Reuters und dpa meist ganze Büros für ihre Korrespondenten der verschiedenen Dienste — während die Masse der oft bis zu 4000 Journalisten oft in Hallen sitzen, die zu einen gigantischen Großraumbüro umfunktioniert wurden. Beim G7 Treffen auf Schloss Elmau im Juni

2015 waren 36 dpa-Journalisten, bei der Fußball-WM in Brasilien 2014 betrug die dpa-Mannschaftstärke 54 Personen. Bei den Olympischen Spielen in Sotschi 2012 waren 48 dpa-Mitarbeiter akkreditiert, zum Doppelgipfel Nato und G8 im Mai 2012 in Chicago wurden immerhin zehn dpa-Journalisten entsandt.

Unsinnige Qualitätsdiskussion?

Es gibt Experten, die halten die aktuelle Diskussion über Qualitätsjournalismus für sinnlos und gefährlich. Der Journalist Kurt W. Zimmermann interpretiert schon die häufige Verwendung des „Q-Worts" Qualitätsjournalismus als „Problem der Medienbranche mit sich selbst". Er habe „noch nie einen Industriezweig gesehen, der sich selber dermaßen ins Verderben geredet hat. Man praktiziert den verbalen Suizid", so der Schweizer Journalist, Publizist und Unternehmensberater.[16]

Allein die häufige Betonung von Qualitätsjournalismus trage dazu bei, dass es wieder salonfähig werde, von einer „Lügenpresse" und „Gekauften Journalisten" zu sprechen. Dabei gebe es gar keinen Niedergang des Qualitätsjournalismus. „Ich würde nur zu gerne wissen, wann genau

Obama und Merkel beim G7 Gipfel auf Schloß Elmau

II   Die Besonderheiten der Ware Nachricht

diese goldene Epoche des Journalismus stattgefunden hat, die Professoren, Politiker und Publizisten heute so nostalgisch beschwören."

Richtig ist sicher, dass heute die Standards in vielen Redaktionen eher höher sind als früher. Das beginnt bei der Ausbildung und interner Qualitätskontrolle bis hin zum Verbot von Alkohol am Arbeitsplatz oder der Annahme von üppigen Geschenken und kostspieligen Reisen.

Jeder dpa-Redakteur meiner Generation kann unzählige Geschichten über jene sagenhaften Zeiten der 70er Jahre erzählen, als man nach Pressekonferenzen erstmal Mittagessen ging, bevor eine Meldung entstand, als in manchen Redaktionen alte Haudegen stets ihre Whiskeyflasche in der Schublade hatten, als zu Weihnachten ein Füllhorn von Geschenken über die Büros ausgeschüttet wurde. Sicher wurden damals auch politische Stellungnahmen und Pressetexte von Unternehmen relativ ungefiltert zu dpa-Meldungen. Aber dieser Verlautbarungsjournalismus gehört längst der Vergangenheit an.

Schattenseiten der digitalen Ära für Redaktionen

Doch es gehört schon eine Portion Weltfremdheit dazu, die ausgedünnten und zusammengelegten Redaktionen, die geschrumpften Netze von Auslandskorrespondenten, den unvergleichlich höheren Arbeitsdruck in den meisten Medien oder die zunehmende Boulevardisierung und Banalisierung von Blättern und Programmen zu übersehen. Auch der wachsende Einfluss hochprofessioneller PR-Arbeit von Politik und Wirtschaft auf die Medien kann kaum als Qualitätsgewinn angesehen werden.

Natürlich gibt es gerade im deutschsprachigen Raum nach wie vor eine große Zahl erstklassiger Medien, die für einen hochwertigen Journalismus bürgen. Aber selbst die *F.A.Z* , die *SZ* oder der Deutschlandfunk haben Sparmaßnahmen verkraften müssen.

Zimmermann glaubt, dass Recherchen und investigativer Journalismus früher weniger wichtig waren, Journalisten „vor den großen Tieren kuschten ... Parteinähe war wichtiger als Objektivität." Erst als das Internet kam, habe es den Druck auf mehr Qualität in den Medien gegeben. Dies scheint eine sehr einseitige Sicht zu sein. Es war immer schon investigativer Journalismus der Affären wie um die CDU-Spenden und den ehemaligen Ministerpräsidenten von Schleswig-Holstein,

Uwe Barschel (CDU), den Watergate-Skandal oder die Enthüllungen über Vietnam (Massaker von My Lai) ans Tageslicht zerrte.

Strenge Maßstäbe gefordert

Darüber hinaus zeugt es von einer befremdlichen Arroganz, dem Alltagsjournalismus der 70er und 80er Jahre die Qualität abzusprechen. Spätestens seit 1968 beanspruchen viele in den Redaktionen, „kritische Journalisten" zu sein — was sich Jahrzehnte später durchaus als zuweilen unkritischer Mainstream erwies, beispielsweise in einer wenig reflektierten Übernahme von Positionen der Umweltschützer und Grünen.

Die Qualität des Journalismus — ganz besonders auch bei den Nachrichten — ist der entscheidende Unterschied zwischen den zahllosen Quellen von Information im Internet und der Berichterstattung seriöser Medien (von denen es auch einige rein digital gibt). Die Überlegenheit von professionellen Medien und insbesondere unabhängiger Nachrichtenagenturen bei der Berichterstattung über wichtige Ereignisse wird nur dann deutlich, wenn man die strengen Maßstäbe für journalistische Qualität anlegt.

Nur Profis können über Kriege berichten

Eine sachliche, distanzierte und kritische, von vielen Quellen gespeiste und ausgewogene, gleichzeitig auch umfassende und einordnende Berichterstattung insbesondere bei komplexen Vorgängen ist ohne professionelle Strukturen nicht vorstellbar. Kein Blog und schon gar keine soziale Plattform könnten eine angemessene Berichterstattung über eine Bundestagswahl, den Irak-Krieg, die islamistischen Terroranschläge in den Metropolen der USA und Europas, den Ukraine-Russland-Konflikt oder die Griechenland-EU-Problematik berichten. Sogar die gründliche Beobachtung und Nutzung der sozialen Netze und der Flut von Tweets bei solchen „Großlagen" sind nur professionell operierenden Medien möglich.

Die Bedeutung von Qualitätsjournalismus hat im digitalen Zeitalter eher zu- als abgenommen. Allerdings sagt das noch wenig über seinen künftigen Stellenwert in der Gesellschaft aus. Denn hochwertiger Journalismus kann seine Aufgaben, die Gesellschaft mit relevanten Informationen zu versorgen und als Kontrollorgan ein Teil des Systems von „check and balances" zu sein, nur erfüllen, wenn es eine ökonomische Grundlage gibt — aber selbst dann ist die Voraussetzung dafür, dass die politische Kultur eines Landes den Medien die entsprechende Bedeutung gibt und die Gesellschaft das Angebot der „vierten Gewalt" auch praktisch annimmt und nutzt.

Das zuweilen beklagte Desinteresse der „Millennials" an Politik und seriösen Medien ist zutiefst Besorgnis erregend. Hier ist zu allererst die Bildungspolitik einer Gesellschaft gefordert. Ohne ein Mindestmaß an Allgemeinbildung, Medienkompetenz und Geschichtskenntnissen der Bürger verpufft hochwertiger Journalismus, selbst wenn er, ökonomisch in Not, dank Subventionen oder anderer Finanzmodelle überleben würde. Massenmedien können letztendlich immer nur so gut sein, wie es die Gesellschaft zulässt und einfordert.

3 Die unbekannte Dominanz der Nachrichtenagenturen

„Nachrichtenagenturen (...) sind eine der einflussreichsten und gleichzeitig am wenigsten bekannten Mediengattungen. Sie sind Schlüsselinstitutionen mit substanzieller Bedeutung für jedes Mediensystem. Sie sind das unsichtbare Nervenzentrum, der alle Teile dieses Systems verbindet.“

APA-Geschäftsführer Wolfgang Vyslozil

Wenn alte Haudegen unter den Auslandskorrespondenten zusammensitzen, kommen sie leicht ins Schwärmen über die „guten alten Zeiten“. Zu den vielen Privilegien eines entsandten Korrespondenten gehörte noch bis in die 90er Jahre hinein der heute kaum noch vorstellbare, indirekte Einfluss auf die Berichterstattung in der deutschen Heimat.

Für einen dpa-Korrespondenten in Rom, Tel Aviv oder Mexiko war es ganz normal, dass Kollegen von Radio, Fernsehen oder den überregionalen Blättern anriefen und um etwas hintergründige Unterstützung

Bild aus einer alten Welt: dpa-Zentralredaktion in Hamburg 1956

baten: „Ich bekomme die Story bei meiner Redaktion nicht los, wenn nicht dpa auch berichtet", lautete der Tenor dieser kollegialen Anrufe.

Selbst bei großen Themen mit Schlagzeilenpotential galt in vielen deutschen Redaktionen die Agentur-Berichterstattung als wichtiger Maßstab dafür, ob und wie viele Geschichten man vom eigenen Korrespondenten anforderte. Umso mehr galt das, wenn es um eher abseitige Themen wie Entwicklungshilfeprojekte in Südostasien oder die politischen Wirren in einer zentralamerikanischen Bananenrepublik ging.

Die Rolle der Nachrichtenagentur in der Auslandsberichterstattung war allerdings nur die Spitze des Eisbergs, wenn es um den tatsächlichen Einfluss der Medien-Dienstleister auf die Nachrichtenseiten und -sendungen ging. AP in den USA, AFP in Frankreich oder dpa in Deutschland waren und sind unverändert die jeweils wichtigsten und größten Nachrichtenlieferanten ihres Landes. Seit über 200 Jahren sind Nachrichtenagenturen die wichtigsten Rohstofflieferanten der Medien. Daran hat sich auch in der modernen Informationsgesellschaft nicht viel geändert.

Genau deshalb ist die Unterscheidung zwischen den vielen nationalen und internationalen Nachrichtenagenturen, die von der jeweiligen Regierung, einem Verlagshaus oder mächtigen Interessengruppen finanziert werden auf der einen und dem kleinen Häufchen der Nachrichtenagenturen, die weder vom Staat noch von Sonderinteressen dominiert werden, von so großer Bedeutung.

Zu diesen unabhängigen Agenturen gehören die dpa, die amerikanische AP oder die österreichische Austria Presse Agentur (APA). Aber etwa 120 der 140 nationalen Nachrichtenagenturen weltweit werden mehr oder weniger von den jeweiligen Staaten und Regierungen finanziert und kontrolliert, oder aber sie hängen an der Nabelschnur eines mächtigen Verlags.

Politiker kennen den Wert der Agenturen

Der Einfluss der Agenturen auf die Nachrichten aller seriösen Medien wurde in der breiten Öffentlichkeit schon immer krass unterschätzt. In der politischen Praxis sah das schon ganz anders aus: Wohlwissend, welch ungemeine Durchschlagskraft Agenturberichte in den Medien hatten, wurden früher in der damaligen Hauptstadt Bonn und in den Landeshauptstädten dpa-Journalisten von Politikern und deren Mitarbeitern umworben und verwöhnt, auch wenn sie — im Unterschied zu den Korrespondenten anderer Leitmedien wie der *ARD*, des *Spiegel* oder der *Süddeutschen Zeitung* — der Öffentlichkeit weitgehend unbekannt waren.

In den Parteizentralen und Ministerien wusste man, dass ein dpa-Bericht, abgedruckt beispielsweise in Dutzenden von wichtigen Regionalzeitungen, deutlich mehr Bürger erreichte als selbst überregionale Zeitungen mit Auflagen bis maximal 400.000 — die *Bild*-Zeitung mal ausgenommen. Nur von einzelnen Medienexperten wurde zuweilen die Dominanz der von dpa vorgegebenen Themen und Gewichtungen sporadisch kritisiert.

Zwar hat dpa heute als nachrichtliches Leitmedium der Redaktionen in Deutschland aufgrund neuer Internet-Medien — wie *Spiegel Online* und anderen Webseiten — an Übermacht eingebüßt; Aber nach wie vor prägt das dpa-Angebot die Nachrichtenrealität sehr vieler Medien.

Als eine wirklich unabhängige Nachrichtenagentur will sich die dpa von allen anderen Medienunternehmen mit dem Anspruch unterscheiden, als ein stets unparteiischer, ideologie-freier, nüchterner Generalist für Informationen und Nachrichten quasi die ideelle Gemeinschaftsredaktion aller deutschen Medien zu sein. dpa ist de facto das weitgehend unbekannte Rückgrat der Medienlandschaft in Deutschland seit 1949. Damals wurde die Agentur nach dem Vorbild von AP gegründet. Rasch eroberte sich dpa das Vertrauen von Politik, Wirtschaft und Gesellschaft. Inzwischen gehört dpa zum nationalen Tafelsilber der Politik und Gesellschaft in Deutschland. Kaum ein Unternehmen in Deutschland von vergleichbarer Größe hat auch nur annähernd die Bedeutung für die Gesellschaft, ist auch nur annähernd so wichtig für die Position des Landes in der Welt wie dieses Medienhaus mit dem Umsatz (2014: 87,2 Millionen Euro) eines mittelständischen Familienunternehmens.

Den Machern und Managern der dpa war es lange Zeit nur Recht, dass die objektive Einzigartigkeit der dpa in der Öffentlichkeit weitgehend unbekannt ist. Tiefstapelei und Scheu vor Öffentlichkeit gehörten jahrzehntelang zum guten Stil des Hauses im Hamburger Mittelweg. Erst als in den 90er Jahren dpa angesichts der wachsenden Finanzprobleme vieler Medien auf zunehmend bohrende Fragen wegen der — als relativ hoch empfundenen — Preise der dpa-Dienste reagieren musste, war die dpa-Spitze gezwungen, ihr hanseatisches Understatement zu relativieren und zunehmend offensiver zu argumentieren.

Kaum noch durchzuhalten war die Politik der vornehmen Zurückhaltung, als die dpa ab 2009 Zielscheibe einer Konkurrenz mit bislang unbekannter Aggressivität wurde. Spätestens in diesem Jahr „brach der Mythos der Unverzichtbarkeit für dpa in sich zusammen", stellte dpa-Geschäftsführer Michael Segbers wenig erfreut fest.[17]

Medien sind Kunden und Besitzer zugleich

Für die traditionelle Scheu vor Eigenwerbung und lauten Tönen gibt es für Nachrichtenagenturen aber noch immer sehr gute Gründe. Schließlich sind die Agenturen Dienstleister der Medien, die Kunden sind nicht Zeitungsleser oder Fernsehzuschauer, sondern es sind die Redaktionen aller Medien. Diese sind politisch und ökonomisch höchst heterogen. Die Kunden der dpa sind zugleich auch die Besitzer der quasi genossenschaftlich strukturierten Agentur, bei der kein Anteilseigner mehr als 1,5 Prozent halten darf.

Diese Ausgangslage bedeutet für die dpa zwar ein enormes Maß an Unabhängigkeit und Stabilität — erfordert aber für den Diener so vieler Herren auch ein Höchstmaß an Fingerspitzengefühl und kluger Zurückhaltung. Damit hat der tagtägliche Kampf um journalistische Objektivität und Nüchternheit einen strukturellen Hintergrund: bei Strafe des ökonomischen Untergangs muss eine unabhängige Nachrichtenagentur wie dpa — trotz vermutlich unvermeidlicher Fehler, Pannen und Misserfolge — eine politisch blütenweiße Weste bewahren. Alles was ihr Bemühen um höchst mögliche Objektivität und Unparteilichkeit in Frage stellen würde, hätte verheerende Auswirkungen auf das Geschäftsmodell. Das es auch nach fast sieben Jahrzehnten funktioniert, die Glaubwürdigkeit der dpa kaum bestritten wird, dürfen die dpa-Macher als wichtigsten Erfolg verbuchen.

Agenturen sind Fels in der Brandung

Wenn sich die Ereignisse überschlagen, die Lage unüberschaubar ist, widersprüchliche Informationen und Gerüchte sich jagen, gelten Nachrichtenagenturen als Fels in der Brandung. Ohne die Nachrichtenprofis wären die meisten Redaktionen völlig aufgeschmissen, aber selbst personell bestens ausgestattete Leitmedien wie die *ARD*, die überregionalen Zeitungen oder Magazine wie *Spiegel* und *Fokus* wären heillos überfordert, müssten sie ohne Nachrichtenagenturen auskommen. „Wir wissen natürlich, was wir an den Agenturen haben, wir sprechen nur nicht so gerne darüber", betonte der Rundfunkdirektor des *Hessischen Rundfunks (HR)*, Heinz-Dieter Sommer. Die zahlreichen Nachrichtensendungen der fünf *HR*-Wellen könnten ohne den Nachrichtenstrom der Agenturen gar nicht funktionieren.

Seriöse Massenmedien ohne Nachrichtenagenturen gibt es in der ganzen Welt so gut wie keine: Eine der ganz wenigen Medien weitgehend ohne Nachrichtenagentur ist der Nachrichtensender *CNN*, der sich selbst mit 4000 Mitarbeitern weltweit als das größte Nachrichtenmedium in der Welt versteht – und mit *CNN* Wire einen eigenen Agenturdienst anbietet. Die verschiedenen *CNN*-Kanäle und -Dienste erreichen nach eigenen Angaben potentiell zwei Milliarden Menschen.

CNN kündigte 2010 ihren Vertrag mit AP und verzichtete auf Bilder, Videos und Texte der US-Agentur. Allerdings bezieht *CNN* die Dienste der Nachrichtenagenturen Reuters und EFE – es diene aber vor allem dazu, bei „breaking news", die *CNN* entgangen seien, alarmiert zu werden, hieß es.[18] Im Mai 2014 wurde eine *CNN*-Mitarbeiterin in London gefeuert, weil sie Reuters-Material in ihren Berichten wörtlich übernommen hatte.[19]

In einer ganz anderen Liga befindet sich die Wiener Zeitung *Krone*, das größte Boulevardblatt des Landes, das schon seit 1959 selbst ohne die österreichische APA auskommt. Allerdings bedienen sich die *Krone*-Redaktionen der Quellen des Österreichischen Senders *ORF* und aus dem Internet – in beiden findet sich eine Menge Agenturmaterial, das wohl auch in die *Krone* einfließt.

Immer wieder kündigen Medien die Verträge mit Nachrichtenagenturen, aber das bedeutet stets nur den Wechsel zu einer anderen Agentur oder aber den Verzicht auf mehrere Agenturen.

In Deutschland haben Zeitungen, insbesondere in den vergangenen 20 Jahren, immer wieder versucht, ohne dpa auszukommen. Es gab Chefredakteure, die sich damit brüsteten, „Autorenzeitungen" ohne „Agenturmaterial" machen zu wollen, wie die Meldungen und Berichte von dpa dann etwas abfällig tituliert wurden. Alle diese Experimente wurden meist nach höchstens ein paar Jahren beendet.

Bild ohne dpa: nur zwei Tage

Ende März 2015 hatte die *Bild*-Zeitung den Versuch gestartet, eine Woche lang auf dpa-Texte zu verzichten. Der Test wurde allerdings vorzeitig abgebrochen, da das mit Mitarbeitern und anderen Nachrichtenagenturen bestens ausgestattete Millionen-Blatt angesichts des Absturzes der Germanwings-Maschine in Frankreich auf dpa nicht verzichten wollte. Für die dpa-Macher war das eine doppelte Botschaft. Das Verhalten des Springer-Verlags demonstrierte die Bedeutung und Qualität der dpa-Dienste; aber es war erneut ein Signal, dass der Bezug der Nachrichtenagentur von den Medienhäusern immer wieder aufs Neue überprüft wird. *Bild* wollte den Test ohne dpa später wiederholen.

Die öffentlich formulierte Geringschätzung von Diensten der Nachrichtenagenturen ist nichts Ungewöhnliches. Manche Medienmacher bezeichneten das dpa-Angebot als „Rohmaterial", das es in den Redaktionen zu veredeln galt.

Für die Öffentlichkeit schwer erkennbar ist das aber weitgehend nur eine werbewirksame Augenwischerei. Wissenschaftliche Untersuchungen haben gezeigt, dass dpa-Berichte in der Regel inhaltlich und sprachlich unverändert übernommen wurden und werden — abgesehen von Kürzungen der Texte und neuen Überschriften. Insbesondere die ausführlichen Berichte, Analysen, Features, Hintergründe und Reportagen der dpa-Korrespondenten aus dem In- und Ausland haben traditionell eine weite Verbreitung. Manche Zeitungen und Web-Medien versuchen zu verbergen, dass es sich um Agenturmaterial handelt und veröffentlichen die Beiträge zwar mit dem Namen des Autoren, aber ohne das dpa-Kürzel.

Die Dominanz der Nachrichtenagenturen vor allem in Regionalzeitungen und Nachrichtensendungen hat sich seit dem Einzug des Digitalen abgeschwächt. Aber noch immer stützen sich viele aktuelle Printmedien, die Nachrichtensendungen der Radio- und Fernsehsender sowie viele Internet-Medien in hohem Maße auf Agenturmaterial. Vor allem bei der Auslandsberichterstattung und beim überregionalen Sport sind die meisten Medien von Texten und Bildern der Agenturen abhängig. Auch manche große Medien haben die Zahl ihrer Korrespondenten im Ausland reduziert und müssen sich vielfach auf die Dienste von dpa, AP, Reuters oder AFP verlassen.

Die meisten Medien haben mehrere Nachrichtenagenturen

Zwar ist die Welt dank des Internets nun von jedem kleinen Dorf aus transparent wie nie zuvor, jeder Redakteur eines noch so kleinen Blättchens oder lokalen Radiostation hat auf seinem PC Zugang zum Weltgeschehen. Aber allein die Tatsache, dass alle deutschen Tageszeitungen zumindest dpa beziehen, verweist auf die ungebrochene Bedeutung der Mediendienstleister. Die meisten Medien in Deutschland beziehen neben dpa noch mindestens eine andere Nachrichtenagentur, oft auch mehrere.

Die Agentur-Konkurrenz in Deutschland ist einzigartig in der Welt: Deutschsprachige Dienste von AFP, Reuters und AP (aus dem Englischen von dpa übersetzt und vertrieben) liegen mit dpa im Wettbewerb. Hinzu kommen als wichtige Nachrichtenagenturen die katholische KNA, die evangelische epd, der Sport Informationsdienst SID, die Wirtschaftsagenturen Bloomberg, vwd, Dow Jones und die dpa Tochter dpa-afx. Darüber hinaus gibt es noch fast zwei Dutzend kleiner Nachrichten- und Presseagenturen.

Nachrichtenagenturen müssen sich deshalb als besonders marktorientiert und anpassungsfähig erweisen, um ihre starke Position zu behalten. Die lässt sich nur bewahren, wenn Fachwelt und Öffentlichkeit die Agentur für einen Inbegriff von Seriosität, Zuverlässigkeit und Objektivität halten. Neben den traditionellen Stärken von Glaubwürdigkeit und Qualität ist aber heute die Intensität der Kontakte und der Kommunikation zwischen Agentur und Kunden zu einem Erfolgsschlüssel geworden.

dpa-Chefredakteur Sven Gösmann (seit 2014) initiierte eine Reihe von Projekten, um Redaktionen und Macher der dpa-Kunden enger ans eigene Haus zu binden. Dazu gehörte neben gemeinsamen Konferenzen und Schulungsprogrammen auch ein Konzept namens „Change your seats". Dabei sollen Journalisten anderer Medien für einen Tag oder länger in der dpa-Zentrale oder in Landesbüros arbeiten, umgekehrt dpa-Redakteure zeitweise in Kundenredaktionen.

dpa news und dpa agenda

Gösmanns Vorgänger, Wolfgang Büchner, hatte mit der Idee von „dpa news" einen wichtigen Schritt zur größeren Kundennähe gehabt. Seit 2010 haben die Kundenredaktionen Zugang zu einer in Berlin erstellten dpa-Webseite, die gleich mehrere Aufgaben gleichzeitig erfüllt. Das Kundenportal strukturiert und gewichtet den enormen dpa-Nachrichtenstrom zu einer übersichtlichen News-Seite mit einer Top-Themen-Übersicht sowie eigene Seiten für Landesdienste und Ressorts. 2014 startete eine solche dpa-Website auch für die englischsprachigen Kunden weltweit.

2015 nutzten in Deutschland schon mehr als 1000 Redakteure von dpa-Kunden mit einem Passwort das Internet-Portal www.dpa-news.de, um sich einen schnellen Überblick über die wichtigsten Themen der Stunde zu verschaffen. Für die Öffentlichkeit ist die Seite nicht zugänglich. dpa news dient vor allem auch der Kommunikation zwischen Redaktionen und dpa: Täglich gibt es Dutzende von Fragen zur Berichterstattung, Anregungen zu Themen, Bitten um zusätzliche Recherchen, Bilder oder Infografiken, natürlich auch Hinweise und Kritik wegen mancher Meldungen und Berichte.

Der Verzahnung von Nachrichtenagentur und Kundenredaktion hilft auch der seit 2012 freigeschaltete Zugang zu den Termindatenbanken und Dispositionen der dpa-Redaktionen. „dpa-agenda" dient als Planungsinstrument für die Kunden, die damit einen tiefen Einblick in die weltweite, umfangreiche Termin- und Themenplanung der dpa für mehrere Wochen haben.

Nachrichtenagenturen kennen ihren Wert

Nachrichtenagenturen wissen sehr wohl um ihre Bedeutung. „Das Rückgrat des weltweiten Informationssystems" — so beschreibt die Nummer eins in der Welt, AP, nicht ganz unbescheiden ihren Platz in der Medienanatomie. Die großen Nachrichtenagenturen sind im wahrsten Sinne des Wortes Weltmeister der Kommunikation", schreibt dpa-Chef Michael Segbers.[20]

Medienhäuser, Verlage und Redakteure sprechen normalerweise aus Gründen der Selbstdarstellung und Reputation ungern über die Bedeutung der Nachrichtenagenturen. Daran wollten diese auch lange nichts ändern, verhindert doch eine gewisse Anonymität die mögliche Gefahr lästiger Diskussionen über Nachrichtenmonopole und die enorm hohen publizistische Durchschlagskraft von Agenturberichten.

Allerdings bestreitet kaum jemand ernsthaft, wie wichtig die Agentur nach wie vor ist. „Zum ersten Mal in meinem Leben als Journalist — also seit mehr als 25 Jahren — muss ich ohne Nachrichtenagenturen auskommen. Da fühlt man sich im ersten Augenblick nackt", sagte der Journalist Frank Schmiechen nach dem Wechsel von der *Welt am Sonntag* zum Startup-Unternehmen „Gründerszene.de".[21]

III Wie kann sich professioneller Journalismus finanzieren?

„Wir werden künftig mehr Medien haben, ... aber weniger Ressourcen für
professionell produzierten, allgemein interessierenden Nachrichtenjour-
nalismus. Weder die traditionellen noch die jetzt getesteten Geschäfts-
modelle bringen Umsätze wie in den 90er Jahren. In diesem Umfeld ist
schon Überleben ein Erfolg."

Prof. Rasmus Kleis Nielsen (Roskilde University)[1]

Die schlechteste Investition, die ein junger Mensch in den USA bei der
Wahl seiner Ausbildung machen kann, ist die Wahl eines Studiums
zum Nachrichtenjournalisten. Zu diesem Ergebnis kam der amerikanische Einkommens-Spezialblog „salary.com" in einer Untersuchung
im Frühjahr 2015. Da an den US-Universitäten hohe Studiengebühren
anfallen, rechne sich im Vergleich kein anderes Fach so wenig wie das
eines „news reporter".

Das durchschnittliche Einkommen beträgt demnach jährlich etwa
37.300 US-Dollar, was auf eine Lebensarbeitszeit von 30 Jahren und
der investierten Studiengebühren (inklusive Lebenshaltungskosten
und Verdienstausfall) einem „return on investment" von 58 Prozent
entspricht, so die Experten von salary.com.[2]

Deutschsprachige Journalistenorganisationen, darunter der Deut-
sche Journalisten Verband (DJV), verweisen auf eine ähnliche Lage in
Europa. Tarifliche Standards werden demnach ausgehöhlt, besonders
schlecht steht es um freie Journalisten. „Prekäre Arbeitsverhältnisse im
Journalismus stellen eine massive Bedrohung der Pressefreiheit und
Meinungsvielfalt dar und gefährden somit eine tragende Säule der
Demokratie", heißt es in der „Münchner Erklärung".[3]

Die Verbände überhöhen zwar sicherlich den sozialen Besitzstand der
Journalisten als Schlüssel zur Demokratie. Schließlich können auch
schlechter bezahlte Redakteure und Reporter seriöse Journalisten sein.
Doch spiegeln sich auch in der negativen Einkommensentwicklung
der Journalisten die Finanzprobleme vieler Medien wider.

Die Fakten sind eindeutig. Auflagen und Anzeigenaufkommen der Zeitungen vor allem in den Industriestaaten sinken und damit auch die Einkünfte der Verlage. Die Erlöse aus den digitalen Angeboten können das nicht ausgleichen. Dennoch sind Zeitungen immer noch eine Supermacht: 2,7 Milliarden Menschen in aller Welt lesen gedruckte Zeitungen und mehr als 770 Millionen lesen sie auf Computern, Notebooks oder Smartphones.[4]

Allerdings kann das nicht darüber hinwegtäuschen, dass die traditionellen Medien den folgenschweren Fehler gemacht haben, zu spät auf den digitalen Zug gesprungen zu sein. So eroberten digitale Newcomer — wie inzwischen weltweit Craigs List, Monster oder in Deutschland Scout24 — lukrative Anzeigenmärkte für Jobs, Immobilien und Autos. Aber auch die neuen Gebote der digitalen Ära — wie Multimedialität, Interaktivität und Echtzeit-Berichterstattung — wurden von vielen zunächst ignoriert. Inzwischen sind fast alle aufgewacht.

Die Medien sind weltweit mit dem Phänomen der „schöpferischen Zerstörung" konfrontiert. Der österreichische Ökonom Josef Schumpeter (1883–1950) definiert diesen „kreativen Akt" als ein Wesenselement der kapitalistischen Entwicklung. Immer wieder müssen aufgrund neuer, besserer Produktionsweisen traditionelle Firmen der betroffenen Branchen innovative Wege finden, um gegen die neuen, modernen Unternehmen zu bestehen und zu überleben. Die Geschichte der letzten 400 Jahre kennt mehrere solcher dramatischen Umbrüche, die digitale Revolution gehört sicher zu den gravierendsten und folgenschwersten.

Das Geschäft mit der Zeitung ist noch lange nicht tot

Insgesamt genießt die digitale Medienbranche den Rausch eines anhaltenden Booms. Die digitale Revolution hat manche Marken — wie Amazon, Facebook oder Google — zu den wertvollsten Firmen der Welt gemacht. Überall suchen Start-up-Unternehmen von dieser Internet-Hausse zu profitieren. Von der Euphorie mit den Wurzeln im Silicon Valley spüren seriöse Medien mit professionellem Journalismus nur wenig. Die meisten der traditionellen Medienmarken ringen seit Jahren um eine Strategie für eine gedeihliche Zukunft.

Das trifft vor allem für die Zeitungen zu. Besonders bitter für die Verlage sind die Verluste im Anzeigengeschäft. Früher sorgten sie für bis zu 80 Prozent der Einnahmen. 2014 waren die Erlöse aus dem Verkauf der Blätter erstmals weltweit höher als die Gelder aus dem Anzeigen-geschäft.[5] „Die Grundannahme des Nachrichtengeschäftsmodells, dass Nachrichteninhalte durch Erlöse aus dem Anzeigengeschäft subventi-oniert werden, hat sich erledigt", betonte WAN-IFRA-Generalsekretär Larry Kilman.

Aber der Zeitungsmarkt ist trotz aller Verluste und finsteren Zukunfts-prognosen noch immer sehr lebendig. Immerhin betrugen die Einnah-men der Zeitungen aus dem Verkaufs- und Anzeigengeschäft nach Angaben des Verbands 2014 weltweit etwa 179 Milliarden US-Dollar. Das sei mehr als der Umsatz der globalen Buch-, Musik- und Filmbran-chen zusammen. Sogar die Auflagen der gedruckten Zeitungen stieg um 6,4 Prozent gegenüber dem Vorjahr — was aber vor allem den Entwicklungen in Indien und ostasiatischen Ländern zu verdanken ist. Im Westen schmelzen die Auflagen weiter dahin.

Dennoch haben sich die Printmedien insgesamt als widerstandsfähig erwiesen. Wesentlich dazu beigetragen haben ihre Wandlung zu mul-timedialen Unternehmen mit zahlreichen digitalen Angeboten und zahlreiche Versuche mit strukturellen Veränderungen und neuen

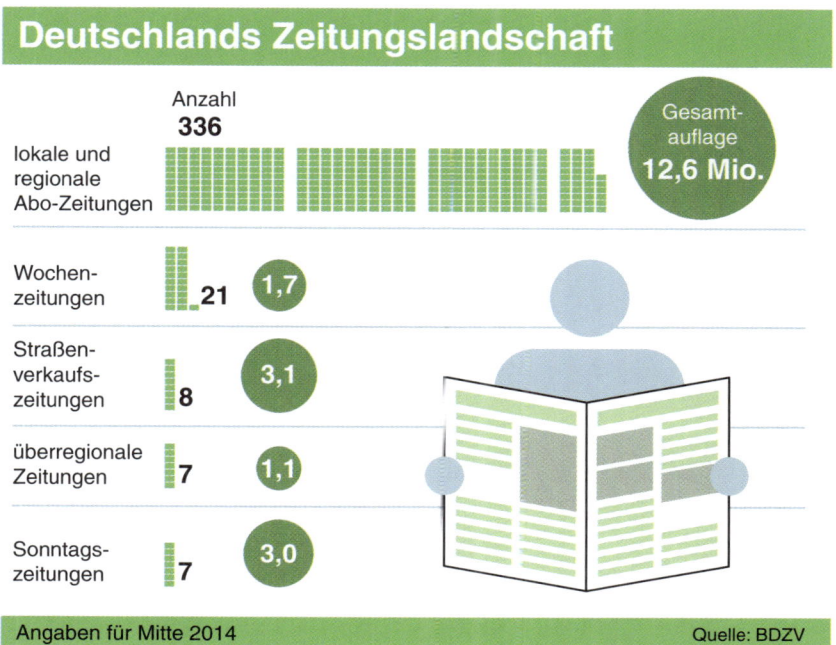

Deutschlands Zeitungslandschaft

	Anzahl	Gesamt-auflage
lokale und regionale Abo-Zeitungen	**336**	**12,6 Mio.**
Wochen-zeitungen	21	1,7
Straßen-verkaufs-zeitungen	8	3,1
überregionale Zeitungen	7	1,1
Sonntags-zeitungen	7	3,0

Angaben für Mitte 2014   Quelle: BDZV

Geschäftsmodellen. Allerdings wissen alle, dass Wandel und Verwerfungen in der Branche noch lange nicht abgeschlossen sind.

Eine zentrale Rolle für die Zukunft der Printmedien werden die Digital-Giganten Google und Facebook spielen. Die Verteilungs- und Rollenkämpfe zwischen seriösen Medien und seriösem Journalismus, den traditionellen Medienhäusern und neuen Medien, den Plattformen und Aggregations-Unternehmen dauern wohl noch geraume Zeit an. Noch ist es unklar, welche Schlachten den Medienhäusern noch bevorstehen. Rein ökonomisch betrachtet sind sie allesamt Zwerge gegen die digitalen Weltmächte. „Facebook und Google dominieren die Welt wie moderne King Kongs", schreibt der US-Publizist Robert Kaiser.[6]

1 Herausforderung im Web: Urheberrecht und geistiges Eigentum

*„‚Eigentum ist Diebstahl', dachte sich Proudhon,
als er dieses Zitat von Brissot klaute."*

Aphoristiker Alexander Eilers[7]

Für einen, der 1968 in Frankfurt zur rebellischen Schüler- und Studentenbewegung gehörte, galt so etwas wie „geistiges Eigentum" als lästiges Relikt der kapitalistischen Gesellschaft. Wer also manche Nacht neben einem quälend langsamen, nervig lauten Matritzen-Drucker mit ihrer alles verschmutzenden Druckschwärze stand, um heimlich aufrührerische Texte zu drucken, war meist ziemlich stolz auf die „das System herausfordernden Aktivitäten".

In den Kellern linker Kneipen oder in Wohngemeinschaften, in Büros der Sozialistischen Internationale Offenbach oder der Hochschule für Politik im Holzhausenviertel entstandenen so schlichte, aber begehrte Raubdrucke von Texten des Anarchisten Michael Bakunin, des Sexualwissenschaftlers Wilhelm Reich, aber auch des österreichischen Nationalökonomen Eugen Böhm von Bawerk.

Raubdrucke waren in jenen Zeiten für die Buchverlage lästig, aber kein ernsthaftes Problem. Damals ahnte niemand, dass sich die Eigentumsfrage tatsächlich bald massiv stellen würde. Aber verantwortlich dafür waren nicht Revolutionäre und Marxisten, sondern der technische Fortschritt.

Die Digitalisierung forderte zunächst vor allem die Musikindustrie heraus, da Millionen musikbegeisterter Jugendlicher weltweit die Möglichkeit nutzten, kostenlos die Hits ihrer Idole im Web runterladen zu können. Mit einem ähnlichen Schicksal musste dann die Filmindustrie fertig werden und schließlich die gesamte Medienbranche, die Spielhersteller ebenso wie die Software-Industrie.

Gratiskultur als ökonomisches Zukunftsmodell?

Die sich rasch ausbreitende Gratiskultur wurde von manchen Apologeten der digitalen Ära heftig verteidigt. Der Publizist und Ex-Chefredakteur der Zeitschrift *Wired*, Chris Anderson, entwarf schon 2004 kühn die Vision einer Welt, in der zahllose Waren kostenlos sein würden. „Wer im Netz präsent sein möchte, muss seine Inhalte kostenlos anbieten."[8]

Beim Geschäftsmodell der Zukunft gebe es viele Produkte und Dienstleistungen gratis, allerdings verbunden mit kostenpflichtigen Premiumprodukten, meinte Anderson. Zur Wirkung käme die „attention economy" (Ökonomie der Aufmerksamkeit) und die „reputation economy" (Ökonomie des Image). „Freemium" (zusammengesetzt aus „free" und „Premium") nannte sich das Konzept, auf das Anderson setzte.

Es sollte für die Computerspielbranche und für die Medienbranche eine enorme Bedeutung bekommen. Erste unangenehme Erfahrungen mit konkurrierenden Umsonst-Angeboten hatten vor allem die Zeitungen schon mit der Ausbreitung von Anzeigenblättern und Gratis-Zeitungen seit Beginn der 90er Jahre machen müssen.

Inhalte kostenlos anzubieten war in den frühen Internetjahren die Regel. Es war ein Sog, dem sich auch die Medienbranche kaum entziehen konnte. Die Freude über die wachsende Verbreitung und neue Optionen für begleitende Werbung verschleierten zunächst die Einsicht, dass sich das Gratismodell massiv negativ auf die Geschäftsberichte der Unternehmen auswirken würde. Die Einbußen im Printbereich und die Aufwendungen für marktgerechte Online-Angebote drohten zu einer Rutschbahn in die Verlustzone zu werden.

© picture alliance / AP Photo

Google Vorstand Larry Page

Neu war auch die Herausforderung, dass die Medienangebote im Netz dank Google, Blogs und sozialen Plattformen manchmal rasende Verbreitung fanden, ohne dass Medien und Autoren von der erweiterten Leserschaft und den vielen Usern ausreichend profitierten. Im Grunde wurde das Internet zur scheinbar rechtsfreien Insel mit einer gigantischen Raubdruck-Maschinerie. Das hässliche Wort von der Plagiatkultur nahm dennoch kaum jemand in den Mund — ein deutliches Indiz dafür, dass die Beteiligten trotz aller Empörung nach akzeptablen Kompromiss-Lösungen suchen wollten.

Musikindustrie war das erste Opfer

Die Musikindustrie als erstes Opfer der infektiösen Gratis-Kultur musste ihr Geschäftsmodell von Grund auf ändern, neue, auf die Verwendung fremder Produkte spezialisierte Web-Unternehmen wie Spotify als Mitspieler akzeptieren. In einem ähnlichen Anpassungsprozess befindet sich die Medienbranche, der noch lange nicht beendet scheint. In Deutschland wehren sich vor allem Verlage wie Springer und Burda heftig gegen die ständige Verletzung des Urheber- und Leistungsschutzrechts, der Internet-Ignoranz gegenüber dem geistigen Eigentum. Die Hoffnungen ruhen auf Brüssel, von wo eine EU-einheitliche Regelung das Recht auf geistiges Eigentum wieder voll schützen soll — wobei solche Bestimmungen angesichts der globalisierten Internetrealitäten nicht einfach um- und durchzusetzen sein werden.

Aber die Medien verfolgen eine Doppelstrategie. Zum einen wird für einen rechtlichen Rahmen gekämpft, der die Eigentumsrechte stärker schützen soll. Zum anderen gibt es zahllose Bemühungen, um mit Google, Facebook oder Twitter über Verträge und andere Vereinbarungen ins Geschäft zu kommen.

2011 wurde aber auch die Deutsche Content Allianz als „Bündnis der deutschen Kreativwirtschaft zur Sicherung von kreativer Vielfalt im digitalen Zeitalter und zum Schutz von Urheberrechten" gegründet.[9] Hier sind die Interessenvertreter der Medien versammelt, die das Internet finanziell bedroht: die Branchen des Journalismus, der Literatur, der Musik, des Films und der Fotografie.

dpa-Tochter bündelt Brancheninteressen

Die Auseinandersetzungen über Verletzungen des Leistungsschutzrechts führten in vielen Fällen auch zu Prozessen. In Deutschland gelang es mit der 2012 gegründeten cpa (copyright-Alliance GmbH), einer Tochter der Mecom, die Rechtsinteressen der Branche bei Verstößen gegen das Urheberrecht zu bündeln und erfolgreich gegen viele Fälle der illegalen Nutzung von Texten und Bildern vorzugehen. Die Mecom ist ein Gemeinschaftsunternehmen von dpa, afp, dpa-afx, der katholischen Nachrichtenagentur kna und dem Gemeinschaftswerk der evangelischen Publizistik. cpa spürt mit einem „content monitoring" im Internet systematisch die illegale Verwendung von Bildern und Texten von Zeitungen, Zeitschriften, Nachrichten- und Bild-agenturen auf. Der Kundenkreis umfasst kleine wie auch sehr große Medienhäuser aus Deutschland, anderen europäischen Staaten sowie den USA.

Die cpa-Mitarbeiter gleichen gemäß den Vorgaben ihrer Kunden Bilder und Texte mit Webseiten im Internet ab. Werden illegale Downloads auf nicht gewerblichen Websites festgestellt, entscheidet der jeweils betroffene Kunde über das weitere Vorgehen. Manchmal reicht ein mahnendes Schreiben, dann wird für die Verwendung des Materials ein „Nachlizensierungsverfahren" eingeleitet und schließlich anstandslos bezahlt. Manchmal landen die Auseinandersetzungen aber auch vor Gericht.

So gut wie nie wird die cpa aktiv, wenn private Blogs Medienmaterial ohne Absprache verwenden. Denn cpa betreibt ein sensitives Geschäft: „Wir versuchen immer, die Probleme ohne großes Aufsehen zu lösen. Ein aggressives Abmahnverfahren gegen andere Medien könnte auch dem Image des Klägers schaden", betont cpa-Chefin Barbara Bliefert.

Ausgerechnet das Mutterunternehmen dpa hat bei diesem Thema allerdings ein besonderes Problem: Bei Texten von Nachrichtenagenturen ist die Rechtslage besonders schwierig: Kurze Nachrichten, weil oft gleichlautend, sind kaum identifizierbar und deshalb auch nur schwer zu schützen.

2 Lässt sich mit Nachrichten Geld verdienen?

„Was ist heute ein erfolgreicher Medienverlag? Es ist ein Verlag, der sein Geld nicht mehr mit Medien verdient."

Publizist und Unternehmensberater Kurt W. Zimmermann[10]

„Wir stehen noch am Anfang einer Entwicklung. Das Rennen hat noch gar nicht begonnen."

Axel-Springer-Vorstandschef Mathias Döpfner über die finanzielle Zukunft des Online-Journalismus[11]

Das historische Experiment der alten Medienwelt, mit digitalen Angeboten die Verluste im Printbereich auszugleichen, dauert an. Zwischenbilanz 2015: Niemand weiß nichts richtig. Wirklich schlüssige Konzepte und realitätstüchtige Rezepte scheint noch niemand gefunden zu haben.

Die Befürchtung vieler Medienmacher ist, dass die Konsumenten angesichts der grassierenden Umsonst-Mentalität im digitalen Raum auch künftig die Lieferung von Nachrichten ähnlich betrachten wie die Versorgung mit Trinkwasser. Besonders edle Marken finden zwar noch ihre Käufer. Aber die meisten Menschen sind offenbar der Ansicht, dass aktuelle Nachrichten und Berichte am besten nichts oder sehr wenig kosten sollten. Oder aber der Staat möge irgendwie für die Versorgung zu minimalen Kosten sorgen.

Es gibt in der Medienbranche kaum noch jemanden, der glaubt, mit alltäglichen Nachrichten allein ließe sich noch viel Geld verdienen. Dennoch spielen sie für die meisten digitalen Medienangebote eine enorm große Rolle. Denn die Gesellschaft lechzt weiterhin nach „breaking news" über Katastrophen, Sensationen oder Skandale. Abermillionen Menschen verfolgen weltweit die Sportereignisse oder die Eskapaden der Popstars. Andere interessieren sich für Kultur, Lokales, Politik oder Gesundheit, viele natürlich auch für die Wirtschaft. Kurz: Es gibt für so gut wie für alles enorm viel Publikum.

Sicher ist auch, dass im digitalen Raum große Reichtümer locken. Schon heute gehen die Umsätze im Internet weltweit in die Billionen Euro. Davon entfällt natürlich der Großteil auf alle Formen von E-Commerce (2014: etwa 1,5 Billionen US-Dollar).[12] Der Versuch, eine strenge Trennlinie im Web zwischen E-Commerce und digitalen Medien zu ziehen, ist kaum möglich.

Medienmacher, Politiker und Wissenschaftler grübeln seit geraumer Zeit darüber, wie die Finanzierung des professionellen Journalismus in der Zukunft aussehen könnte. Aber der Strukturwandel im Medienbereich ist noch lange nicht abgeschlossen. Deshalb kann auch die Frage nach der Praktikabilität der vielen Konzepte, Modelle und Experimente nur vorläufig beantwortet werden. Wie im Folgenden zu sehen ist, sollten auch Untersuchungen und Umfragen von Medien und Wissenschaftlern mit viel Skepsis betrachtet werden — zu sehr schwanken die Ergebnisse der Studien, viel mehr als Trends sollte man aus ihnen nicht herauslesen.

Die Umsätze von Unternehmen, in denen mediale Produkte im Mittelpunkt stehen, belegen, dass es um deutlich mehr als 100 Milliarden Euro geht. Allein Google hatte 2014 einen Umsatz von 66 Milliarden, Facebook von 12,5 Milliarden und die Zeitungsbranche geschätzte elf Milliarden US-Dollar. „Mit journalistischen Inhalten wird heute mehr Geld verdient als je zuvor, allerdings fließt das Geld nicht mehr nur in die Kassen traditioneller Verlage", betont *Handelsblatt*-Geschäftsführer Gabor Steingart.

Die einfachste Form für Medien, im Internet Geld zu verdienen, besteht im direkten Verkauf ihrer Inhalte, sei es als Ganzes (E-Paper) mit strengen Bezahlschranken oder in Teilen (Freemium oder Metered) sowie mit Anzeigen, die den „Content" begleiten. Bislang allerdings ist die Bereitschaft, für mediale Inhalte im Netz zu zahlen, weltweit sehr gering.

Sind Deutsche Weltmeister bei Bezahl-Modellen?

Der Digitalverband Bitkom sieht die Entwicklung für bezahlte Medieninhalte im Internet sehr optimistisch. 2014 haben nach einer Umfrage des Verbands immerhin schon 34 Prozent der Internetnutzer für redaktionelle Inhalte im Web Geld ausgegeben, durchschnittlich 15,10 Euro im Monat.[13] Im Jahr zuvor waren es erst 25 Prozent mit einem Monatsdurchschnitt von 13,60 Euro. „Immer mehr Menschen lassen sich Online-Journalismus etwas kosten", meinte Bitkom-Hauptgeschäftsführer Bernhard Rohleder. Andere Untersuchungen kommen allerdings zu weniger positiven Ergebnissen für die Branche.

Einer repräsentative Umfrage des US-Meinungsforschungsunternehmens SurveyMonkey zufolge sind die Deutschen im Vergleich zu anderen Ländern noch am ehesten bereit, für Online-Inhalte zu bezahlen. Das seien aber gerade mal 12 Prozent der Deutschen.[14] Nur 11,8 Prozent der Australier, 9 Prozent der Amerikaner, 6,7 Prozent der Franzosen und 5,8 Prozent der Engländer akzeptieren laut dieser Umfrage die Bezahlmodelle digitaler Medienangebote.

Das britische Reuters Institut für Journalismus (Universität Oxford) kommt 2015 zu einem etwas anderen Ergebnis. Demnach nutzen in Deutschland lediglich 7 Prozent Bezahlinhalte im Internet, in Finnland sind es 14 Prozent, in Italien 12 Prozent, den USA 11 Prozent und Frankreich 10 Prozent.[15] Beide Studien haben eine Botschaft: Eine große Mehrheit ist (noch) nicht bereit, für Informationen im Netz zu zahlen. Diese Tatsache spüren die Medien seit Jahren schmerzhaft.

Die neuen Medien machen derzeit eine ähnliche Erfahrung wie die ersten privaten Radio- und Fernsehsender in Deutschland Mitte der 80er Jahre. Programme ohne Nachrichten genießen selbst bei Zielgruppen, die vor allem auf Unterhaltung und Musik Wert legen, weniger Ansehen als andere Programme, die auch seriöse Informationsanteile haben. Auffallend ist in der Tat auch jetzt, dass sich so gut wie alle großen digitalen Unternehmen intensiv um journalistische und nachrichtliche Inhalte kümmern.

Der Mitbegründer der *Huffington Post* und Buzzfeed-Chef Jonah Peretti sagt: „Nachrichten sind ein unglaublich wichtiger Inhalt. Sie sind die Seele jedes Medienunternehmens, selbst wenn sie (news) nicht das größte Geschäft sind." Nachrichten seien von zentraler Bedeutung für jedes wirklich große Medium.[16]

Alle investieren in den Journalismus

„Follow the money!" — das war nicht nur das Motto der *Washington Post*-Reporter, die vor 40 Jahren den Watergate-Skandal aufdeckten. Die Spur des Geldes lügt auch sonst selten. Investitionen sind immer auch eine Wette auf die Zukunft.

Angesichts der schwersten Krise in der Geschichte traditioneller Medienhäuser ist es erstaunlich, dass sowohl die digitalen Riesen als auch einige der reichsten Männer der Welt entweder in die kränkelnde Branche investieren oder aber eine engere Zusammenarbeit mit ihr suchen. „Bemerkenswert, wie sehr sich Apple, Google und Facebook derzeit um diesen Journalismus bemühen", twitterte Jochen Wegner, Chefredakteur von *Zeit Online* im Juni 2015.[17]

Das Engagement des großen Geldes bei Zeitungen oder Fernsehstationen hat allerdings eine lange Tradition. Der amerikanische Unternehmer William Randolph Hearst (1863 – 1951), der sein Vermögen Minen und Farmen verdankte, verwirklichte vor über 120 Jahren seine Vision eines Zeitungsimperiums – und wurde noch reicher. Auch der italienische Milliardär Silvio Berlusconi stieg vor über 40 Jahren ins Mediengeschäft ein, um satte Profite zu machen – und seinen politischen und gesellschaftlichen Einfluss zu mehren.

Für die amerikanischen Multi-Milliardäre Piere Omidyar und Jeff Bezos ist die Ausgangslage heute sicher ganz anders. 2013 investierte der Ebay-Gründer Omidyar 250 Millionen Dollar in das gemeinnützige, digitale Medienunternehmen „First Look Media". 2013 kaufte Amazon-Besitzer Bezos gleichfalls für 250 Millionen Dollar mit der *Washington Post* ein Flaggschiff des US-Journalismus. Groß-Investor und Multi-Milliardär Warren Buffet erwarb bis 2014 über 60 kleine und mittlere Tageszeitungen im ganzen Land.[18]

Krise der US-Zeitungen teilweise hausgemacht

Einer der reichsten Männer der Welt verfuhr dabei seinen sonstigen Investitionen nicht unähnlich: Schon immer erwarb Buffet gerne unterbewertete Firmen. Gerade die Krise der US-Zeitungen scheint in großem Maße hausgemacht. Wegen der enormen Profite noch bis in die späten 90er Jahre waren viele Zeitungsverlage mit Krediten von Spekulanten zu völlig überhöhten Preisen erworben worden.

Aber die Finanzcrashs 2000 und 2008 sowie die sich verschärfende Zeitungskrise machten die hohen Gewinnerwartungen – insbesondere wegen der hohen Zinszahlungen für die Kredite – zunichte. Zunächst kamen drastische Sparprogramme, so für die Verlagsgruppe der Tribune Company Chicago, zu der auch die angesehene *Los Angeles Times*, gehörte. Das Konzept mündete in einem Teufelskreis. Empörte Redaktionen protestierten, Chefredakteure kündigten, die Qualität der Blätter ließ spürbar nach – und die Auflage der Zeitungen sank weiter. Letztendlich purzelte der Wert der Verlage. Im Fall des Chicagoer Unternehmens von 284 Millionen US-Dollar 1993 auf 21 Millionen US-Dollar 2012.[19]

Auch der deutsch-amerikanische Unternehmer Nikolas Berggruen erwarb 2010 für 900 Millionen Euro einen Mehrheitsanteil beim wirtschaftlich angeschlagenen spanischen Medienkonzern PRISA, der auch die führende Tageszeitung des Landes, *El País*, herausgibt. Seit 2014 betreibt er gemeinsam mit Arianna Huffington, Herausgeberin der *Huffington Post*, die neu gegründete *World Post*, eine Internet-Nachrichtenplattform. In die Kategorie branchenfremder Großinvestitionen in die Medien gehört sicher auch das knapp dreijährige Engagement der Finanzinvestoren Martin Vorderwülbecke und Peter Löw bei der Nachrichtenagentur dapd (dazu mehr in Kapitel VI).

Über die Motive der Investoren gibt es viele Spekulationen. Ist die Medienbranche auch mit seriösen Inhalten profitabler als es derzeit aussieht? Versprechen sich die Unternehmer mehr politischen oder gesellschaftlichen Einfluss? Haben sie gar die edle Absicht, den bedrängten Qualitätsjournalismus zu retten? Oder sucht der eine oder andere nur das Scheinwerferlicht der noch immer faszinierend schillernden Medienwelt? In ersten Kommentaren schienen sich die Experten ziemlich sicher, dass kaum einer der großzügigen Kapitalgeber im Medien-Kerngeschäft mit einem raschen „return on investment" rechnen könne, geschweige denn mit baldigen Profiten.

Umstrittenes Geschäftsmodell für die Washington Post

Zumindest bei den Plänen von Bezos mit der *Washington Post* könnte das ein großer Irrtum sein. Denn der Amazon-Gründer brachte völlig neue Ideen für die einflussreiche Hauptstadt-Zeitung mit, die aber seit Jahren unter Auflagenschwund und Sparrunden litt.

Bezos versucht mit der *Washington Post* ein neues Geschäftsmodell, das letztlich auf eine engere Verknüpfung von Journalismus und Kommerz hinausläuft. Ein erster Schritt war die größere Nähe zu Amazon, die App der Zeitung wurde auf alle „Kindle", den Amazon-Lesegeräten, installiert. Der milliardenschwere Investor stellte zudem in Washington 47 Programmierer ein, um ein deutliches Signal für die stärkere digitale Ausrichtung zu senden.

Mit dem neuen Konzept soll vor allem die Nähe zum Leser massiv verstärkt werden. Natürlich geht es darum, von ihm möglichst viele Daten zu bekommen. Begründet wird das auch damit, dass die *Post* so leichter dem Leser jene Artikel empfehlen kann, die ihn besonders interessieren müssten. Aber natürlich nützen die Daten auch zur Erstellung eines immer präziseren Leser- bzw Konsumentenprofils. Daran ist vor allem die Werbeindustrie interessiert.

Zugleich versucht das Medienunternehmen den Bezieherkreis auszuweiten. Der *Washington Post* gelang ein Partnerprogramm, das den Abonnenten von 250 amerikanischen Zeitungen – und einigen ausländischen wie der israelischen *Haaretz* oder der *Japan News* – den freien Zugang zur Online-Seite der Hauptstadtzeitung ermöglichte. „Wir wollen aus der Post das meist gelesene Nachrichtenunternehmen der Welt machen", formulierte der von Bezos eingesetzte Herausgeber Fred Ryan das ehrgeizige Ziel.[20] Schon im Februar meldete die Zeitung 48,3 Millionen Nutzer, die mindestens einmal die Webseite erreichten.[21]

Bedingung für jeden Nutzer der *Post*-Website ist allerdings, dass er sich dort noch einmal registrieren lässt. In diesen Daten sieht wohl Bezos den wahren Schatz des Unternehmens, ermöglicht er doch vielfache Verwertung. Zum Beispiel durch die Zeitungsplattform „Brand Connect", auf dem Unternehmen – wie Mercedes-Benz oder Siemens – gesponserte Inhalte anbieten. Denkbar sind so maßgeschneiderte Anzeigen an den Leser, dessen registrierten Lesegewohnheiten sich rasch zu einem Konsumentenprofil generieren lassen.

Redaktioneller Teil und PR kaum zu unterscheiden

Zudem gibt es die Option „Brand Connect Perspective". Damit kann ein Werbekunde im Meinungsteil der *Post* einen Kommentar veröffentlichen. Zwar sind die Autoren des „Sponsored Content" deutlich als Interessenvertreter einer Firma oder Branche gekennzeichnet. Aber hier wird im redaktionellen Teil einer Zeitung schwer zu identifizierender PR verbreitet. So durfte zum Beispiel am 13. November 2014 der Präsident von „Bayer Crop Science", Jim Blome, für moderne, wissenschaftliche Methoden in der Landwirtschaft werben. Ohne Zweifel werden hier Grenzen zwischen Journalismus und Werbung verletzt, was es so früher bei der *Post* nie gegeben hätte.

Das Medien-Institut der Harvard Universität (Cambridge, Massachusetts) berichtete auch von weitergehenden Plänen der Zeitung, nach denen den Lesern sowohl Artikel als auch Werbung zielgerichtet angeboten werden sollen. Der General Manager der *Washington Post*, Steve Hills, sagt: „Wir spielen hier das lange Spiel, das heißt, Leser zu gewinnen und Aufmerksamkeit zu erzeugen."[22]

Die Strategie der *Post* gehört zu den vielen Formen der Annäherung von redaktionellen Inhalten und Werbung. „Native Advertising" nennen sich solche Konzepte, die verdächtig an das erinnern, was altmodisch „Schleichwerbung" heißt. „Native Advertising" sind von Firmen bezahlte Artikel und Fotos, die trotz des Werbeinhalts für Leser und Nutzer wie redaktioneller Inhalt wirken.

Auch deutsche Medien nutzen diese problematische Form der PR. Sogar die Titelseiten mancher Blätter fungierten schon als Werbeträger. Zwar war das leicht zu erkennen, aber dennoch spielte damit der Kunde auf der Klaviatur, durch die Anmutung von der Seriosität des Blattes zu profitieren. Schon lange nutzen auch seriöse Zeitungen wie die *F.A.Z.*, die *SZ* oder *Die Zeit* sogenannte Mode-, Auto- oder Uhren-Specials, um eine besondere Nähe zwischen journalistischen Beiträgen und aufwändigen Anzeigen zu ermöglichen.

Viel drastischer sind natürlich Seiten oder Artikel, die nur mit Mühe als Werbung auszumachen sind. Allerdings sehen viele in der Branche dazu keine Alternative: „Es geht darum, Leser zu erreichen mit einer Werbebotschaft ... Wenn wir ehrlich sind — like it or not — ‚native advertising' ist einer der Bestandteile unserer Branche, nicht nur in der amerikanischen Branche, sondern eben auch schon bei uns", meinte der Geschäftsleiter Digitale Medien der medienholding:nord, eines Zeitungsverbunds aus Flensburg, Nicolas Fromm.[23]

Noch löst „Native Advertising" heftige Mediendebatten aus. Beispielsweise als in der britischen Qualitätszeitung *The Guardian* am Ende eines Internet-Artikels über Borussia Dortmunds Trainer Jürgen Klopp stand, dass er stolz darauf sei, Puma zu tragen. Im Bild dazu trägt Klopp ein „I-love-London"-Shirt von Puma. Der *Guardian* begründete das alles mit dem Hinweis, Puma sei schließlich ein Partner von Borussia Dortmund.[24]

Spiegel Online setzte Maßstäbe

Den geringsten Druck, die Barrieren zwischen Journalismus und Werbung, aufzuweichen, sollten die erfolgreichsten Medien im digitalen Geschäfte haben — und tatsächlich brauchen diese digitalen Medienstars wie *Spiegel Online* oder das *Wall Street Journal* kaum den Vorwurf von Native Advertising zu fürchten. Das deutsche Nachrichtenmagazin schreibt dank eines frühen Starts, hoher Professionalität und herausragender Konzepte im Internet seit längerem schon schwarze Zahlen.

Als digitales Leitmedium in Deutschland, das auch enorm vom journalistischen Potential des Nachrichtenmagazins mit seinen Starautoren und der investigativen Kompetenz profitiert, gelang früh, was anderen Verlagen kaum glückt: Im Digitalgeschäft finanziell zu reüssieren. Der Preis, den *Spiegel Online* dafür offenbar bezahlen musste, war eine manchmal heftig kritisierte Skandalisierungs- und Boulevardisierungs-Strategie. Korrespondenten der Nachrichtenagenturen können ein Lied von der unangenehmen Wirkung übertriebener *SPON*-Schlagzeilen singen, wenn es beispielsweise um den früheren US-Präsidenten George W. Bush ging. Wenn der wieder einmal öffentlich schief lächelte, war es bei *SPON* nicht weit zur Story über den „peinlich berührten" und „errötenden" Bush.

Das *Wall Street Journal* konnte dank klugen Managements und vor allem wegen seines wohlhabenden, elitären Leserkreises relativ problemlos mit hohen Bezahlschranken auch den Internetauftritt profitabel machen. Auch die *New York Times* versuchte schon sehr früh, mit einem klassischen Bezahlmodell der digitalen Zeit gerecht zu werden. Sie führte 2011 Paywalls ein und erreichte damit bis 2015 tatsächlich über 900.000 Digital-Abonnenten.

Allerdings hat die *Times* ihre digitale Strategie immer wieder geändert, vor allem auch, weil die Erlöse im Digitalen enttäuschten. 2014 verdankte der Zeitungsverlag noch immer 70 Prozent der Einnahmen der gedruckten Ausgabe. Finanzprobleme plagen die *Times* schon lange. Allein im 1. Quartal 2015 machte sie einen Verlust von 15 Millionen Dollar.[25]

Eine überraschende Kehrtwende macht das New Yorker Verlagshaus, als die bisher kostenpflichtige App „NYT Now" im April 2015 plötzlich umsonst angeboten wurde. Wie unangenehm dem Verlag dieser Schritt war, zeigte sich, als es ihn eher versteckt in anderen Neuigkeiten über neue *NYT*-Angebote verkündete. Erst Medienexperten fiel die eigentliche Sensation auf: die App mit zusammengefassten Kurzversionen der wichtigsten Nachrichtengeschichten der *Times*, für die Abonnenten bis dahin 8 US-Dollar monatlich bezahlen mussten, war nun frei verfügbar.

Die nahe liegende Erklärung: Die Dominanz von Facebook insbesondere bei mobilen Geräten signalisierte der *New York Times*, dass es vielleicht besser sei, erst einmal auf Reichweite zu setzen, um die Marke zu pflegen und für Anzeigen interessanter zu werden. Ein Entschluss, der auch deshalb sinnvoll erscheint, weil in den USA die Bereitschaft zum Bezahlen für News-Apps ziemlich gering war. Die Fachzeitschrift *Horizont* schätzte die Zahl der Abonnenten auf etwa 20.000.

Selbst ein Medienschwergewicht wie die *NYT* will experimentieren und sich neuen Digital-Strategien öffnen. So werden auf der *NYT*-App auch Beiträge anderer Medien verlinkt. Ähnlich wie die *Times* verfuhr auch die *F.A.Z.*, die 2010 eine kostenpflichtige News-App einführte, um sie dann Ende 2014 kostenlos anzubieten.

Sparmaßnahmen und Strukturveränderungen

Die meisten Print-Medien leiden im Kerngeschäft unter sinkender Auflage und dem Schwinden von Anzeigenerlösen. Die Einnahmen aus dem digitalen Geschäft sind fast bei allen ernüchternd niedrig. Die Antwort der Medienhäuser waren Sparmaßnahmen und strukturelle Veränderungen, Redaktionen wurden verkleinert und zusammengelegt. Die Kooperation zwischen Zeitungen wuchs, ebenfalls die Konzentration der Verlage.

Manche Unternehmen wie der Springer Verlag suchen dem Wandel mit einer Verlagerung von Printmedien zu digitalen Angeboten gerecht zu werden. Obwohl die meisten Zeitungen und Zeitschriften des Berliner Hauses profitabel waren, wurden 2013 zahlreiche Titel verkauft. Dafür wurde das digitale Geschäft massiv ausgebaut. Allerdings sind es nicht Informations-Medien, mit denen Springer das Geschäft macht, sondern alle möglichen Verbraucher- und Ratgeberformate wie die Karriereplattform „Stepstone", die Immobiliendienste „Immonet" und „Seloger" oder das Preisvergleichsportal „Idealo". Sie machen etwa zwei Drittel der Umsätze im Digitalgeschäft aus.

Wie viel genau Springer mit digitalen Informationsangeboten — Erlöse aus Werbung und Paid Content vor allem der Webseiten von *Bild* oder *Die Welt* — macht, ist nicht bekannt. *Der Spiegel*, dem Springer-Verlag wahrlich nicht wohl gesonnen, schrieb 2013, mittelfristig wolle Döpfner allein bei den Boulevardzeitungen des Unternehmens 20 Millionen Euro einsparen, bis zu 200 Stellen sollten wegfallen. Die Strategie des Springer-Vorstandsvorsitzenden Döpfner lasse erkennen, dass er wenig Vertrauen in die Zukunft von Printmedien hat, kommentierte der *Spiegel*.[26]

Springer setzt auf Erlöse digitaler Medien

Nach wie vor zuversichtlich ist Springer-Vorstandschef Mathias Döpfner über die Möglichkeiten, mit digitalen Medienangeboten Geld zu verdienen. „Wir sind heute sehr viel optimistischer, dass diese Bezahlmodelle funktionieren werden, als wir das noch vor zwei oder drei Jahren waren", sagte Döpfner im Frühjahr 2015 (Döpfner vor Aktionären in Berlin, 7.5.2015). Sein Verlag machte tatsächlich im ersten Quartal 2015 mehr als 60 Prozent des Umsatzes (780 Millionen Euro) mit digitalen Aktivitäten. Aber das waren eben vor allem nicht-mediale Rubrikendienste.

Deutschlands auflagenstärkstes Blatt, die *Bild*, deren tägliche Auflage seit 1998 von 4,5 Millionen auf nunmehr 2,1 Millionen gesunken ist, erreichte 2015 etwa 260.0000 digitale Abonnenten. Die Schicksalsfrage der Branche sei nicht mehr, wie die Papierauflage zu verteidigen sei, sondern wie man mit Journalismus im Netz Geld verdienen könne, sagte Döpfner. Sonst habe der Journalismus keine Zukunft. Konsequent startete *Bild* im Frühjahr 2015 dann auch ein hochkantiges Video-Nachrichtenformat für Smartphones.

Die meisten Konzepte haben ungeachtet der Traditionen des jeweiligen Mediums eines gemeinsam. Sie verfolgen einen multimedialen Ansatz, werten den digitalen Bereich massiv auf und errichten Paywalls. Diese Barrieren allerdings schaffen zusätzliche Probleme. „Eine Paywall ist grundsätzlich eine psychologische Fehlkonstruktion. Sie bittet die treusten Kunden zur Kasse und vermittelt den Gelegenheitsnutzern den Eindruck der Bestrafung", schreibt der Schweizer Medienexperte Mathias Menzel.[27]

Auf dem großen Markt der Computerspiele ist Freemium das bei weitem beliebteste Konzept — allerdings zahlen 98 Prozent gar nichts und nur die Übrigen sorgen für den notwendigen Umsatz.[28]

Taz appelliert an die Moral

Auch die verschiedenen Formen des Freemium-Modells, bei dem vieles kostenlos zugänglich ist, Premium-Artikel aber kostenpflichtig sind, haben ihre Tücken. Zunächst einmal gibt es keine überzeugenden, einfachen Bezahlsysteme im Medienbereich, insbesondere für Micro-Payments, mit denen man beispielsweise mit einem Bezahl-Klick Zugang zu besonderen und deshalb gesperrten Inhalten oder bestimmten Funktionen (wie die Kommentarspalte) bekommt. Eine noch seltene Methode ist das „later pay", bei dem der User erst nach einer gewissen Zahl von Käufen später alles zahlen kann. Viele Zeitungen — wie die *Die Welt*, die Süddeutsche oder die *Leipziger Volkszeitung* nutzen „metered Paywalls". Hier fällt ab einer bestimmten Zahl von gelesenen Artikeln — beispielsweise zehn im Monat — die Bezahlschranke.

Ein interessantes, aber eben auch nicht sehr ertragreiches „social payment"-Modell praktiziert die Tageszeitung *Taz*. Sie appelliert beim Aufrufen der Website moralisch an die Leser: „Wir sind der Überzeugung, dass Nachrichten und Informationen frei zugänglich bleiben sollen. Das sehen Sie auch so? Dann seien Sie dabei: Ein Abo von „taz.zahl ich" sichert unsere Unabhängigkeit und den kostenlosen Online-Zugang zu unseren Inhalten." Damit wurden aber selbst im bisherigen Spitzenmonat Mai 2015 nur etwa 23.000 Euro eingenommen, 2014 lagen die monatlichen Durchschnittserlöse bei 10.000 Euro.[29]

Zuweilen gibt es selbstkritische Betrachtungen in den Medienhäusern, ob die weit verbreitete und anhaltende Umsonst-Mentalität im Internet hätte verhindert werden können. Das scheint sehr unwahrscheinlich: Auf keinem Markt ist das bislang gelungen, in allen Branchen muss mit Folgen der neuen Transparenz, der Vernetzung und Interaktivität gerungen werden. Die digitale Revolution definiert den Wert von Waren und Dienstleistungen radikal neu und erfasst alle Bereiche — allerdings ist kaum eine Branche mit solch einer Wucht und so schnell getroffen worden wie die der Medien.

Zweifel an Werbeerlösen wächst

Erheblich gewachsen sind die Zweifel, ob Einnahmen aus der klassischen Werbung — wie Bannerwerbung — überhaupt noch eine Zukunft in der digitalen Zeit haben. Alle Fernseh- und Videoangebote fürchten die wachsende Bedeutung von Werbeblockern, die Werbung auf Webseiten — egal ob Bilder, Videos, Text oder Pop-ups — entfernt. Seit den 90er Jahren finden sie immer mehr Verwendung. Inzwischen nutzen schon etwa 200 Millionen Menschen in der Welt Werbeblocker.[30] Die Möglichkeiten, Werbung auszuschalten, werden für die Nutzer immer unkomplizierter und wirkungsvoller. Apple plant sogar, in der nächsten I-Phone Generation einen Werbeblocker schon vorinstalliert anzubieten. Das Reuters Institut für Journalismus sprach im Juni von einer „Krise der digitalen Werbung".[31]

Aber auch dort, wo Werbung ankommt, leidet das Angebot unter wachsendem Desinteresse. Am deutlichsten wird das bei der Bannerwerbung von Google oder Facebook. Experten schätzen, dass nur noch eine verschwindend kleine Zahl der Nutzer diese Werbung anklickt.

Die Werbeindustrie hat — wie nicht anders zu erwarten — mit viel Kreativität auf die wachsende Unlust der Konsumenten an klassischer Werbung reagiert. Im Fernsehen beispielsweise werden Formate angeboten, in denen die Werbung in die Drehbücher eingebaut ist. Also kein plattes Produkt-Placement, sondern die durchaus witzige Integration von Marken in Stories. Bei der US-Kultserie „Community", die im fiktiven „Greendale Community College" spielt, sind der Streit um eine Filiale der Sandwich-Kette „Subways" oder die Guerrilla-Marketingkampagne für Honda-Autos Teile von Episoden der Sitcom.

Einnahmen durch Spenden

Einige Webseiten, Foren und sogar Nachrichtenportale verzichten ganz auf Werbung und setzen auf Spenden. Dabei spielt das Bitcoin-System eine wachsende Rolle, weil es so unkompliziert ist — allerdings ist es auch höchst unsicher.

Diese „Krypto"-Währung ist ein im Digitalen verankertes Zahlungssystem. Überweisungen werden von einem Zusammenschluss von Rechnern und einer dezentralen, von einer Bitcoin-Software gesteuerten Datenbank über das Internet abgewickelt. Es gibt keine zentrale Abwicklungsstelle und auch niemanden, der zentral verantwortlich ist. Mit Hilfe kryptografischer Techniken soll sichergestellt sein, dass nur Bitcoin-Eigentümer Transaktionen vornehmen können und die Bitcoins auch nur einmal ausgegeben werden können.

Die britische Wirtschaftsblatt *The Economist* gehört zu den Medien, die bewusst nicht mehr auf die Werbung als zentrale Säule der Finanzierung setzen. Der Vize-Chefredakteur, Tom Standage, sagt den völligen Einbruch von Werbeeinnahmen der Medien voraus.[32] *The Economist* ist der Auffassung, dass Werbung nett ist …, aber wir rechnen ganz sicher damit, dass Werbumsätze so ziemlich verschwinden." Zum einen könnten die relativ schmalen Erlöse aus Digitalwerbung teure Redaktionen nicht finanzieren. Zum anderen gebe es gerade unter jungen

Leuten einen starken Trend hin zur anonymen Digitalnutzung mit Applikationen wie AdBlockern oder Snapchat. Beides stelle die Werbeindustrie vor große Probleme, da eine ganze Generation an Digitalnutzern für Werbung kaum noch greifbar sei.

The Economist spielt in einer eigenen Liga

Finanzieren müsse sich das Magazin in erster Linie durch die verkaufte Auflage. „Die Leute sind offenbar willens, für unseren Journalismus zu zahlen, und die Zahl unserer Digital-Abonnenten steigt sehr schön an", sagte Standage. Damit allerdings kann die außergewöhnlich erfolgreiche Zeitschrift mit etwa 1,5 Millionen Abonnenten in der ganzen Welt nur für wenige, sehr renommierte Medien ein Vorbild sein.

Der *Economist* ist weltweit auch deshalb zu einer starken Medienmarke geworden, weil sich das Magazin schon früh mit Aufsehen erregenden Ideen hervortat, die deutlich über den journalistischen Rahmen hinausgingen. Beispielsweise entwickelte das Blatt populäre Indizes zur leichteren Beurteilung des Weltgeschehens. Seit 1986 erlaubt der „Big-Mac-Index" über die Preise eines Big-Mac-Hamburgers in verschiedenen Ländern einen interessanten Blick auf die Kaufkraft der jeweiligen Währungen. Seit 2006 publiziert der *Economist* jährlich einen „Demokratieindex", mit dem die Lage der Demokratie in (heute) 167 verschiedenen Ländern beurteilt wird.

Der *Economist* hat zudem noch eine besonders lukrative Form der Querfinanzierung gefunden. Das Unternehmen tritt — ähnlich wie in Deutschland das *Handelsblatt* als Veranstalter von Konferenzen in aller Welt auf, verkauft dabei Sponsorings und andere Optionen für Werbung und PR. Das britische Magazin ist besonders früh den Weg gegangen, den inzwischen sehr viele Medien einschlagen. Das Geschäftsmodell basiert nicht nur auf einem multimedialen Auftritt mit einer deutlich digitalen Orientierung, sondern auch auf zahllosen Bemühungen, als Konzert- oder Reiseveranstalter, als Experte auch für medienfremde Publikationen oder aber als Verkäufer branchenfremder Produkte aufzutreten.

The Guardian braucht keine Paywalls

Auch der *Guardian* will ohne Paywall erfolgreich sein. Der Londoner Verlag habe im letzten Geschäftsjahr auch ohne Bezahlschranken digitale Erlöse in Höhe von 69 Millionen Pfund erwirtschaftet, betonte der Digitalchef des *Guardian*, Wolfgang Blau.[33] „Sie können nicht weltweit

Leserschaft aufbauen — bei uns inzwischen über 40 Millionen Leser pro Monat — und gleichzeitig das Bezahlgitter herunterlassen." Der *Guardian*, der knapp 700 Journalisten beschäftigt, setzt „auf einen Einnahmenmix aus Werbung, Nebengeschäften, Paid Content, Kooperationen mit Stiftungen und Membership-Modellen." Und er zielt auf den Weltmarkt: Auch die Londoner Zeitung will wie eine Reihe von Medien nicht nur in der gesamten englischsprachigen Welt Erfolg haben, sondern setzt auch auf eine durchaus spürbare Netz-Anglizierung auch von anderssprachigen Zonen wie Nordeuropa oder Südostasien.

Einnahmequelle Online-Kioske

Nur sehr zögerlich scheint eine neue Einnahmequelle, die Vermarktung von journalistischen Inhalten und von Medien über digitale Kioske an Bedeutung zu gewinnen. „Readly" oder „iKiosk" haben mit dem Angebot der E-Paper-Ausgaben von mehr als 1000 Medien in mehreren Sprachen bisher noch mäßigen Erfolg — allerdings lassen sich hier nur Abonnements oder Einzelhefte ordern.

Etwas ganz anderes ist es, journalistische Beiträge quasi im Einzelverkauf zu vertreiben. Es ist der Versuch, sich dem Trend der „De-Institutionalisierung" von Journalismus, also des Konsums von Beiträgen, losgelöst von einer Zeitung oder einer Zeitschrift, anzupassen. Manche Experten wie *Meedia*-Redaktionsleiter Alexander Becker fürchten, dass mit dieser Entwicklung schon „das Ende der Zeitungen und Zeitschriften, wie wir sie kennen", näher rückt.[34] Schließlich filterten Artikel-Kioske — ebenso wie künftig Apple News oder Facebooks Instant Article — die für den einzelnen User ausgesuchten oder von ihm ausgewählten Beiträge heraus.

Statt des „magischen Mix der Print-Wundertüte", den noch *Stern*-Legende Henri Nannen als Erfolgsrezept seiner Zeitschrift beschwor, werden die Magazine und Zeitungen künftig nur noch kannibalisiert an die Öffentlichkeit gelangen, schreibt Becker. Damit bleibe der Journalismus erhalten — aber nicht mehr unbedingt das Medium. Gewinner seien vielleicht Autoren, die ihre Texte einer Vielzahl von Plattformen anbieten könnten. Vor allem aber profitierten Leser und Zuschauer, die auf ihren bevorzugten Endgeräten genau das bekämen, was sie wirklich wollen.

Blendle will „hochwertigem Journalismus" helfen

Darauf setzt nun der „Blendle-Dienst", der mit Geld der niederländischen Regierung sowie Investitionen des *Wall Street Journal*, der *Washington Post* sowie der *New York Times* und des Axel Springer Verlags 2014 loslegte. Das Geschäftsmodell orientiert sich an iTunes und Spotify, Plattformen, die es erlauben, auch einzelne Musikstücke und Programme anzuhören oder herunterzuladen.

Die Blendle-Macher Marten Blankesteijn und Alexander Klöpping sehen ihren Dienst auch als einen Beitrag für den Qualitätsjournalismus, weil „eine neue digitale Erlösquelle für hochwertigen Journalismus" eröffnet wird.[35] Bisher habe die Fixierung auf „Klick"-Zahlen bewirkt, dass die Geschichten immer „kürzer, knapper, skandalöser" geworden seien, meinte Blankenstein. „Wir wollen das Google News für Qualitätsjournalismus werden", sagte er. Eigentlich biete Blendle sogar noch mehr, schließlich sei es auch ein soziales Netzwerk, offeriere dem Nutzer ein riesiges Archiv und eine Nachrichten-Suchmaschine.

Blendle-Nutzer blättern komplette Magazine und Zeitungen auf ihren Computern, Tablets oder Smartphones durch, zahlen aber nur für die Stücke, die sie auch wirklich lesen wollen. Es gibt sogar die Option, bei Nichtgefallen sein Geld zurückzufordern. Die Kosten für einen Beitrag liegen unter einem Euro. Die Erlöse teilen sich Verlage (70 Prozent) und Blendle (30 Prozent). In den Niederlanden hatte das Unternehmen nach eigenen Angaben 2015 schon 280.000 Nutzer.

Mit „Pocketstory" ging 2015 ein zweites, zunächst mehr auf den deutschsprachigen Markt fixierter Online-Kiosk an den Start. Unterstützt wurde es vom *Spiegel*, der *Zeit*, der *Berliner Zeitung* und anderen Medienhäusern. Auch Pocketstory hat sich dem Qualitätsjournalismus verschrieben: keine Nachrichten, sondern längere Reportagen und Geschichten (Mindestlänge: 5000 Zeichen)." 39 Cent pro Artikel sollte der Mindestpreis pro Text sein, den die Verlage aber beliebig erhöhen können. 30 Prozent behält die Plattform als Provision.

Millionen-Gehälter für Starjournalisten?

Sollten Konzepte wie das von Blendle Erfolg haben, würde das in Verlagen sehr gemischte Gefühle auslösen. Der größeren Verbreitung und den zusätzlichen Erlösen steht die weitere Beschädigung des traditionellen Geschäftsmodells entgegen. Ein Nebeneffekt der De-Institutionalisierung der Medien wäre sicher ein erheblicher Machtgewinn für

Star-Journalisten, die sich wie die Profis im Fußballgeschäft von ihren Arbeitgebern nur mit Millionensummen halten ließen.

Medienmanager fürchten derzeit nichts mehr, als eine wichtige neue Entwicklung zu verschlafen. Also sind bei den verschiedenen Kiosk-Selektionsmodellen die meisten großen Medien dabei. „Wir freuen uns, dass wir gemeinsam mit anderen angesehenen deutschen Zeitungen und Zeitschriften dabei sind, denn wir glauben, dass wir gemeinsam neue Plattformen und Business Cases finden müssen, um unsere Marken in der digitalen Zukunft zu entwickeln", so die Chefin von Gruner + Jahr, Julia Jäkel.[36] In diesen unsicheren Zeiten des Medienwandels scheint inzwischen die Parole zu gelten, lieber erst einmal mitmachen und dann schauen, was wird.

3 Die „Frenemies": Facebook, Google und Twitter

„Neue Informationen zu produzieren ist teuer –
sie zu reproduzieren ist billig."

Norbert Bolz[37]

Am gravierendsten für alle ökonomischen Konzepte zur Finanzierung von Nachrichten und professionellem Journalismus wirkt sich die Macht von Google, Facebook, Twitter und anderen Plattformen aus. Sowohl der Suchmaschinen-Gigant als auch die weltweit wichtigsten sozialen Netzwerke machen enorme Anstrengungen, ihre schon vorhandene Dominanz im Medienmarkt weiter auszubauen und zu stabilisieren. Verleger sehen in den digitalen Konzernen schon lange notgedrungen „frenemies" (eine Zusammensetzung aus dem englischen „friend and enemy", Freund und Feind).

Die brennende, noch immer offene Frage ist, wie Informations-Medien von diesen mächtigen Portalen und Podien ausreichend Gelder generieren können, um die Produktion von Nachrichten und Geschichten, Bildern und Videos zu finanzieren. Letztendlich wird auch die Entwicklung der unabhängigen, privatwirtschaftlichen Nachrichtenagenturen vom Überleben und dem Erfolg der Informations-Medien insgesamt abhängen.

Streit zwischen Google und Verlagen noch ungeklärt

Seit vielen Jahren streiten in verschiedenen europäischen Ländern — zum Teil auch juristisch — Verlage mit Google darüber, ob und wieviel der Suchmaschinenriese an die Medien für deren Inhalte zahlen muss. Die weltweit wichtigste Nachrichten-Suchmaschine Google News zeigt zwar in der Regel vor allem kleine Fragmente von Nachrichten („Snippets") und schafft dadurch oft enormen „traffic", aber klare, einvernehmliche oder gar weltweite Regeln dafür gibt es nicht.

In den USA haben AP und andere Medien mit dem News-Aggregator Abkommen geschlossen. Sie bringen den Medien zwar Geld, aber sowohl für Zeitungen wie für Nachrichtenagenturen sind die frühzeitigen Veröffentlichungen von Nachrichten und Berichten ein Verlust an Kontrolle, Exklusivität und Aktualität. Die Manager der Nachrichtenagentur AP wissen, dass sich manche Kunden, vor allem Internet-Medien, überlegen werden, einen Nachrichtendienst zu abonnieren, dessen Inhalte sie zeitgleich und kostenlos bei Google News sehen können.

Der mächtige Konzern, der als seine „Mission" formuliert, „die Informationen der Welt zu organisieren und allgemein zugänglich und nützlich zu machen"[38], hat die Wahrnehmung des Journalismus gravierend verändert. Zeitungen, Nachrichtenagenturen und andere Medien verdanken der Präsenz ihrer Meldungen und Berichte im Portal Google News eine völlig neue, enorm erweiterte Aufmerksamkeit. Aber die erhöhte öffentliche Wahrnehmung wird mit der Unterminierung von Urheberrechten und von Exklusivität bezahlt.

Ein Meilenstein in dieser wohl noch lange nicht beendeten Auseinandersetzung war ein Rechtsstreit in Frankreich, wo die AFP 2005 von Google 13,2 Millionen Euro Schadenersatz für die nicht autorisierte Verwendung von AFP-Artikeln gefordert hatte. Nach zwei Jahren aber einigten sich die Parteien außergerichtlich. Google erwarb 2007 eine Lizenz zur Nutzung des französischen Agenturmaterials. Andere Nachrichtenagenturen folgten diesem Weg, darunter AP, die britische Press Association (PA) und die Canadian Press (CP). dpa lehnte das Abkommen ab.

Eine völlig andere Situation entstand für Google in Belgien und Spanien. Die belgischen Zeitungsverleger setzten nach jahrelangen Streitigkeiten 2008 vor Gericht zunächst ein weitgehendes Nutzungsverbot für ihr Material bei Google durch. Vier Jahre später einigten sich die Verlage aber mit dem amerikanischen Unternehmen. Vereinbart wurde ein nicht unkompliziertes Vorgehen, mit dem die belgischen Zeitungen Werbeeinnahmen von Google bekommen sollten. Der Suchmaschinen-Spezialist wirbt — über ein Gemeinschaftsunternehmen der Verlage namens „Copiepresse" — für seine Dienste. Die Verleger wiederum nutzen Google-Dienste wie AdWords, um für ihre Blätter und Internetangebote zu werben.

Google geht auf Europas Verlage zu

Im Frühjahr 2015 verkündete Google, 150 Millionen Euro in den digitalen Journalismus in Europa investieren zu wollen. Dies wurde vor allem als Versuch betrachtet, das angespannte Verhältnis zur europäischen Verlagsbranche zu verbessern. Denn trotz aller Vereinbarungen und Kompromisse ist allen Beteiligten klar, dass Googles Zahlungen und die erhöhten Reichweiten dank der Suchmaschine nicht ausreichen, um hochwertigen Journalismus nachhaltig finanzieren zu können.

Der US-Konzern konnte für sein Projekt „Digital News Initiative" (DNI) acht angesehene Medien als Kooperationspartner gewinnen, darunter befinden sich die F.A.Z. und die *Zeit* sowie die britischen Zeitungen *The Guardian* und *Financial Times*, die spanische *El País*, die französische *Les Echo*, die italienische *La Stampa* und der Verlag NRC Media aus den Niederlanden. Auch drei internationale Journalisten-Vereinigungen beteiligen sich. Dabei sollte das Projekt, vor allem aber auch der DNI-Innovationsfonds, zudem weiteren Medien oder Start-ups offenstehen. Ein ähnliches Programm wie die DNI hatte Google bereits früher mit einem Etat von 60 Millionen Euro in Frankreich initiiert.

Angesichts des Misstrauens gegenüber Google reagierten manche Verlage mit viel Skepsis auf die Initiative des US-Konzerns. Vor allem die Verlage Springer und Burda fordern Google schon seit langem heraus. Mathias Döpfner begrüßte die DNI zwar, weil „jede Initiative zur Förderung von Innovationen und Kooperationen" willkommen sei. Aber nach wie vor betrachtet der Medienmanager Google als den großen digitalen Gegenspieler, der vor allem das Leistungsschutzrecht akzeptieren und Gebühren zahlen müsse. Springer hofft auf die Initiative von EU-Digitalkommissar Günther Oettinger für ein europäisches Leistungsschutzrecht. Das letzte Wort aber über die künftige Rolle von Google ist angesichts der Debatten über eine EU-Regulierung der digitalen Märkte und über die faktische Monopolstellung des Suchmaschinen-Konzerns noch lange nicht gesprochen.

Von DNI soll „die gesamte Nachrichtenbranche" profitieren, wie der F.A.Z.-Medienredakteur Michael Hanfeld formulierte. „Google braucht Freunde in Europa", schrieb spöttisch Jeff Jarvis.[39] „Die Verleger verstehen, dass Google weder ihr Mörder noch ihr Retter ist, sondern heute ein notwendiger Partner für die Verbreitung, Werbung, Daten und Technologie", schrieb der Medienwissenschaftler. Die Verlage müssten auch mit den „anderen, dämonisierten US-Technologiegiganten zusammenarbeiten", forderte Jarvis.

Google reagiert auch auf die Strategien von Springer und Burda

Ohne den öffentlichen Druck, den deutsche Verlage wie Axel Springer, Hubert Burda Media und Funke wegen der permanenten Verletzung des Leistungsschutzrechts ausgeübt hatten, wäre Google den Europäern sicher nicht so schnell entgegengekommen, kommentierte der Kress-Mediendienst.[40] Die in der VG Media organisierten Verlage forderten 2015 6 Prozent des Google-Suchumsatzes.

Die Interessenvertreter schätzen den Umsatz des Unternehmens aus dem kalifornischen Mountain View alleine in Deutschland auf 3 bis 5,8 Milliarden Euro. Ihrer Meinung nach würden ihnen davon 11 Prozent zustehen. Weil in der VG Media allerdings nur die Hälfte aller Verlage organisiert sind, wurden zunächst nur 6 Prozent von Google gefordert.

Facebook und Apple wollen beide mit ihren News-Projekten die Verlage finanziell beteiligen. 100 Prozent der selbst akquirierten Werbeeinnahmen bleiben beim Verlag, 70 Prozent bekommt er, wenn Facebook oder Google die Werbung an Land gezogen haben. Die Projekte wurden von den Verlagen auch deshalb begrüßt, weil ihnen die Digital-Riesen einen großen Spielraum einräumte. „Wichtig ist dabei, dass wir zum ersten Mal nicht nur die Auswahl der Inhalte, sondern auch deren Vermarktung selbst in der Hand haben", erläutert die Geschäftsführerin von *Spiegel Online*, Katharina Borchert.[41] Facebook kümmert sich also nicht darum, welche Texte, Bilder oder Videos veröffentlicht werden.

F.A.Z.-Digitalchef von Blumencron sprach dagegen von „Brosamen der Werbeinnahmen" für die Verlage. Die „verhängnisvolle Umarmung" mit Facebook mache Zuckerbergs Netzwerk noch wertvoller, der Nutzer habe noch weniger Grund, Facebook je zu verlassen. „Vor allem aber wären sie abhängig von einem Giganten der Internet-Wirtschaft, dem die Kontrollfunktion unabhängiger Medien, die vierte Gewalt im Staat, kaum am Herzen liegt."[42]

Trotz aller Kooperationen mit den „frenemies" verfolgen die Medienhäuser besorgt die Entwicklung bei den digitalen Werbeeinnahmen. Denn laut des Pew Research Centers 2014 haben vergangenes Jahr allein Facebook, Google, Microsoft, Yahoo und AOL 61 Prozent aller digitalen Werbumsätze generiert.[43] Facebook hat demnach die Werbeumsätze seit 2012 verdoppelt und 2014 fünf Milliarden US-Dollar erwirtschaftet. Bemerkenswert dabei ist, dass auch die Werbeeinahmen durch Display-Ads für Mobile-Geräte gestiegen sind.

Medien als Kaufhäuser?

Es gibt viele Theorien und Thesen zum Thema Finanzierung der seriösen Medien. Einig sind sich alle nur darin, dass neue Wege gefunden werden müssen.

Handelsblatt-Herausgeber Gabor Steingart plädiert dafür, dass sich Medienhäuser zu Kaufhäusern wandeln müssen. Warum sollte es beispielsweise nicht möglich sein, dass es neben der Werbung auf den Zeitungsportalen auch Verkaufsbuttons für Produkte gibt, fragt er. „Wir könnten ein Transaktionsmedium sein."⁴⁴. Die Medien bekämen beim Kauf Provisionen. „Die Medien wären die größten E-Commerce-Kaufhäuser." Eine Gefahr für die journalistische Unabhängigkeit sieht Steingart nicht.

Auch Medien-Guru Jeff Jarvis, an dessen Lippen viele Medienmacher hängen, ist im Blick auf funktionierende Geschäftsmodelle im Journalismus wenig hilfreich. Der berühmte Jarvis-Satz „Cover what you do best. Link to the rest" wirkt so überzeugend und plausibel — stellt aber viele Medien vor enorme Probleme der Umsetzung. Konsequent angewendet würde das beispielsweise bedeuten, dass sich die meisten Zeitungen nur noch auf wenige Bereiche — vor allem im Lokalen und Regionalen — beschränken müssten.

Der New Yorker Uni-Professor ermutigt Journalisten vor allem, selbst zu Unternehmern zu werden. Allerdings seien Journalisten „nicht im Inhalte-Geschäft", sondern „im Service-Geschäft ... Unsere Aufgabe ist es, das Leben der Menschen zu verbessern. Das ist der Gradmesser unseres Erfolgs. Wir müssen einer Gemeinschaft helfen, sich zu organisieren. Wir müssen den Menschen nicht etwas vorsetzen, wir müssen ihnen zuhören."⁴⁵

Damit zweifelt Jarvis insgesamt an den Aufgaben von Journalisten und Medien. Fast naiv formuliert er, dass Nachrichten ja ohnehin von Twitter geliefert werden, „Hintergründe von Wikipedia, Einzelheiten von der Datenbank, Zitate von YouTube, Erklärungen aus einer Grafik". Die Öffentlichkeit brauche Medien nicht mehr als Vermittler von Informationen. „Die Medien müssen zu Plattformen werden, auf denen sich Menschen austauschen."

Zeitenwende wie 1470?

Wie Medien dort Geld verdienen und ihre Unabhängigkeit bewahren könnten, verrät Jarvis nicht — vielleicht auch, weil er trotz gegenteiliger Beteuerungen doch nicht glaubt, dass es den professionell und systematisch betriebenen Journalismus braucht. Abgesehen von journalistischen Einzelkämpfern und Media-Kuratoren bei sozialen Plattformen. Wie Menschen mit relevanten, überprüften Nachrichten versorgt werden können, das wird sich — aus Sicht von Jarvis — ohnehin erst in ferner Zukunft entscheiden. „Im Journalismus leben wir wieder im Jahr 1470", sagt er auf das Jahr der Entdeckung der „Spindelpresse" durch Gutenberg verweisend.

Wie also sind die finanziellen Zukunftsaussichten für die Medien? Über die Möglichkeiten der traditionellen Medien, im Internet Geld zu verdienen, schrieb der *Tagespiegel*-Journalist Sebastian Leber im Frühjahr 2015 zu Recht: „Mehr als trial and error ist nicht möglich. Wer behauptet, den einzig richtigen Weg zu kennen, ist im Zweifel ein Hochstapler."[46]

Eines allerdings zeichnet sich schon jetzt ab: Die Medien der Zukunft werden sehr unterschiedliche und oft viele parallel laufende Finanzierungsmodelle haben. Sehr wahrscheinlich ist auch, dass sich die Einkünfte der Medienhäuser in Zukunft aus zahlreichen Quellen speisen. Der Erfolg wird auch von der Fähigkeit abhängen, Leser zu binden und einzubeziehen, mit Communities die Basis sowohl für Einnahmen als auch für Verbreitung zu schaffen. Noch am einfachsten zu erkennen sind die Konzepte für Spartenmedien, die sich relativ leicht, gezielt und kompetent ihrer Zielgruppe multimedial und auf allen möglichen Empfangsgeräten widmen können.

Medien als „eierlegende Wollmilchsau"?

Ein typischer Zeitungsverlag könnte den Weg gehen, den manche großen Blätter schon begonnen haben: Einfach alles machen. Neben einer gedruckten Ausgabe — möglicherweise mit drastisch reduzierter Auflage, vielleicht auch nur ein- oder zweimal die Woche publiziert — wird von einer integrierten Redaktion eine ständig aktualisierte, multimediale Zeitungswebsite sowie ein speziell fürs Smartphone konzipierter Dienst angeboten. Beiträge und Bilder aller Art finden gleichfalls über Facebook, Google oder Apple Verbreitung. Über digitale Kioske werden sowohl das multimedial aufgemotzte E-Paper als auch Einzelbeiträge vermarktet.

Hinzu kommen die individuellen Vertriebswege einzelner Redakteure über Facebook, Twitter und andere soziale Plattformen. Schließlich trägt dann auch noch die Community des Hauses dazu bei, eine (begrenzte) Interaktivität der redaktionellen Arbeit zuzulassen und gleichzeitig Aufmerksamkeit und Verbreitung der journalistischen Beiträge zu erhöhen. Kurz: Das Medium der Zukunft, will es überleben, muss zur „eierlegenden Wollmilchsau" mutieren.

4 Journalismus ohne Markt: Subventionen, Stiftungen, Crowdfunding

> *"Were it left to me to decide whether we should have a government without newspapers or newspapers without a government I should not hesitate a moment to prefer the latter."*
>
> Thomas Jefferson[47]

> *„Wenn es um Gas, Elektrizität oder Wasser geht, ist der Staat verpflichtet, die Energieversorgung der Bevölkerung sicherzustellen. Sollte er dazu nicht ebenso verpflichtet sein, wenn es um jene andere Art von ‚Energie' geht, ohne deren Zufluss Störungen auftreten, die den demokratischen Staat selbst beschädigen?"*
>
> Jürgen Habermas[48]

Journalismus finanziert sich auch in vielen kapitalistischen Staaten nicht über den Markt. Vor allem die besonders populären und einflussreichen Fernseh- und Radiosender müssen Zuschauer und Hörer nicht wie andere Medien von ihrem Wert überzeugen. In manchen Ländern finanziert der Steuerzahler Sender direkt, kommen die Etats aus dem Staatssäckel. Nicht viel anders ist es bei sehr vielen nationalen Nachrichtenagenturen, die auf unterschiedlichste Weise vom Staat alimentiert werden.

In Frankreich erhält die Presse jährlich 400 Millionen Euro an Subventionen.[49] In fast allen europäischen Ländern genießen die Zeitungsverlage Mehrwertsteuererleichterungen, in Belgien oder Großbritannien entfällt diese Steuer ganz. In Norwegen, Österreich, Dänemark und Italien gibt es eine Reihe von direkten und indirekten Subventionen für die Informations-Medien.[50]

In Deutschland finanzieren die Bürger mit ihrem Rundfunkbeitrag die öffentlich-rechtlichen Sender. Ähnlich ist es in vielen anderen Ländern Europas. Die BBC wurde bereits 1927 per Gesetz in den Dienst der Öffentlichkeit gestellt und mit Rundfunkgebühren finanziert. Legitimiert wird die Existenz öffentlich-rechtlicher Sender, die auch vom

Staat völlig unabhängig sein sollen, mit der Notwendigkeit, eine unabhängige journalistische Grundversorgung der Bevölkerung sicherzustellen.

Nicht nur in Deutschland ist das System umstritten. Die *ARD*-Anstalten und das *ZDF* werden immer wieder heftig kritisiert, sei es wegen ihrer Milliarden-Etats, der politischen Einflüsse, der Programmqualität, der Werbezeiten oder der Internet-Aktivitäten. Angesichts der digitalen Revolution erweist sich allerdings, dass die öffentlich-rechtlichen Mediensysteme sichtlich weniger den neuen Gefahren für seriösen Journalismus – wie dem wachsenden Einfluss der Werbung oder schrumpfenden Redaktionen – ausgesetzt sind als private Medien.

Nun mehren sich die Stimmen, dass auch andere Qualitätsmedien wegen ihrer großen gesellschaftlichen Bedeutung öffentlich finanziert werden sollten, wenn der Markt ihre Existenz bedroht. Der Staat als Hauptgarant für Nachrichtenfluss und Berichterstattung – also das öffentlich-rechtliche System für alle Medien – erscheint manchen allerdings eher wie ein Alptraum. Öffentliche Mittel für das „Kulturgut Journalismus"? Steuergelder für Nachrichtenagenturen?

Staat soll Journalismus finanzieren

Schon 2009 hatte sich der SPD-Politiker Frank-Walter Steinmeier für eine staatliche Medienunterstützung eingesetzt, falls der Markt versage. Medien brauchten notfalls „eine steuernde, stützende Hand der Gesellschaft, notfalls auch des Staates". Denn die Demokratie lebe „von einer von den Medien hergestellten und getragenen Öffentlichkeit. Stirbt diese Öffentlichkeit, dann stirbt auch die Demokratie"[51]

Steinmeier wollte insbesondere dpa helfen, von der sich damals gerade die WAZ-Zeitungsgruppe abgewendet hatte, die unter anderem die *Westdeutsche Allgemeine Zeitung* (*WAZ*) herausbrachte. „Für den Fall, dass sich das Geschäftsmodell von dpa trotz notwendiger innerer Reformen auf Dauer nicht trägt und sich weitere Gesellschafter abwenden" schlug der SPD-Politiker ein mögliches Modell einer Stiftung vor.

Konkurrenz gegen Stiftung für dpa

Andere Nachrichtenagenturen waren empört: Staatliche Eingriffe in den Wettbewerb „verzerren den Markt, gefährden die Angebotsvielfalt und schränken die journalistische Freiheit ein", betonte der Chefredakteur des Deutschen Depeschendienstes (ddp), Joachim Widmann. Auch der damalige AP-Chef in Deutschland, Peter Gehrig, warnte: „Der Staat kann die Medien nicht stützen und beschützen und sie gleichzeitig als unabhängig bezeichnen".[52]

Die Politik sei gefordert, über neue Finanzierungsmodelle für Medien nachzudenken, „bevor das System an die Wand fährt", forderte Jahre später der Medienwissenschaftler Stephan Weichert, Macromedia Hochschule für Medien und Kommunikation Hamburg.[53]

Angesichts der wachsenden Marktprobleme für „die journalistischen Dienstleistungen" empfahl auch die österreichische Expertin für Medienökonomie, Marie Luise Kiefer, eine öffentliche Medienfinanzierung. Da professioneller Journalismus für die Demokratie unverzichtbar, seine privatwirtschaftliche Basis angesichts der Medienkrise aber immer stärker bedroht sei, bleibe nur eine staatliche Finanzierung. Diese dürfe aber die Unabhängigkeit des Journalismus nicht gefährden und solle noch weniger als öffentlich-rechtliche Sender bisher direktem staatlichem Einfluss ausgesetzt sein.[54]

Der Staat muss nach Ansicht der Wiener Honorarprofessorin nicht den Medien, sondern vor allem dem Journalismus — möglicherweise in völlig neuen, autonomen Organisationsformen — helfen. Die Berufsbezeichnung Journalist sollte — ähnlich wie bei Medizinern und Juristen — geschützt werden und an vorgeschriebene Ausbildungsgänge gebunden sein. Eine öffentliche Finanzierung soll „dem Journalismus die autonome Produktion seiner gesellschaftlichen Dienstleistung" ermöglichen.

Gemeinnützigkeit der Medien gefordert

In Nordrhein-Westfalen (NRW) besteht auf Initiative der Landesregierung 2015 eine „Stiftung Vielfalt und Partizipation", die der Stabilisierung einer „funktionierenden, vielfältigen und qualitativ hochwertige Medienlandschaft" dienen soll. Die Stiftung bietet unter anderem Aus- und Fortbildungskurse vor allem für Lokaljournalisten an. In NRW gibt es auch Bestrebungen, vor allem von der FDP, aber auch von Gewerkschaftern und Verlegern, den Journalismus als gemeinnützig anzuerkennen.

„Warum ist eine Spende an einen Kleingartenverein gemeinnützig, aber wenn ein Mäzen aus der Mitte der Gesellschaft einen jungen Journalisten oder ein Recherchenetzwerk fördert, die einen Skandal aufdecken wollen, warum ist das nicht gemeinnützig, warum wird das nicht als Spende anerkannt?", so der FDP-Vorsitzende Christian Lindner.[55] So überzeugend das klingen mag, bei der Entscheidung, welche Medien und welcher Journalismus in die Gunst von Gemeinnützigkeit fallen und welche nicht, würde sich sicher ein monumentaler Streit entzünden.

Auch in Hessen wurde darüber nachgedacht, wie die Politik Qualitätsmedien, insbesondere Zeitungen, helfen könnte. Allerdings machten die hessischen Zeitungsverleger bei einer Anhörung im Wiesbadener Landtag klar, dass sie keine staatliche Unterstützung suchten, wie beispielsweise die von der SPD vorgeschlagene Landesstiftung „zur Förderung von gutem Journalismus". Der SPD-Abgeordnete Michael Siebel hatte argumentiert, Zeitungen seien kein bloßes Wirtschaftsgut, sondern „systemrelevant".

F.A.Z.-Mitherausgeber Werner D'Inka warnte, dass ein solch „politiknahes" Konstrukt „zum Einfallstor für parteipolitischen oder staatlichen Einfluss auf die Berichterstattung" werden könnte. Solch ein Konzept sei mit dem Prinzip einer unabhängigen Presse nicht zu vereinbaren. „Es hilft uns nichts, wenn die Politik versucht, Schutzmauern um die Zeitungen aufzubauen", konstatierte der Chefredakteur der *Frankfurter Neuen Presse*, Rainer Gefeller. „Dann landen wir irgendwann im Museum." Für unabhängige Nachrichtenagenturen wären Subventionen „ein absolutes no go", betonte Ex-APA-Chef Vyslozil.[56]

Stiftungen und Mäzene

Als eine andere Option von Medienfinanzierung wird oft das Beispiel amerikanischer Stiftungen aufgeführt, wie etwa *ProPublica*. Die Stiftung, 2007 von den kalifornischen Immobilien-Milliardären Herbert und Marion Sandler gegründet und mit jährlich zehn Millionen Dollar finanziert, soll vor allem investigativen Journalismus betreiben. Das Non-Profit-Unternehmen mit 32 Redakteuren und mehr als 2000 freien Mitarbeiter konnte mit Aufsehen erregenden, sehr kostenaufwändig und lange recherchierten Geschichten sogar zweimal einen Pulitzerpreis erringen. Beiträge von *ProPublica* sind zuweilen exklusiv für einen Medienpartner verfasst, oft können die Inhalte aber von anderen Medien kostenfrei genutzt werden. Manchmal werden sie auch von AP verbreitet.

Allerdings scheint die Vorstellung, solche Stiftungen könnten in größerem Ausmaß wie Zeitungen die Versorgung mit Nachrichten und Berichten sicherstellen, wenig realistisch. Zudem gefährden solche kostenlosen journalistischen Dienste das Geschäftsmodell von Medien, die sich am Markt bewähren müssen.

In den USA gibt es zahlreiche Modelle von Mäzen-Journalismus. Einzelne Personen oder Gruppen finanzieren Medienprojekte oder -plattformen wie First Look Media oder World Post. Diese Redaktionen sind natürlich ihren Geldgebern Rechenschaft schuldig und müssen bestimmten Erwartungen entsprechen, deshalb stellt sich auch die Frage, ob ein solcher Mäzen-Journalismus letztendlich unabhängig sein kann.

Ansätze für die öffentliche Förderung von Medien gibt es bereits. So wird die Stadt Berlin 3,8 Millionen Euro aus dem Etat für Strukturwandel der linksalternativen Tageszeitung *Taz* als Beitrag für den Bau eines neuen Redaktionsgebäudes bereitstellen. „Wirtschaftsförderung auf Abwegen" kritisierte die *Neue Zürcher Zeitung* (NZZ) das „großzügige Geschenk".[57] Die Zeitung zitierte etwas süffisant die Bestimmungen für solche Förderungen, denen zufolge sie beitragen müssten, „das Gesamteinkommen in dem Wirtschaftsraum unmittelbar und auf Dauer nicht unwesentlich zu erhöhen". Wohl kaum jemand denkt, dass die *Taz* dazu in der Lage wäre, aber die Förderung belegt, dass sich die Politik sehr ernsthaft Gedanken macht, unabhängige Medien zu stärken.

Crowdfunding funktioniert

In vielen Ländern — in Großbritannien die Plattform *Contributoria* oder in den Niederlanden *De Correspondent*, sind auch journalistische Initiativen mit Crowdfunding erfolgreich. Mit Spenden werden Einzelprojekte oder auch ein regelmäßig publiziertes Medium finanziert. Diese Schwarmfinanzierung scheint zu funktionieren. Die Plattform *Correct!V* und *Deine Korrespondentin* beispielsweise sammelten mehrfach für einzelne Reportage-Reisen und Investigativ-Beiträge ausreichend Gelder ein.

Besonders viel Aufsehen fand in Deutschland das Projekt der *Krautreporter*, das 2014 von zum Teil renommierten Journalisten und Bloggern — wie Stefan Niggemeier, Richard Gutjahr oder Thomas Wiegold — ins Leben gerufen wurde. Mit fast einer Million Euro (von 15.000 Spendern) und 18.000 Abonnenten (bei den *Krautreportern* „Mitglieder" genannt) ging es ins erste Jahr. „Wir haben gezeigt, dass nicht nur einzelne Geschichten, sondern auch ganze journalistische Angebote durch diese Form der Finanzierung möglich sind", sagte Chefredakteur Alexander von Streit. Ziel sei es, „aufwendigen, schwierigen, wichtigen Journalismus" zu finanzieren.

Mit einer Reihe schöner und spannender Reportagen, Berichte und Analysen konnte die werbefreie Plattform beeindrucken. Publiziert wurden Beiträge von etwa 30 Journalisten, in der Redaktion arbeiten sechs feste Mitarbeiter. Der Anspruch war, eine neue, moderne Form von Qualitätsjournalismus zu finden. Aber trotz besonderer Pflege des Community-Gedankens und Nutzung der Sachkompetenz oder der Ortskenntnis von Mitgliedern (beispielsweise bei den Recherchen in Paris nach dem Attentat auf *Charlie Hebdo*), trotz des schon früh gestarteten, eigenen Morgennewsletters (von Christian Fahrenbach in New York) lässt sich schwerlich behaupten, dass hier journalistisch etwas bemerkenswert Neues geschehen wäre.

Kritiker schrieben zu Recht, hier finde sich kein „neuer Journalismus", sondern die gute Form von „Long Stories", für die es in der Tat in manchen Medien nicht mehr viel Platz gibt. Andere bemängelten eine gewisse Beliebigkeit der Themen — wohl auch einer der Gründe, warum Niggemeier im Juni 2015 seinen Abschied von den *Krautreportern* verkündete.

5 Finanzierung von Nachrichtenagenturen: ständiger Balanceakt

„Warum Chef einer Nachrichtenagentur zu sein ein unmöglicher Job ist"
Überschrift bei der Medienplattform Fusion, 9. April 2015

Kein Medium ist naturgemäß mehr darauf angewiesen, mit Nachrichten zumindest bescheidene Gewinne zu machen, als eine unabhängige, nicht vom Staat getragene privatwirtschaftliche Nachrichtenagentur. Über 150 Jahre lang war das Agenturgeschäft insgesamt sehr lukrativ — bis die digitale Revolution dieses Geschäftsmodell massiv in Frage stellte. Denn der Zugang zu Informationen für jedermann wird immer leichter, die Ware Nachricht in der Regel immer billiger. In einer zunehmend fragmentierten, tribalisierten Gesellschaft werde die Zielgruppen immer kleiner und zahlreicher, die Interessen driften auseinander. Nachrichtenagenturen als Dienstleister aller Medien müssen das McDonalds-Phänomen fürchten: die wachsende Unvereinbarkeit der unterschiedlichen Konsumbedürfnisse ihrer Kunden.

Als im April 2015 Andrew Rashbass seinen Posten als CEO von Reuters Media kündigte, löste das manches Erstaunen aus. Der frühere *Economist*-Chef war erst 2013 zum sehr profitablen Thomson Reuters-Konzern gekommen. Eine sehr schlichte Erklärung lieferte die Medienfachseite „Fusion": Es sei heute einfach unmöglich, mit Nachrichten noch Profite zu erwirtschaften, eine Situation wie diese aber sei für einen begabten und ehrgeizigen Medienmacher wie Rashbass nicht akzeptabel, so etwas verkürzt die Analyse des „Fusion"-Autors.

Wie verunsichert auch große und finanzstarke Nachrichtenagenturen sind, zeigt die Entscheidung von Reuters im Juni 2015, erstmals in ihrer Geschichte Teile ihrer Dienste digitalen Medien kostenlos anzubieten. Begründet wurde es mit dem Bestreben, in diesen digitalen Umbruchzeiten einem größeren Publikum die „preisgekrönten Nachrichteninhalte" von Reuters zugänglich zu machen.[58]

Nachrichtenagenturen waren lange unverzichtbar

Nachrichtenagenturen entstanden Mitte des 19. Jahrhunderts und schienen bald unverzichtbar. Die Agence Havas in Paris konnte als erste Agentur eines Landes die französischen Zeitungsverlage überzeugen, dass sie mit Havas und ohne eigene Korrespondenten kostengünstiger zuverlässig Nachrichten beziehen konnten. 1851 startete in London die Nachrichtenagentur Reuters, die sich vor allem auf Börsen- und Wirtschafts-News spezialisierte. In Berlin offerierte ab 1849 das Wolff'sche Telegraphenbüro seine Dienste. Ähnlich verlief die Entwicklung in den USA, wo 1880 bereits 355 amerikanische Zeitungen die genossenschaftlich organisierte AP bezogen.

Havas und Reuters waren die ersten

In Europa schlossen sich 1870 Havas, Reuters und Wolff zu einem Agenturkartell zusammen, das bis in die 30er Jahre des vergangenen Jahrhunderts funktionieren sollte. Völlig der Vergangenheit gehörte das Bündnis erst mit dem Beginn des Zweiten Weltkriegs an. Seit dessen Ende aber besteht eine enorme Konkurrenz zwischen den Nachrichtenagenturen, deren Zahl auf über 180 weltweit stieg. Zwischen vielen Agenturen gibt es Kooperationen und einen Austausch der Dienste.

Wirklich unabhängig — und damit auf eine Finanzierung über den Markt angewiesen — sind nur ein gutes Dutzend Nachrichtenagenturen. Drei Viertel der Agenturen sind staatlich und oft nicht viel mehr als Verlautbarungsmedien der jeweiligen Regierungen. Aber auch die renommierte AFP basiert in Frankreich zum Teil auf einer öffentlich-rechtlichen, also auch staatlich beeinflussten Finanzgrundlage. Die angesehene spanische Agentur Efe befindet sich in Staatsbesitz und wird aus dem Staatssäckel mitfinanziert.

Bis in die 90er Jahre hinein machten die unabhängigen Agenturen vor allem mit den Tageszeitungen, aber auch mit elektronischen Medien und zunehmend mit Nichtmedienkunden hohe Umsätze. Seit dem Siegeszug des Internets und in seiner Folge der kostenlosen Verbreitung von Nachrichten gerät das Geschäftsmodell des unabhängigen Nachrichten-Groß- und Zwischenhandels in arge Bedrängnis. Der wachsende Kostendruck und die Sparmaßnahmen in den Verlagen führten zu einer genauen Prüfung der abonnierten Dienste.

Viele Medien glaubten zudem, angesichts der Informationsflut von Pressestellen der Regierungen, Parteien, Ämtern, Firmen oder Interessengruppen sowie den frei zugänglichen Informationen im Netz und den neuen Recherchemöglichkeiten im Internet auf teure Agenturen verzichten zu können. In Deutschland war das für dpa, der größten und teuersten Agentur auf dem umkämpften Markt, besonders problematisch.

Allerdings zeigte 2013 eine Untersuchung der Medienwissenschaftlerin Yasmin Schulte-Jaspers, dass bei einer bundesweiten Umfrage unter Geschäftsführern und Chefredaktionen deutscher Medien vor allem Zweitagenturen – in Deutschland oft AFP und Reuters – besonders gefährdet sind, abbestellt zu werden.[59] dpa bleibe „der Liebling der Redaktionen".

Nachrichtenagenturen haben nur begrenzte Geschäftsoptionen

Die Entwicklung in Deutschland ist durchaus typisch auch für andere europäische Länder, auch wenn die Konkurrenz nirgends so heftig ist wie hier. Eine Besonderheit von Nachrichtenagenturen ist es, dass sie als „B2B"-Unternehmen, als Dienstleister anderer Medien, keine Geschäfte mit den Endkunden machen. Nur die Wirtschafts-Agenturen Bloomberg und Reuters bieten einen Teil ihres Materials auf eigenen, werbefinanzierten Finanzseiten direkt an.

dpa könnte, auch wenn sie wollte, laut Gesellschaftervertrag keine Zeitungen oder Zeitschriften produzieren, keinen Radio- oder Fernsehsender und auch keine aktuelle, allen zugängliche Website betreiben. Es ist der Agentur folglich nicht möglich, lukrative Anzeigen und Werbung zu schalten.

Das Geschäftsmodell der Agenturen basiert darauf, dass ihre Redaktionen und Korrespondenten als „Agenten" (der Begriff bedeutet im ursprünglichen Sinn Vertreter von jemandem) der Medien arbeiten. Anstatt, dass Medien in Hamburg oder Berlin für viel Geld eigene Korrespondenten, Fotografen und TV-Teams in Bamberg, Köln, Brüssel, New York oder Peking haben, bietet die Agentur allen Medienkunden ihr breitgefächertes, aber auf die wichtigen Tagesthemen fokussiertes Material an. Das trägt angesichts des großen Medienmarktes massiv zu einer kostengünstigen Produktion einer Tageszeitung oder einer Nachrichtensendung bei.

Der Eintritt in die digitale Ära veränderte alles. „Natürlich wird es immer schwieriger, mit Nachrichten Geld zu verdienen, weil diese Ware inzwischen überall wohlfeil zu erhalten ist. Das Agenturprinzip – einer für alle – ist beinahe überholt", betont der frühere dpa-Chefredakteur Wilm Herlyn.[60] Zudem veränderten Zeitungen ihren Charakter. „Zeitungen sind dabei, sich von der klassischen Nachricht zu trennen. Sie sind täglich erscheinende Magazine, welche die News vom Vorabend noch aufnehmen, aber veredeln, dem Leser erklären, was sie bedeuten", so Herlyn.

Heute braucht es nicht mehr die Agentur, um sich insbesondere in Europa, aber auch in der übrigen Welt mit einigen Klicks bei örtlichen Medien und Quellen zu informieren. Theoretisch können sich dank des Internets auch mehrere Medien viel leichter als früher zusammenschließen und vernetzen und damit Agenturdienste entbehrlicher machen. Zum Glück für Nachrichtenagenturen wie dpa ist das im Alltagsgeschäft jedoch deutlich komplizierter und aufwändiger, als manche Medienexperten dachten. Bereits früher scheiterten Kooperationsversuche verschiedener Medien an unterschiedlichen Vorstellungen von Qualität und *Fokus*.

Auch eine andere Entwicklung spielt den Nachrichtenagenturen in die Karten. Weltweit werden die Netze der Auslandskorrespondenten abgebaut, selbst global operierende und finanzstarke Medien wie *CNN*, die *New York Times* oder das *Wall Street Journal* haben im Ausland eingespart. Ähnliches gilt für die überregionalen Zeitungen in Deutschland.

Nachrichtenagenturen sterben langsam

Wie schwer das Nachrichtengeschäft allerdings geworden ist, zeigt auch die Pleite der dapd 2012, in die die ehrgeizigen Investoren erhebliches Kapital gesteckt hatten, was aber trotz manch politischer Unterstützung letztendlich ein viel zu kostenintensives Unterfangen war. Ganz abgesehen davon, dass es an einer wirklichen Unabhängigkeit dieses Unternehmens von Anfang an erhebliche Zweifel gab.

In den letzten Jahren haben zwei weitere unabhängige Nachrichtenagenturen aufgegeben: 2011 die neuseeländische New Zealand Press Association (NZPA) und 2014 die südafrikanische SAPA. Beide Agenturen wurden ähnlich wie AP und dpa von den Medien ihrer jeweiligen Länder getragen — bis sie den Medien, die selbst mit Krisen fertig werden müssen, einfach zu teuer wurden.

Angesichts des allgemeinen Wertverfalls der Nachricht, ihrer freien Verfügbarkeit im Internet und der wachsenden Heterogenität der Kundenwünsche ringt auch dpa um ein tragfähiges Geschäftsmodell. Es ist im Grunde erstaunlich — und sicher auch ein Ergebnis kluger Unternehmensstrategie der letzten beiden Jahrzehnte — dass die finanzielle Katastrophe für den von vielen als zu teuer verschrienen Medien-Dienstleister trotz einiger Turbulenzen ausblieb.

Auch wenn es die dpa-Macher ungern an die große Glocke hängen, ist das Unternehmen im Vergleich zu vielen anderen unabhängigen Nachrichtenagenturen bis heute ökonomisch rundum bestens aufgestellt, vor allem, weil es sehr profitable Töchter und manche Reserven hat. Die finanzielle Stabilität der Agentur hat aber immer weniger mit dem Kerngeschäft der Nachricht zu tun.

Erfolge der dpa auch wegen der Töchter

dpa-Geschäftsführer Michael Segbers machte sich innerhalb seines Hauses nicht immer beliebt, wenn er auf Betriebsversammlungen betonte, dass die Redaktionen der dpa im Jahr satte zehn Millionen Euro (2015) mehr kosten als sie einbringen. Nur die hervorragenden Gewinne der dpa-Töchter wie News aktuell, Picture Alliance und gms sicherten der dpa-Gruppe schwarze Zahlen seit 2011.[61]

Seit den 90er Jahren erwirtschaften der Basisdienst und die Landesdienste, das Kerngeschäft der Agentur, ein deutliches Defizit. Da Zeitungsverlage noch immer etwa 40 Prozent der dpa-Gesamterlöse ausmachen, die Preise aber von den Auflagen der Blätter abhängen, sinken die dpa-Einnahmen seit Jahrzehnten zwangsläufig — in diesem Bereich jährlich um etwa eine halbe Million Euro Dennoch darf nicht übersehen werden, dass die Zeitungsverlage als Kunden noch immer eine enorme Bedeutung für die Erlöse der dpa haben.[62]

Verschärft wurde die Situation für dpa auch dadurch, dass Erhöhungen der Bezugspreise nur selten und wenn, dann sehr maßvoll bei den Besitzern und Kunden, die ja eine Personalunion bilden, durchsetzbar waren. Die Einnahmen aus dem dpa-Kerngeschäft hielten in keiner Weise mit der Kostenentwicklung im Haus mit, denn an regelmäßigen Tariferhöhungen für die Mitarbeiter wurde im Wesentlichen nie gerüttelt.

Ein besonderes Problem war die Ökonomisierung der Medien, der Wandel in den Zeitungsverlagen. Hier hatten immer weniger sendungsbewusste Verleger und immer häufiger kühl rechnende Manager das Sagen. In den Jahren nach 2000 „schwand in einem schleichenden Prozess die genossenschaftliche Solidarität mit dpa", erklärte der langjährige Vorsitzende des dpa-Aufsichtsrats, Karlheinz Röthemeier. „Die Verleger, hohe Renditen gewohnt, verstanden sich zunehmend nur noch als Kunde, kaum noch als Gesellschafter. Es war manchmal erschütternd, mit welcher Einstellung mancher Verleger sich von dpa abgewendet hat." Röthemeier, selbst viele Jahre Chef der Verlagsgruppe Rhein-Main, stellte nüchtern fest: „Wo wirtschaftliche Zwänge wachsen, nimmt die gesellschaftspolitische Verantwortung ab."

Sieben Kontrollen für die Meldung aus Hünfeld

Die Reaktion der dpa-Manager auf die Krise war ähnlich wie die anderer Medienhäuser. Sparmaßnahmen und Strukturreformen sollten die Kosten senken und die Effizienz erhöhen. Der damals oft zitierte Leitspruch der Globalisierung war: Mit immer weniger Leuten immer schneller und immer mehr in immer besserer Qualität bei sinkenden Kosten und zu immer günstigeren Preisen zu produzieren. Allerdings gelang es dpa seit 2011 auch, den Umsatz der Unternehmensgruppe stetig zu steigern.

Vor allem wurden die redaktionellen Abläufe gestrafft. dpa stellte sicher, dass das Vier-Augen-Prinzip eingehalten wurde: das heißt mindestens zwei Redakteure begutachten jede Meldung und jedes Bild vor deren Sendung. Beseitigt wurden aber Meldungsabläufe, die im Nachhinein grotesk kompliziert wirken. In den 70er Jahren konnte es noch passieren, dass eine Meldung auf seinem Weg vom Bezirksbüro bis in den dpa-Basisdienst durch sieben redaktionelle Hände ging.

Wenn ein freier dpa-Mitarbeiter damals eine Meldung über den Wahlkampfauftritt des SPD-Politiker Georg Leber in Hünfeld (Osthessen) schrieb, in der er die Ostpolitik Willy Brandts verteidigte, landete diese Meldung erst einmal beim Bezirksredakteur in Fulda, der sie dann redigiert per Telex nach Frankfurt ins Landesbüro weitergab. Dort entschied der Redakteur vom Dienst (RvD), ob die Meldung noch mal überarbeitet werden musste, bevor sie in den Landesdienst Hessen und als Angebot an die Zentralredaktion nach Hamburg geschickt wurde. Oft bearbeitete ein Frankfurter Redakteur die Meldung nochmal, redigierte oder fügte Hintergrund ein. Anschließend ging die Meldung zurück an den RvD.

In Hamburg landete die Meldung in der Inlandsredaktion, wo wiederum der Dienstleiter entschied, ob die Meldung noch einmal angefasst und verbessert werden sollte. In diesem Fall kam die Meldung wieder zum Inlands-Dienstleiter zurück, der sie an den Basischef sandte, der über die Eingabe in den Basisdienst entschied. dpa war sehr, sehr gründlich. Das ist sie heute noch, nur mit deutlich weniger personellem Aufwand.

Personaleinsparungen überall

Zu den Reformen gehörten auch drastische Strukturveränderungen. Die Zahl der festangestellten Redakteure sank von fast 700 im Jahr 1990 auf 436 im Jahr 2015. Auch im nicht redaktionellen Bereich wurde deutlich reduziert. Den unabwendbaren Wandel innerhalb der dpa empfanden manch altgediente Redakteure als eine Art Kulturrevolution − viele mussten einsehen, dass sie früher unter fast paradiesischen Bedingungen gearbeitet hatten.

Bei dpa sah es in den 70er und 80er Jahren nicht anders aus als in vielen anderen Redaktionen, sei es bei den öffentlich-rechtlichen Anstalten, sei es bei Tageszeitungen wie der *Frankfurter Rundschau* oder der *Süddeutschen Zeitung*. Die Redaktionen waren oft personell üppig ausgestattet. Es gab Standorte der dpa, die sich bei genauerer Betrachtung und aus heutiger Sicht fast als Büros mit Luxusarbeitsplätzen herausstellten.

Mitte der 90er Jahre musste der damalige Chefredakteur Wilm Herlyn ausgerechnet in seiner früheren Wahlheimat Nordrhein-Westfalen feststellen, dass an manchen Tagen im Durchschnitt jeder der etwa zwei Dutzend Redakteure, denen auch noch freie Mitarbeiter und Volontäre zuarbeiteten, lediglich ein bis zwei Meldungen pro Tag produzierten. In Essen gab es 3,5 Planstellen − mit 1,5 Meldungen im Tagesdurchschnitt. Im Düsseldorfer dpa-Landesbüro dominierten einige journalistische Urgesteine, deren Trinkfestigkeit ebenso berüchtigt war wie ihr Widerwillen gegen die Hamburger Zentrale. „Sie hatten die Chuzpe, sich voller Abscheu über ‚üble Leistungskontrolle‘ zu beschweren, als wir über die Probleme sprechen wollten", berichtete Herlyn.

Qualitätsstandards erhöht

In der Hamburger Zentrale, in dem ehrwürdigen Gebäude der früheren bayerischen Residenz, ging es nicht weniger bedächtig zur Sache. Redakteure hatten oft eine Stunde zum Einlesen, mussten anschließend vier Stunden am Schirm Nachrichten und Berichte bearbeiten, hin und wieder eine Zusammenfassung schreiben und beendeten dann ihre Schicht. Nicht selten, subjektiv betrachtet, sehr erschöpft.

Das alles hat sich schon lange drastisch geändert. Die Zahl der Redakteure ist gesunken, die Produktion in allen Redaktionen deutlich gestiegen. Insbesondere die Zahl der hochwertigen Beiträge in den Diensten hat zugenommen; Analysen, Erklär-Stücke und Hintergründe haben einen weit höheren Stellenwert als früher. Auch die journalistischen Qualitätsstandards sind viel strenger, sowohl was die Notwendigkeit von vielen Quellen als auch die besondere Überprüfung von Fakten und Zitaten angeht. Wie wohl in allen Redaktionen der traditionellen Medien sind die Arbeitsbedingungen härter, fordernder und belastender als je zuvor in der Nachkriegsgeschichte.

Ein Erinnern an die scheinbare Idylle von früher lohnt aus vielen Gründen: Zum einen fordert es den Respekt vor den Journalisten, die heute unter deutlich schwierigeren Umständen arbeiten, von denen eine größere Produktivität erwartet wird, die deutlich schärferen Qualitätskontrollen unterliegen. Zum anderen macht es nachdenklich, wenn man sich erinnert, wie sehr sich damals manch Arbeitnehmervertreter über die harten Arbeitsbedingungen beklagte, wie lautstark mancher Kollege früher unter der Last des Jobs stöhnte. Krisen relativieren viel. Der Blick über den Tellerrand auch: Noch immer sind in der Regel Arbeitsbedingungen und Bezahlung von Journalisten in Deutschland im internationalen Vergleich gar nicht so übel.

Schlanke Strukturen, ein schlüssiges Geschäftsmodell und eine bislang erfolgreiche Strategie garantieren der dpa zumindest in den kommenden Jahren eine gewisse Stabilität. Damit einher geht allerdings die unbequeme Einsicht, dass sich das Nachrichtengeschäft auf den eigentlichen Kernmärkten − Zeitungen, Fernsehen, Radio und Internet in Deutschland − nicht mehr profitabel organisieren lässt.

Nachrichtenagenturen brauchen Querfinanzierung

„Das wird auch nie mehr der Fall sein, es sei denn, wir fahren radikal die Zahl der Beschäftigten und damit die Qualität runter", betont Segbers. Es gebe keine unabhängige Nachrichtenagentur in der Welt, die ihren Kunden ein umfassendes Wort- und Bild-Angebot anbietet und dabei im Kernmarkt kostendeckend operiert. Nachrichtenagenturen brauchen irgendeine Form der Querfinanzierung − seien es Sonderdienste für Unternehmen oder Behörden, Datenbanken oder technische Angebote, Eventmanagement oder der Handel mit Wetterdaten.

Stark abgemildert werden die finanziellen Defizite bei der Produktion von Nachrichten und aktuellen Fotos der dpa, weil sie auf anderen, Nicht-Medien-Märkten verkauft werden. Zahlreiche Unternehmen und Institutionen beziehen beispielsweise einen jeweils auf ihre Bedürfnisse zugeschnittenen Dienst „dpa-select", der sich im Wesentlichen aus Meldungen des Basisdienstes und der Landesdienste der dpa sowie der aktuellen Bilder- und Grafikdienste speist. Die dpa-Tochter Picture Alliance erfreut sich dank der Zweitvermarktung von früher gesendeten, aktuellen dpa-Fotos satter Einnahmen bei Buchverlagen, Werbeagenturen und anderen Firmen.

Hinzu kommen stark individualisierte Sonderdienste (Wort, Bild, Grafik, Video) für Automobilkonzerne, Banken, Institutionen oder diplomatische Vertretungen. Schließlich helfen auch die Erlöse auf ausländischen Märkten — unter anderem mit den fremdsprachigen Diensten in Englisch, Spanisch und Arabisch.

Agenturen brauchen Zwei-Säulen-Geschäftsmodell

„Eine langfristige, nachhaltige Entwicklung der Agenturen wird davon abhängen, inwieweit es ihnen gelingt, durch Diversifizierungen ein Zwei-Säulen-Geschäftsmodell und damit ein zweites ökonomisches Standbein zu entwickeln", betont auch der langjährige APA-Geschäftsführer Wolfgang Vyslozil.[63] Quersubventionierungen seien der einzige Weg, um „eine hohe journalistische Qualität der Agenturen zu finanzieren".

Vielleicht beschreibt aber eher ein „Viele-Säulen-Modell" die Zukunft der Nachrichtenagenturen — denn es wird viele Quellen geben müssen, um weiter Qualitätsjournalismus aus aller Welt und rund um die Uhr finanzieren zu können. „Im Moment gibt es kein Geschäftsmodell für Nachrichtenjournalismus, wir befinden uns in einer Übergangsphase", betonte 2009 der New Yorker Medienwissenschaftler Jay Rosen.[64] „Wir verstehen, welche Faktoren das herkömmliche Modell vernichten, aber wir haben noch nicht begriffen, was sich wirklich ändert." Das ist noch heute so.

Allen Medien aber ist bewusst, dass die Entwicklung noch lange nicht abgeschlossen ist. Trotz aller Trends ist letztendlich nicht klar, woher und auf welchen Endgeräten in Zukunft die meisten Menschen in den verschiedenen Ländern ihre Nachrichten abfragen. Es ist die Frage, ob die traditionellen kulturellen Unterschiede im Medienkonsum — beispielsweise bei der Intensität der Zeitungslektüre — zwischen Ländern wie den USA, Deutschland, Italien oder Japan in der digitalen Zeit wirklich verschwinden.

IV Newskrieg in Deutschland

„dpa abzubestellen ist wie eine Heizung ausstellen. Es ist einfach unanständig, die unabhängige Agentur des Landes abzubestellen"

Handelsblatt-Geschäftsführer Gabor Steingart

Die Unternehmer Peter Löw und Martin Vorderwülbecke hatten in Wirtschaftskreisen schon viele Jahre einen Ruf wie Donnerhall. Den promovierten Juristen gelangen mit dem Kauf, der Sanierung und dem Wiederverkauf maroder Firmen binnen zwei Jahrzehnten schillernde Karrieren, die sie zu schwerreichen Investoren machten. Ihre Geschäftsmethoden waren teilweise heftig umstritten. Die breite Öffentlichkeit lernte die beiden erst kennen, als sie sich entschlossen, „einen gesellschaftlichen Beitrag" zu leisten, eine „mitteleuropäische Nachrichtenagentur" aufzubauen und damit vor allem dpa frontal anzugreifen.

Schon zum Start in Berlin im Oktober 2010 gelang es den bislang relativ unbekannten Unternehmern, bei der politischen Prominenz zu trumpfen. Bei der Eröffnung der dapd-Zentrale in der Rheinhardtstraße kamen sogar der damalige Bundespräsident Christian Wulff und der damalige Außenminister Guido Westerwelle. Ein anderer Tag mit Glanz und Glamour war in der kurzen und bitteren dapd-Geschichte der 12. September 2012. Die Gästeliste ihres Sommerfests spiegelte den Respekt vor der neuen Nachrichtenagentur, die angetreten war, besser, moderner und billiger den Platzhirsch unter den deutschen Agenturen zu verdrängen.

Gekommen waren Politiker, Chefredakteure und Medienmanager. Peter Löw begrüßte persönlich am Eingang die Gäste wie den Ex-Außenminister Hans-Dietrich Genscher, die damals amtierenden Minister Philipp Rösler (FDP), Hans-Peter Friedrich (CSU) und Peter Ramsauer (CSU) sowie die Oppositionspolitiker Claudia Roth, Renate Künast (beide Bündnis 90/Die Grünen), Andrea Nahles (SPD) und Dietmar Bartsch (Linke).

„Erfolgreichstes Jahr" – Pleite drei Wochen später

„Wir blicken auf das erfolgreichste Jahr unserer Geschichte zurück", betonte Löw in seiner Ansprache. dapd sei „einer der größten Jobmotoren" der Branche, Spitzenkräfte von dpa, afp und sid seien zu der neuen Agentur gekommen, um „an dem Projekt der Nachrichtenagentur der Zukunft" mitzuarbeiten.

Der sendungsbewusste Unternehmer berichtete von der erfolgreichen Expansion der dapd in Frankreich, von 100 neuen Kunden und dem „größten Agenturdeal in Deutschland aller Zeiten" mit der Daimler-Benz AG sowie dem neuen Auftrag des Auswärtigen Amtes. dapd ziele nun auch auf Italien, Spanien und Polen, habe einen russischen, spanischen und bald arabischen Dienst. „Es formt sich eine mitteleuropäische Gesamtagentur." Der dapd-Umsatz, 2010 noch 27 Millionen Euro, sollte 2012 auf 50 Millionen steigen. Mit der „großen Agentur", die Löw nicht namentlich nannte, „stehen wir also inzwischen Kopf an Kopf". Das „Deutschlandbild im Ausland wird zum großen Teil inzwischen von der dapd geprägt."

Drei Wochen später, am 2. Oktober 2012, meldeten Löw und Vorderwülbecke Insolvenz an. „Es war eine der spektakulärsten Pleiten in der hiesigen Mediengeschichte", schrieb das *Manager Magazin*.[1]

1 Fast eine Kriegserklärung gegen dpa

„dpa ist in Deutschland eine gewachsene Selbstverständlichkeit. Ihr Wert wird erst deutlich werden, wenn es dpa einmal nicht mehr geben sollte."

dpa-Ex-Aufsichtsratsvorsitzender Karlheinz Röthemeier

dpa war einmal eine sehr glückliche Nachrichtenagentur. Viele Jahrzehnte bezogen fast alle deutschen Medien die Wort- und Bilderdienste der dpa, oft auch noch zahlreiche Spezialdienste. Die meisten Kunden des Unternehmens waren auch seine Besitzer. Die geschichtsbewussten Verleger der Nachkriegszeit sahen in der genossenschaftlich strukturierten dpa mit heute 187 Gesellschaften zu Recht ein wichtiges Element der jungen Demokratie und betrachteten dpa als „unsere Agentur".

Wenn dpa eine Erhöhung ihrer Bezugspreise ankündigte, war das für die meisten Verlage eher eine Formalie. dpa erlebte zwar nach der Gründung 1949 ein paar politisch turbulente Jahre. Vor allem, weil Kanzler Konrad Adenauer (CDU) nicht viel Sympathie für den ersten dpa-Chefredakteur und engagierten Sozialdemokraten Fritz Sänger aufbrachte — was wohl auf Gegenseitigkeit beruhte. Aber spätestens ab den 60er Jahren wurde es um dpa eher ruhig, kaum jemand bestritt deren politische Unabhängigkeit und journalistische Qualität.

dpa setzte in Deutschland jahrzehntelang in vieler Hinsicht den Ton: „(Kanzleramtschef) Eduard ‚Ede' Ackermann, lange engster Vertrauter von Kanzler Helmut Kohl, sagte immer, was nicht bei dpa steht, ist nicht passiert", erzählt Ex-Chefredakteur Herlyn. Mit seinen Auslandsdiensten in Englisch, Spanisch und später Arabisch errang dpa auch im Ausland Ansehen und Bedeutung. Das Auswärtige Amt unterstützte teilweise diese Aktivitäten, die zum Ansehen der Bundesrepublik und der Präsenz deutscher Sichtweisen im Ausland beitrugen.

Ende der 80er Jahre mehrten gleich zwei historisch glückliche Umstände das Wohlgefühl der dpa. Mit der Entstehung der Privatsender und dem Zusammenbruch der DDR — und damit neuen Märkten für die Nachrichtenagentur — erfreute sich dpa zweier Wachstumsschübe, die viel Geld einbrachten und relativ wenig kosteten Vor allem ein sehr kluges Management im Hamburger Mittelweg gegenüber der früheren

DDR-Agentur ADN (Allgemeiner Deutscher Nachrichtendienst) nach 1989 ließ dpa zum Einigungs-Gewinner werden.

Keine Vereinigung mit der DDR-Agentur

Der damalige (vorsitzende) Geschäftsführer Walter Richtberg erwarb für dpa zwar nach der Wende die Zentralbild GmbH, die aus dem ADN-Bilderdienst hervorgegangen war (inklusive eines wertvollen Bildarchivs). Vor allem um nach der Wende das ADN-Netz für die Verbreitung der dpa-Dienste nutzen zu können, arbeitete dpa auch eine Zeitlang auf technischer Ebene mit der Ex-Staatsagentur zusammen. Von einer redaktionellen Kooperation aber, wie sich das einige bei ADN erhofft hatten, wollte dpa nichts wissen.

„Eine redaktionelle Zusammenarbeit mit dem ADN konnte es wegen seiner Vergangenheit als Agentur und Instrument der DDR-Regierung und der SED nicht geben, zumal wir davon ausgehen mussten, dass im ADN auch enge personelle Beziehungen zum DDR-Staatssicherheitsdienst bestanden", schildert der damalige dpa-Geschäftsführer und Verkaufschef Mathias Hardt die Gespräche. „In der ADN-Zentrale in der Mollstraße konnte man den einen oder anderen ‚schlimmen Finger' erleben, dessen ideologische Unbelehrbarkeit ... eine Zusammenarbeit verbot." dpa übernahm in den 90er Jahren einige wenige Journalisten von ADN, aber erst nachdem ihre Akten auf eventuelle Verwicklungen mit der Stasi geprüft worden waren.

Innerhalb der dpa wurde das trotzdem kritisiert, denn vielen Redakteuren war aus eigener Anschauung die äußerst enge Bindung von ADN-Journalisten an das DDR-System bekannt. Als dpa-Chef in Rom kamen 1991 die damaligen ADN-Korrespondenten, ein Ehepaar, zu mir ins Büro. ADN löste gerade das Auslandsnetz auf, entsprechend verzweifelt waren die beiden wegen ihrer beruflichen Perspektiven. Dabei erzählten sie auch, dass sie bisher zu 90 Prozent ausschließlich für die verschiedenen Organe der DDR-Regierung gearbeitet hätten. Sie gestanden auch, dass wohl kaum jemand ADN-Auslandskorrespondent werden konnte, der nicht die Schleusen und Schulungen der Stasi mitgemacht hatte.

dpa verweigerte sich einem Zusammenschluss mit ADN und baute stattdessen in den neuen Bundesländern erfolgreich ein eigenes Netz von Büros und Korrespondenten auf. Alle Zeitungen der neuen Bundesländen wurden dpa-Kunden. Richtberg schwärmte Jahre später von den „goldenen 90er Jahren, die nicht mehr wiederkehren".[2]

Spätestens Mitte der 90er Jahre begann dpa die Folgen von Zeitungskrise und digitalem Wandel zu spüren. Erste Turbulenzen kamen, als die Radiosender vehement auf mehr Nachtmaterial für ihre Frühsendungen bestanden.

Angesichts der sinkenden Auflagen der Zeitungen musste dpa sowohl mit den kontinuierlichen Einnahme-Verlusten aus dem Print-Geschäft als auch mit sehr viel härteren Verhandlungen mit den Kunden fertig werden. Schließlich brach auch mit Vehemenz der digitale Wandel in die heile Medienwelt ein.

2010 war das Glück endgültig vorbei

Auch wenn die dpa-Macher glaubten, inzwischen in schwierigen Zeiten angekommen zu sein, mussten sie Ende 2009 feststellen, dass es noch viel schlimmer kommen sollte. dpa war plötzlich mit einem Konkurrenten konfrontiert, der offen davon sprach, dpa als führende Agentur in Deutschland abzulösen.

Die Fusion der Nachrichtenagentur ddp und des deutschen Dienstes von AP zur neuen dapd wurde von branchen-unüblichen Kampfparolen begleitet. Scheinbar mit großer Lust warfen die Investoren Vorderwülbecke und Löw der dpa, die der Deutschlandfunk respektvoll einmal als „Königin der Presseagenturen" bezeichnet hatte[3], rhetorisch und juristisch den Fehdehandschuh vor die Füße. „Unsere Strategie ist es, dpa verzichtbar zu machen", betonte Löw in einem Interview mit der *Süddeutschen Zeitung*.[4] dapd werde „die beste Voll-Agentur in Deutschland sein".

Erstmals in der Geschichte der Deutschen Presse-Agentur stellte sich für sie die Existenzfrage.

dapd spekuliert auf Kostendruck bei Zeitungen

Denn die neue Agentur ging mit enormem Elan und Expansionswillen an den Start. Schon ab August 2011 konnte dapd den deutschen Medien ein Komplettangebot mit Nachrichten und Fotos aus den Ressorts Politik, Wirtschaft, Vermischtes und Sport aus dem In- und Ausland sowie auch eine regionale Berichterstattung mit neuen Landesdiensten anbieten. Nur zu deutlich günstigeren Preisen als bei dpa.

dapd versuchte auf allen Feldern – wie Grafik und Video – der dpa Konkurrenz zu machen. dapd-Tochterunternehmen sollten vor allem Nicht-Medien bedienen. Die Anzahl der Mitarbeiter stieg von 2009 binnen zwei Jahren von 269 auf 515 – wobei die Gewerkschaften heftig die Ablehnung von Tarifverträgen und die „Dumping-Löhne" bei dapd kritisierten.[5] Da zumindest einige von AP übernommenen Redakteure höher entlohnt wurden, herrschte in der dapd-Redaktion ein Zwei-Klassen-System. Andere ehemalige AP-Redakteure hatten, trotz der Warnungen der Gewerkschaften, neue Hausverträge ohne Tarifbindung unterschrieben. Das Grundgehalt wurde zugesichert, der Wechsel mit einer Prämie von bis zu 10.000 Euro schmackhaft gemacht. Gestrichen wurden aber Sozialleistungen wie Urlaubsgeld oder Arbeitgeberbeiträge zur Presseversorgung, zudem Urlaubstage und AP-übliche Kündigungsschutzregeln.

„Rette sich, wer kann"

Während die alte AP Deutschland abgewickelt und teilweise in die dapd integriert wurde, entschlossen sich rund zwei Dutzend AP-Redakteure zur Kündigung, um nicht bei dem neuen Unternehmen von Löw und Vorderwülbecke arbeiten zu müssen. Viele von ihnen gingen zu dpa, die froh war, bewährten und gestandenen Nachrichtenprofis Jobs anbieten zu können. Die Stimmung bei vielen AP-Redakteuren sei damals geprägt gewesen von einem Gefühl „Rette sich, wer kann", berichtete ein Insider.

Es waren vor allem AP-Spitzenkräfte, die das neue, auf knallharte Offensive getrimmte Agenturschiff dapd umgehend verließen. Mit Peter Zschunke (AP-Auslandschef) und Froben Homburger (AP-Inlandschef) gingen zwei der drei stellvertretenden Chefredakteure von AP Deutschland, aber auch die Wirtschaftschefin Antje Homburger sowie die angesehenen Bundeskorrespondenten Michael Fischer und Uta Winkhaus wechselten zu dpa. Für dapd bot sich zumindest die Chance, angesichts der hochkarätigen Abgänge mit den frei gewordenen, attraktiven Positionen Journalisten anderer Medien locken zu können. Um auf dem Medienmarkt zu punkten, setzte dapd darauf, dass die Zeitungsverlage angesichts der Krise nur zu gerne eine Voll-Agentur wählen würden, die weniger kostet als dpa. Das sei möglich, weil dapd eine „bessere Kostenstruktur, weniger Overhead, schlankere Strukturen, keine Altlasten aus Pensionen" habe, so Vorderwülbecke damals.[6]

Die besondere journalistische Stärke der neuen Agentur lag vor allem in den bei der amerikanischen AP erworbenen Rechten, die AP-Wort- und Bilderdienste auf dem deutschen Markt zu verbreiten und zu nutzen. Von Vorteil war auch, dass zumindest einige der Nachrichtenprofis der deutschen AP in die dapd-Mannschaft in Berlin integriert wurden. Allerdings reagierte die Branche nur mit Spott, als dapd daran ging, mit den 49 Pulitzerpreisen und den 3000 Korrespondenten weltweit als Bestandteil der dapd zu werben — weder hatte die Berliner Agentur mit den AP-Preisträgern noch mit deren Auslandsnetz direkt etwas zu tun. dapd durfte lediglich die AP-Dienste übersetzen.

Identität und Selbstzweifel bei dpa

Der offensive, lautstarke Auftritt von dapd wühlte dpa mehr auf als alles zuvor. „dapd war die größte Herausforderung für dpa in ihrer jüngeren Geschichte", betonte der langjährige Vorsitzende des dpa-Aufsichtsrats, Karl-Heinz Röthemeier. Viele der damaligen Protagonisten in der dpa-Chefetage erlebten es genau so, manche konnten es mitunter zumindest intern schwer verbergen und wetterten zornig gegen „diese Heuschrecken". Was in anderen Branchen durchaus üblich ist, nämlich ein zuweilen erbitterter und keineswegs fairer Konkurrenzkampf, war für die dpa-Leute völlig neu. Das Selbstverständnis der Mitarbeiter — angefangen von der Geschäftsführung bis hin zu den Volontären — war geprägt von einer hanseatisch anmutenden Bescheidenheit. Zur dpa-Identität gehörte auch eine gewisse Verhaltenheit im öffentlichen Auftreten, die einem Dienstleister wie dpa wohl anstand.

Gleichzeitig aber schmeichelt es den dpa-Leuten, dass sie entgegen öffentlicher Wahrnehmung in Wirklichkeit einen enormen Einfluss auf die Medienwirklichkeit und damit die Gesellschaft haben. Mit dieser Mischung aus etwas Fatalismus, stiller Arroganz und einer Portion Dickhäutigkeit akzeptierte man bei dpa, dass sie als die wirklichen Nachrichtenprofis lange Zeit von vielen, selbst innerhalb der Medien, als so etwas wie die schlichten Kanalarbeiter des Journalismus angesehen wurden.

Da konnte man es auch hinnehmen, dass die *Zeit* über Jahre hinweg eine höchst despektierliche Rubrik mit dem Namen „Mit dpa im Theater" hatte. Nun zielten diese dpa-Theaterbesprechungen kaum auf das intellektuelle Klientel der Wochenzeitung, sondern waren relativ rasch geschriebene Berichte von Bezirksredakteuren, oft bestimmt für die Regionalzeitungen.

„Sprachliche Schablonen"

Über dpa zu lästern war lange Mode. Selbst als sich dpa ab Anfang der 90er Jahren immer wieder reformierte und Strukturen, Themen und Sprache modernen Medienbedürfnissen angepasst wurden, sprach man gerne über den „alten Dampfer dpa". Auch der *SZ*-Journalist Wolfgang Koydl, Ex-dpa-Büroleiter in Kairo, hat einmal die Arbeit seiner früheren Kollegen ziemlich unfreundlich beschrieben: Sie bastelten „aus sprachlichen Schablonen, aus Versatzstücken, die sich nach Art eines Lego-Systems zusammenstecken lassen", die Meldungen zusammen.[7]

In vielen Kundenredaktionen wurden Agenturmeldungen als „Rohmaterial" bezeichnet, die Sprache der dpa-Nachrichten oft als hölzern kritisiert. Selbst der damalige Chefredakteur Herlyn erwähnte in einem Interview der *SZ* zur großen Empörung im eigenen Haus eine zuweilen „schrecklich altbackene Sprache".[8] Viele dpa-Redakteure nahmen ihm diese Formulierung sehr übel — immerhin war Herlyn zum Zeitpunkt des Interviews schon 19 Jahre Chef aller dpa-Journalisten.

Die Kritikkultur bei dpa ist im Vergleich zu anderen Medien im Land durchaus vorzeigbar. Schließlich ist die Agentur ein Dienstleister, für den Kritik aus Kundenredaktionen sehr schnell Konsequenzen bis hin zur Kündigung haben kann. Schließlich monieren in vielen Verlagshäusern Geschäftsführer oder Manager gerne die angeblich hohen Kosten für dpa — wenn es dann noch Kritik am Produkt gäbe ...

Eine Folge dieser heiklen Situation für dpa ist, dass neben täglichen Abdruckkontrollen und täglicher „Blattkritik" mit einer Vielfalt von internen und externen Untersuchungen und Instrumenten die dpa-Dienste auf den Prüfstand gestellt werden. Dabei geht es oft auch um die Sprache. Allerdings wissen dpa-Journalisten aus Erfahrung, dass eine gewisse Überheblichkeit in der Medienbranche gegenüber Agenturtexten nicht immer rational ist. Denn das angebliche „Rohmaterial" der dpa-Dienste wird in den Kunden-Redaktionen in der Regel — abgesehen von Kürzungen — eins zu eins übernommen. Das zuweilen Nachrichtensprache etwas hölzern und formal klingt, ist nicht selten auch ein Ergebnis des Bemühens um Knappheit, Seriosität und Einhaltung der Standards. Die schließen in Meldungen flapsige Formulierungen, lockere Abkürzungen und Ungenauigkeiten aus.

Eigenheiten der Agenturjournalisten

Als Wilm Herlyn 1991 nach Stationen bei der *Welt* und der *Rheinischen Post* das dpa-Ruder im Hamburger Mittelweg übernahm, stellte er schnell fest, dass „die Mentalität der dpa-Journalisten anders ist als die der Zeitungskollegen". dpa-Redakteure seien enger verwoben mit dem Geschehen, über das sie berichten, „sie haben ein schlechtes Gewissen, etwas nicht mitzubekommen", so Herlyn.

Er war überrascht, dass viele Redakteure „kreuzunglücklich" waren, wenn ihnen eine Meldung mit einer missglückten Formulierung rausgerutscht und gesendet worden war. Auslandskorrespondenten trauten sich nicht ins Kino, weil sie fürchteten, in den zwei Stunden könnte etwas passieren und sie es nicht mitbekommen.

Der frühere dpa-Auslandschef Wolfgang Nölter gestand, dass er viele Jahre lang ein rabenschwarzes Gewissen hatte, weil er das Attentat auf John F. Kennedy (1963) verpasst hatte. Als damaliger dpa-Büroleiter in Washington war er mit dem Schiff von Hamburg nach New York unterwegs gewesen, weil er Flugangst hatte.

Man kann es auf den Nenner bringen: dpa-Journalisten haben ein besonders hohes Maß an Identifikation mit ihrem Haus.

Auch deshalb berührte die Herausforderung durch dapd viele dpa-Mitarbeiter persönlich. Dass der dapd-Chefredakteur Cordt Dreyer von der dpa-Finanztochter dpa-afx zum Konkurrenten wechselte, wurde im Haus noch akzeptiert. Als aber die Auseinandersetzung zwischen den Agenturen immer heftigere Formen annahm, sah man bei dpa in den Kollegen, die zur dapd gingen, fast so etwas wie „Verräter". Auch Herlyn sagte, er hätte sich als „Verräter" empfunden, wenn er ein − sehr lukratives − Angebot von dapd-Boss Vorderwülbecke angenommen hätte. dapd wollte Herlyn, als dieser pensioniert war, 2011 als Berater engagieren. Es wäre für dapd, wie manches andere, was dieses Unternehmen tat, ein sehr publikumswirksamer Scoop gewesen.

Schwierige Zeiten für dpa

Die Herausforderung durch dapd traf dpa in einer ohnehin schwierigen Phase. 2010 war das Jahr des Umzugs der auf Hamburg und Frankfurt verteilten Zentralredaktionen in die Hauptstadt, wo zuvor lediglich die Politik-Redaktion ihren Sitz hatte. Hamburg als Sitz der Zentrale von dpa hat historische Gründe.

Beim Zusammenschluss der drei Nachrichtenagenturen der westlichen Besatzungsgebiete — der Deutschen Nachrichtenagentur (Dena), dem Deutschen Pressedienst (DPD) und der Süddeutschen Nachrichtenagentur (Südena) — im Jahr 1949 wurde die Hansestadt gewählt. Denn in der Villa der früheren königlich-bayerischen Gesandtschaft am Mittelweg hatte der DPD — in der britisch kontrollierten Zone — eine komfortable Unterkunft gefunden, dessen damaliger Chefredakteur Fritz Sänger auch erster Chefredakteur der neu gegründeten dpa wurde.

Mit dem Umzug nach Berlin 2010 ging eine hausinterne, oft heftig und emotional geführte Diskussion zu Ende, die nach der Wende 1989 begonnen hatte. In der alten Bundesrepublik mit der kleinen Hauptstadt Bonn, die wahrlich nicht zu den Metropolen Deutschlands zählte, stellte sich die Standortfrage kaum. Die Regierungsferne galt sogar als ein Stück Identität der politisch unabhängigen dpa.

Statt stilvoller Villa riesiger Newsroom

Als aber nach der Wiedervereinigung Berlin nicht nur Regierungssitz, sondern auch eine höchst lebendige und tatsächliche „Haupt"-Stadt Deutschlands wurde, begann bei dpa das Nachdenken über den optimalen Standort. Zumal sich die Existenz mehrerer Zentralen als nicht sehr effizient erwiesen hatte — insbesondere die örtliche Trennung zwischen Bild- und Wortredaktionen war angesichts der zunehmenden Orientierung an multimedialen Angeboten unbefriedigend.

Hinzu kam, dass die pittoreske, verschachtelte Villa am Rande Pöseldorfs zwar sehr schöne, stilvolle Räume mit Erkern und Stuck besaß, aber sicher nicht für die Zentrale eines modernen Kommunikationsunternehmens konzipiert war. Erst auf den insgesamt 2200 Quadratmetern des dpa-Newsrooms in Berlin fanden die Basisredaktionen, die Abteilungen für Foto, Grafik, Online, Audio und Video, der dpa-The-

dpa Zentrale Hamburg Mittelweg

Berliner dpa-Redaktionssitz

mendienst, die Dokumentation, die Kindernachrichten und der englische Dienst zusammen – vorher waren sie auf sieben Gebäude in drei Städten verteilt.

Der Umzug in die Markgrafenstraße 20 im historischen Zeitungsviertel Berlins aber war teuer und umstritten. Viele Mitarbeiter in Hamburg sträubten sich gegen die Pläne, viele Jahre hatten sie in dem früheren Geschäftsführer Walter Richtberg einen höchst engagierten Mitstreiter. Die Verlagerung von 200 Arbeitsplätzen von Hamburg nach Berlin und die notwendigen Sozialpläne für jene, die nicht umziehen wollten oder konnten, kosteten viele Millionen Euro. Diese Kosten waren mitverantwortlich für die negativen Bilanzen der Geschäftsberichte 2009 und 2010.

Jahrelang gab es zur Umzugsfrage heftige Auseinandersetzungen sowohl innerhalb der dpa-Führung als auch im Aufsichtsrat. Richtberg wurde vorgeworfen, mit überhöhten Kostenkalkulationen die Verlagerung nach Berlin verhindern zu wollen. Erst nach der Pensionierung Richtbergs 2005 setzten sich die Umzugsbefürworter durch. Wie sehr Richtberg an Hamburg hing, zeigt auch die Tatsache, dass er wenige Monate nach seiner Pensionierung Medienkoordinator des Hamburger Senats wurde.

dpa plagten ernsthafte Finanzprobleme

Die dapd-Macher bezogen ihre Zuversicht auch wegen der offensichtlichen Turbulenzen, in denen sich dpa seit einigen Jahren befand. Das Minus von 3,8 Millionen Euro im Geschäftsbericht 2009 war neben den Umzugskosten vor allem dem Verlust von Kunden geschuldet, darunter auch große Regionalzeitungen.

Schon 2000 hatte die Chemnitzer Freie Presse, 2004 dann die Rheinpfalz in Ludwigshafen die dpa-Dienste gekündigt. Beide Blätter hatten Auflagen von über 400.000 Exemplaren. Der damalige Chefredakteur der *Rheinischen Post*, Ulrich Reitz, verkündete, mit dem Verzicht auf dpa eine Million Euro im Jahr einzusparen und künftig eine „Autorenzeitung" anzustreben.

Obwohl dpa über viele Jahre die Bezugspreise nicht erhöhte, klagten die Kunden über die angeblich zu hohen Kosten für die dpa, für die Verlage damals tatsächlich so viel zahlen mussten wie für die Konkurrenzagenturen AP, Reuters und AFP zusammen. Zudem war dpa wie manch andere Agentur in der Welt in eine gefährliche Falle getreten: Um die Attraktivität der Dienste zu steigern und trotz wachsender Heterogenität der Kundenwünsche möglichst viele davon zu befriedigen, lieferten die Dienste immer mehr Meldungen, Berichte und Fotos, teilweise schwoll die Angebotsmenge auf das Dreifache an. Zwangsläufig sank damit die Verwendungsrate des Agenturmaterials bei den Zeitungen, deren Seitenzahl unverändert blieb.

Geschäftsmodell der Agentur in Gefahr

„Der Spagat zwischen den Kundenwünschen wurde immer schwieriger", schrieb dpa-Geschäftsführer Segbers 2007.[9] „Damit aber gerät das Geschäftsmodell der Nachrichtenagentur in Gefahr, dessen Grundgedanke darauf basiert, dass möglichst viele Abnehmer ein und das selbe Angebot in möglichst gleicher Form beziehen."

2008 entschied auch die WAZ-Zeitungsgruppe, dpa nicht mehr zu beziehen. *WAZ*-Chefredakteur war inzwischen Ulrich Reitz. Wieder erklärte er, die Kündigung sei ein Beitrag zur Qualitätssteigerung. dpa sei einfach zu teuer, die WAZ-Zeitungen seien mit den Diensten von AFP und ddp ausreichend versorgt. Zudem böten sich im Internet zahlreiche neue Quellen von Bloggern, es gebe besten „User Generated Content". dpa sei verzichtbar, wiederholte Reitz zur Beunruhigung der dpa-Manager eins aufs andere Mal öffentlich.

Auf einer Podiumsdiskussion in Hamburg 2009 mit dpa-Chefredakteur Herlyn musste der *WAZ*-Chef allerdings zugeben, dass seine Redaktion durchaus auch auf dpa-Material zugreife. Herlyn hatte das mit der Verwendung von exklusivem dpa-Material in der *WAZ* nachgewiesen. Schließlich sei es ja „im Internet leicht zu finden", sagte Reitz achselzuckend. Während Herlyn sich verständlicherweise über ein solches Gebaren mokierte, meinte der *WAZ*-Chef nur, dass in Internetzeiten Inhalte eben frei verfügbar seien und deshalb seine Redakteure völlig legitim gehandelt hätten.

2 Seilschaften, Verschwörungstheorien und juristische Scharmützel

„Was uns übel aufstößt, ist die aggressive Begleitmusik, die die Leitungs-
ebene der dapd hin und wieder intoniert. Das geht so weit, dass wir uns
auch mit Falschbehauptungen und Schmähkritik konfrontiert sehen ...
Besonders schlimm ist, dass die dapd den Tabubruch begangen hat, den
eigenen Textdienst zu missbrauchen, Unwahrheiten über den Wettbewer-
ber zu verbreiten ... Letztlich könnte durch dieses Verhalten das Vertrauen
in die ganze Branche Schaden nehmen"

Clemens Wortmann, Ex-Geschäftsführer der AFP in Deutschland[10]

dapd-Besitzer Löw erzählte selbst, dass er zuweilen von seinen Redakteuren wegen des „aggressiven" Auftretens der Agentur angesprochen
werde. Als innovativer Newcomer würde man eben als aggressiv dargestellt, erklärte Löw und verglich sich mit dem indischen Pazifisten
und Nationalhelden Mahatma Gandhi. Der sei auch von den Briten als
„hoch aggressiv" empfunden worden.[11]

Für die selbst vom dpa-Betriebsrat als im Grunde „relativ friedfertig
und umgänglich" beschriebene dpa-Geschäftsführung war das Auftreten der dapd-Bosse völlig unbekanntes Terrain. „Die juristischen Tricks
der dapd lösten im ersten Moment bei dpa eine Art Schockstarre aus",
erinnerte sich Aufsichtsratsmitglied und Chef des Radiosenders *FFH*,
Hans-Dieter Hillmoth über die Tage im Jahr 2010. dpa sei auf Unter-
nehmerpersönlichkeiten wie Löw und Vorderwülbecke „überhaupt
nicht vorbreitet gewesen".

dapd habe damit gepunktet, zunächst als „attraktiv, jung, dynamisch
und billig" aufzutreten und gleichzeitig dpa als eine Art altmodische
Behörde hinzustellen, so Hillmoth. Allerdings habe die dpa-Führung
sehr rasch ihre „Gelassenheit wieder gefunden" und manches bei dpa
verändert, was „vielleicht sonst noch Jahre gebraucht hätte".

Im Aufsichtsrat der dpa gab es für die dpa-Geschäftsführung erheblichen Rückhalt, unabhängig voneinander würdigten Mitglieder des
Gremiums den „kühle Kopf" und die „taktische Klugheit" von dpa-Geschäftsführer Michael Segbers, so auch Aufsichtsratsvorsitzender
David Brandstätter. Die Hoffnung war, dass dapd aufgeben würde,

wenn sie nicht rasch Erfolg haben würden. „Heuschrecken merken, dass sie nichts mehr zu fressen haben, und dann hauen sie ab", meinte der Würzburger Verlagsmanager ironisch mit Blick auf die umstrittene Investorentätigkeit von Löw und Vorderwülbecke.

Streitigkeiten vor Gericht

Nie in der Geschichte der dpa war die Agentur in so viele juristische Auseinandersetzungen verwickelt, wie während der drei dapd-Jahre. „Zwischen den Nachrichtenagenturen wird mit harten Bandagen gekämpft. Andere würden sagen, es herrscht Krieg", schrieb die Fach-Webseite „Newsroom.de" im Juli 2012.[12]

Schon ziemlich früh zog dapd vor den Kadi, weil dpa angeblich „sittenwidrige" Verträge mit Kunden abschließe, so Peter Löw.[13] Allerdings wies das Frankfurter Landgericht im Oktober 2010 die Vorwürfe zurück. Die Vertragsklausel „Erfolgt keine Kündigung, verlängert er sich bei gleicher Kündigungsfrist um dieselbe Laufzeit" sei nicht rechtswidrig, beschieden die Richter. dpa müsse dapd nicht „sämtliche Schäden" erstatten, die der dapd angeblich durch diese Verträge entstanden seien. dpa sei zwar Marktführer, „aber kein Monopolist", sagte der Richter. Eine „wirtschaftliche Abhängigkeit" der Verlage und Sender von dpa gebe es nicht.

Der für dpa wichtigste Prozess in allen Auseinandersetzungen mit dapd war allerdings ein Rechtsstreit, den dpa mit dem Auswärtigen Amt (AA) austrug — nachdem dapd in zwei Klagen gegen das Bundespresseamt und das AA wegen der Vereinbarungen mit dpa teilweise Erfolg hatte.

Viele Jahre lang hatte dpa vom Außenministerium etwa drei Millionen Euro für ein Bündel von Diensten bekommen. Ein Wesenskern des Abkommens betraf die fremdsprachigen Dienste der dpa, die zwar etwa 2500 Kunden in gut 100 Ländern haben, aber lange Zeit nicht kostendeckend produziert werden konnten. Eine Ursache war, dass vor allem in Lateinamerika oder Teilen Asiens die Dienste der Nachrichtenagenturen — besonders von staatlich massiv geförderten Unternehmen wie EFE (Spanien), ANSA (Italien) oder AFP — für extrem kleines Geld, um nicht zu sagen zu Dumpingpreisen, verkauft wurden.

Ein Teil der dpa-Leistungen für die Bundesregierung hatte in der Tat ein Merkmal, das sich schlecht quantifizieren ließ. Als dpa 1957 einen englischsprachigen Weltnachrichtendienst startete, sollte das vor allem die internationale Stellung der Agentur stärken; aber damit übernahm sie auch „eine implizit öffentliche Aufgabe, ohne sich dabei als subventionierter Auftragnehmer zu kompromittieren", schrieb der frühere dpa-Auslandschef Heinz-Rudolf Othmerding in einer Analyse zum Thema „Public diplomacy". Später kamen Dienste in Spanisch, Französisch (1975 wieder eingestellt) und Arabisch hinzu. Ein Experiment mit einem türkischen Dienst 2009 scheiterte an mangelndem Interesse in beiden Ländern.

Keine Subventionen für dpa

Wichtig für dpa war stets, dass der Inhalt der fremdsprachigen Dienste trotz eines unleugbar indirekt politischen Aspekts — der Präsenz von Nachrichten aus Deutschland und aus einem deutschen Blickwinkel — stets nur journalistischen Qualitätskriterien unterlag. Denn deutsche Perspektive bedeutete keineswegs, mit den Meldungen deutsche Positionen — sei es von der Regierung, der Wirtschaft oder der öffentlichen Meinung — zu vertreten, sondern lediglich, Themen aufzugreifen, die in Deutschland von hoher Bedeutung sind. Damit werden Leser in aller Welt mit deutschen Sichtweisen und Problemen — beispielsweise über Themen wie Einwanderung, Investitionspolitik oder Sterbehilfe — vertraut.

„Auch die deutsche Wirtschaft und die Bundesregierung waren am Aufbau eines deutschen Nachrichtendienstes interessiert, weil es zu den informatorischen Notwendigkeiten einer Welthandel treibenden Nation gehört, im Ausland kontinuierlich Nachrichten zu verbreiten", schrieb der Medienexperte Hansjoachim Höhne schon 1977 im Blick auf die Bedeutung der dpa-Auslandsdienste.[14]

Für dpa sind die Auslandsdienste nicht nur eine Einnahmequelle (heute sind die Dienste alle in den schwarzen Zahlen), sondern sie nutzen auch die weltweite Berichterstattung für die deutschsprachigen Dienste. Denn von der Arbeit der Büros und der Journalisten, die auf Spanisch, Arabisch oder Englisch schreiben, profitieren alle dpa-Dienste.

dpa macht keine PR für Deutschland

Unabhängig davon, ob CDU/CSU, FDP, SPD oder Bündnis 90/Die Grünen die jeweiligen Bundesregierungen bildeten, gab es jahrzehntelang einen parteiübergreifenden Konsens bezüglich der Bedeutung der dpa-Auslandsdienste für die Präsenz Deutschlands in ausländischen Medien. „Die dpa betonte stets den finanziellen und publizistischen Nutzen der Auslandsaktivitäten, die Bundesregierung versuchte stets, die politische Bedeutung der Auslandsdienste für das Ansehen Deutschlands im Ausland zu unterstreichen", schreibt Othmerding.

Probleme entstanden, als 1997 ein neuer Vertrag zwischen dpa und dem Bundespresseamt (BPA) unterzeichnet wurde, der klarer als bisher formulieren sollte, welche Leistungen dpa zu erbringen habe. Der Geburtsfehler sei die unterschiedliche Interpretation des Vertrags von beiden Seiten gewesen, schrieb Othmerding. dpa betrachtete die Staatsgelder als relativ kleinen, aber wichtigen Beitrag zum Ausbau und Erhalt des teuren Netzes von Auslandskorrespondenten und der kostenintensiven fremdsprachigen Dienste.

Für dpa waren die Nachrichten aus und über Deutschland natürlicher Bestandteil der verschiedenen Nachrichtendienste. In den Ministerien der Regierung gab es offenbar die Vorstellung, dpa werde gezielt und nachweislich für ihre fremdsprachige Berichterstattung aus Deutschland werben und letztendlich auch eine art von PR-Aufgabe für die Regierung erfüllen. Es gelang damals kaum, die Diplomaten im AA davon zu überzeugen, dass die Glaubwürdigkeit der dpa auch im Ausland entscheidend von einer strikt journalistisch geprägten Nachrichtenauswahl abhängt. Schon allein der Anschein einer PR für Deutschland in dpa-Diensten hätte eine massiv kontraproduktive Wirkung.

Aber die Unzufriedenheit des Amtes war unübersehbar. Bei Gesprächen über eine Vertragsverlängerung 2006 wurde der dpa vorgeworfen, ungerechtfertigte „Subventionen" zu erwarten. Mühsam wurde zwar nochmal ein „Liefervertrag" ausgehandelt, aber schon Ende 2009 gekündigt. Inzwischen hatte der Bundesrechnungshof die angeblich mangelnde Leistung der dpa beanstandet.

PR-Agentur schlägt dpa

Das Auswärtige Amt schrieb daraufhin im Februar 2011 europaweit den Auftrag für die Belieferung des AA und die Verbreitung von Nachrichten aus Deutschland in fremdsprachigen Diensten aus. „Ein Dokument des Wahnsinns, das den Bankrott jedes ernstzunehmenden medienpolitischen Anspruchs des Auswärtigen Amts unterstreicht.", meinte seufzend Othmerding, es sei verfasst worden ohne jede Kenntnis, wie Medien funktionieren. Zur großen Überraschung der dpa erhielt dapd den Zuschlag, Zweiter in der Konkurrenz wurde eine PR-Agentur ohne jeden journalistischen Hintergrund, erst danach folgte dpa.

Diese Entscheidung focht dpa vor Gericht an. Sie begründete das mit der Tatsache, dass dapd seine internationale Berichterstattung vor allem mit dem „Übersetzen von Texten der größten Nachrichtenagentur in den USA bestreitet". Zudem sei es unmöglich, mit dem Preisangebot von dapd die erforderlichen Strukturen für die Produktion fremdsprachiger Agenturdienste zu schaffen. dapd hatte versprochen, Dienste in acht Sprachen zu liefern.

Die dpa-Klage wurde vom Oberlandesgericht Düsseldorf am 22. Mai 2012 zurückgewiesen. Die bessere Qualität des dpa-Angebots könne den Preisvorteil des Wettbewerbers nicht aufwiegen, begründete das Gericht das Urteil. Das AA habe zu Recht nach wirtschaftlichen Erwägungen gehandelt. Sowohl die Politik des Außenministeriums als auch das Gerichtsurteil waren schmerzlich. Der ehemalige dpa-Aufsichtsratsvorsitzende Röthemeier kritisierte heftig die nach seiner Ansicht wenig sinnige Entscheidung des Ministeriums. Allerdings gehe die Ignoranz der Politik gegenüber der Rolle einer unabhängigen, nationalen Agentur viel weiter. „Wenn es um die gesellschaftliche und politische Bedeutung der dpa geht, versagt die politische Elite in diesem Land", meinte er.

Auch der Medienstaatsekretär in Nordrhein-Westfalen, Marc Jan Eumann (SPD), zeigte sich völlig verständnislos und sprach von einer „marktliberalen Fehlentscheidung" und einer „kurzsichtigen Politik" des AA. Der Auftrag an dapd, das kein eigenes Auslandsnetz habe, sei genauso abwegig, als wenn künftig die Amerika-Institute beauftragt würden, die Pflege des Deutschlandbilds im Ausland zu übernehmen, nur weil sie das billiger machten als die Goethe-Institute.[15]

Die Konkurrenz zwischen dpa und dapd war stets auch von juristischen Auseinandersetzungen begleitet. Das begann schon bei der Fusion von AP und ddp, als das Kartellamt einer Anfrage von dpa folgend die Rechtmäßigkeit des Zusammenschlusses prüfen ließ — die dann nicht beanstandet wurde. Nachdem es sowohl in Zeitungen als auch im politischen Alltag mehrfach zu Verwechslungen der Kürzel „dpa" und „dapd" gekommen war, wollte die dpa vor Gericht wegen Verletzung ihrer „Marken- und Kennzeichenrechte" eine Namensänderung der dapd erzwingen. Das allerdings scheiterte.

Dumping-Vorwürfe an AFP

dapd lag auch mit der französischen AFP in einem heftigen Clinch. Vor dem Berliner Landgericht setzte AFP schon im Oktober 2010 eine Unterlassungsklage gegen dapd durch.[16] dapd-Manager und Chefredakteur Cord Dreyer hatte in einem Interview kritisiert, dass AFP aufgrund von Staatssubventionen „mit so niedrigen Preisen im Markt unterwegs ist, dass es schon fast egal ist, ob die Kunden haben oder nicht." Diesen Vorwurf des Dumpings wollte sich AFP nicht gefallen lassen und war vor Gericht erfolgreich.

Zudem reichte dapd bei der EU-Kommission in Brüssel eine Kartellbeschwerde wegen der AFP-Finanzierung ein. Staatliche Gelder in Höhe von 100 Millionen Euro für AFP jedes Jahr bedeuteten eine massive und wettbewerbswidrige Subvention und Marktbeeinflussung. (Die dapd-Initiative führte dazu, dass in Frankreich eine neue gesetzliche Grundlage für das Verhältnis des Staates zu AFP geschaffen wurde. Die Zahlungen an AFP gelten nun als Kostenübernahme für die Erfüllung von Aufgaben für das Gemeinwohl.)

Per einstweiliger Verfügung untersagte im Januar 2012 das Landgericht Berlin der dapd zu behaupten, die AFP „habe sich, um die Gehälter ihrer Mitarbeiter für den Monat Januar 2012 zu zahlen, Geld bei einer deutschen Tochtergesellschaft geliehen". AFP-Präsident Emmanuel Hoog in Paris war empört: dapd habe den eigenen Dienst dazu missbraucht, eine „nachweislich unwahre Behauptung als Meldung" zu verbreiten, nur um das Ansehen von AFP öffentlich zu beschädigen.

Daraufhin beschuldigte Vorderwülbecke AFP, dapd mit „Drohungen und Klagen" einschüchtern zu wollen.[17] „Es ist eine Tolldreistigkeit, wie diese französische Firma, die von einem ehemaligen Staatsbeamten geleitet wird, versucht, in Deutschland die Pressefreiheit einzuschränken und den Wettbewerb durch staatlich subventionierte Berichterstattung zu untergraben."

Schlammschlacht

Nicht nur das Fachblatt *Werben&Verkaufen*[18] sprach von einer „Schlammschlacht" zwischen dapd und den anderen Agenturen. Spekuliert wurde oft über die Motive der Investoren Löw und Vorderwülbecke, die nicht gerade dafür bekannt waren, aus philanthropischen Gründen Millionen zu investieren. „Wollen sie nur Rendite aus dem eigentlich mageren Nachrichtenalltag pressen? Oder wollen die Aufsteiger, denen sonst so glamourfreie Unternehmen wie Pit-Stop und Adler-Mode gehören, ein wenig gesellschaftliches Renommee einfahren?", fragte der *Spiegel* im Februar 2010.[19]

„Sie hatten eine durchsichtige Agenda. dapd konnte sich für andere Geschäfte als hilfreich erweisen, zudem glaubte man, sich am politischen Entscheidungsprozess beteiligen zu können", meinte der frühere Vorsitzende des dpa-Aufsichtsrats, Karlheinz Röthemeier.

Zu den Spekulationen über ihre Absichten trugen die beiden zutiefst katholisch geprägten Unternehmer aber auch selbst bei. Denn ihre Äußerungen waren widersprüchlich.

Profite oder Dienst am Gemeinwesen?

Vorderwülbecke hatte sein dapd-Engagement gegenüber der *Süddeutschen Zeitung* damit begründet, dass „man mal der Gemeinschaft etwas zurückgeben müsse, wenn man in den Himmel kommen wolle.[20] Dagegen meinte Löw wenig später: „Es ist ja nicht so, dass dapd eine karikative Veranstaltung wäre und für uns so eine Art Hobby wie für andere Pferdezüchten.[21] Ziel sei es ohne Zweifel, profitabel zu werden. Drei Monate zuvor hatte auch er noch der Zeitschrift *Euro* gesagt: „Wir betrachten es als Dienst am Gemeinwesen, eine zweite Vollagentur neben dem Konkurrenten dpa zu unterhalten, auch wenn wir damit kein Geld verdienen wollen."[22]

Das Konzept von Löw und Vorderwülbecke, einen hochwertigen Nachrichtendienst deutlich billiger als dpa anzubieten, stieß bei den Medienmachern naturgemäß auf viel Interesse. Wer bekommt nicht gerne etwas zum halben Preis? Allerdings unterschätzten die Unternehmer die Eigenheiten der Medienbranche, den Stil und die Gepflogenheiten. „Ich schätze es nicht, wenn jemand Mitbewerber schlechtmacht", berichtete der Chefredakteur von *ARD-Aktuell*, Kai Gniffke, der *Taz*.[23] Vorderwülbecke sei „schon reichlich breitbeinig" aufgetreten, so der *ARD*-Journalist. Bei einem Autoverkäufer seien schlechte Manieren egal, da komme es auf den guten Preis an. „In unserer Branche leben wir aber von Vertrauen und Glaubwürdigkeit. Das strahlten die beiden Investoren nicht unbedingt aus." Das Fachmedium *Text-Intern* schrieb, dapd habe die „Allüren eines Halbstarken".[24]

Im Sommer 2012 tauchte in Medienkreisen ein sogenanntes „Dossier" über die angeblichen Ziele der Medienaktivitäten von Löw und Vor-

derwülbecke auf. Bis auf einige Fachmedien fand es keinerlei Erwähnung. Das 30-seitige Papier war zwar für Verschwörungstheoretiker
ein gefundenes Fressen. Aber es demonstriert eine beachtliche Qualität der politischen Kultur in Deutschland, dass die haarsträubenden
Behauptungen über das Privatleben der dapd-Eigner, über angebliche
Seilschaften zwischen Parteien, Kirchen und Medien von niemandem
aufgegriffen wurden.

Bei dpa glaubten manche, das Papier sei vielleicht eine Falle für dpa
gewesen. Hätte es auch nur den Hauch eines Versuchs gegeben, das
ominöse „Material" zu verwenden, hätte es — sicher zu Recht —
ein medienpolitisches Fiasko für dpa nach sich gezogen. Allerdings
bestand da keine Gefahr — die dpa-Führung ignorierte das diffamie-
rende Papier ohne Quellen und Absender.

3 dpa-Konzepte erregen Aufsehen

„Im Nachhinein betrachtet könnte man sogar sagen, es hätte uns gar nichts Besseres passieren können als diese aggressive, oft unseriöse Herausforderung durch dapd. Wir mussten alles auf den Prüfstand stellen. Wir haben unsere Effizienz erhöht, Strukturen und Technik verbessert, enorme Anstrengungen unternommen, um mit noch besserer Qualität und Innovation den Markt zu überzeugen. Und schließlich haben viele in der Branche und insbesondere unsere Kunden deutlich gespürt, was für eine große Bedeutung eine wirklich unabhängige Nachrichtenagentur für die deutsche Medienlandschaft hat. Nicht zuletzt hat es die Mitarbeiter von dpa zusätzlich motiviert und zusammengeschweißt.“

Michael Segbers, Vorsitzender der dpa-Geschäftsführung

Als dapd in Deutschland antrat, um dpa zu verdrängen, endete fast zeitgleich die Ära des Chefredakteurs Wilm Herlyn bei dpa, der 19 Jahre lang die Redaktion geführt hatte. Sein Nachfolger Wolfgang Büchner, der von *Spiegel Online* kam, trat mit einem Elan seinen neuen Posten an, der bundesweit Aufsehen erregte. Schon in seiner Einarbeitungszeit (formal sechs Monate lang als stellvertretender Chefredakteur ab Juli 2009) stellte er wichtige Weichen für einen massiven Effizienz- und Qualitätsschub der dpa-Dienste.

Von großem Vorteil war, dass Büchner den öffentlichen Auftritt nicht nur mochte, sondern ihn auch perfekt beherrschte. Zudem erwies es sich für ihn als ein Glücksfall, Chefredakteur zu werden, als der in der Branche viel beachtete Umzug der dpa-Redaktionen aus dem Hamburger Altbau in den größten und modernsten Newsroom Deutschlands in Berlin erfolgte — beschlossen war der Umzug lange vor Büchners Amtsantritt. Die angemieteten Räume in der vierten Etage und insbesondere der Eingangsbereich des Bürohauses waren zwar wenig repräsentativ. Auch war das neue Mieterverhältnis der dpa zum Springer-Verlag, dem der Bau gehört, nicht unumstritten. Aber der spektakuläre Newsroom symbolisierte nach außen überzeugend den angestrebten „Aufbruch" und „die neue dpa".

Zweimal wurde Büchner vom Medium Magazin für seine Arbeit bei dpa als „Chefredakteur des Jahres" ausgezeichnet. 2010 begründete die Jury, bestehend aus 70 renommierten Journalisten und Medienexperten, ihre Entscheidung mit den „neuen Impulsen", die Büchner der dpa gegeben habe: „Er setzt Maßstäbe für Kommunikation und Transparenz, so beim offenen Umgang mit Fehlern. Er meisterte den Umzug in einen zukunftsweisenden Newsroom der größten deutschen Nachrichtenagentur. Dabei ist es ihm gelungen, das Team für seine Vorstellungen einer multimedialen, transparenten Agentur als Dienstleister zu motivieren."[25]

2012 erhielt Büchner den Preis erneut zugesprochen: „Er hat aus der dpa ein Unternehmen mit multimedialen Visionen und technologischen Innovationen gemacht, ohne den Markenkern anzutasten. Zugleich zeigte er beste Managerqualitäten, indem er den Dienstleistungsgedanken der Agentur nach innen wie außen neu definierte und sich als standfester und beharrlicher Kämpfer für Qualitätsjournalismus im Nachrichtensektor bewies. So hat er dpa fit gemacht auf einem hart umkämpften Markt und alte wie neue Kunden überzeugt".[26]

„Notizblock" und News-Portal für Kunden

Büchner bescherte der dpa einen erheblichen Modernisierungsschub. Eine der ersten Reformen veränderte über Nacht sämtliche Meldungen und Berichte der Agentur: mit der Einführung des „Notizblocks" erhielten die dpa-Kunden hinter jedem Artikel eine Menge nützlicher Informationen über Links, Kontaktnummern, Ansprechpartner, Webseiten, Ortsdaten und Autoren.

Büchner hatte vor seinem Amtsantritt getan, was wohl jede erstklassige Führungskraft macht, bevor sie in dem neuen Unternehmen loslegt. Er hatte sich — teilweise vor Ort, zum Beispiel in den USA — ausgiebig über die jüngsten Innovationen, Experimente und Trends in der Branche informiert. Der Agentur-erfahrene neue dpa-Chef hatte zudem den Vorteil, vom erfolgreichsten Digitalmedium Deutschlands, von *Spiegel Online* zu kommen.

So war es durchaus naheliegend, dass er bei dpa eine Webseite ins Leben rief, die wie *Spiegel Online* als ein Leitmedium funktionieren sollte. Allerdings, zugeschnitten auf den Dienstleister dpa, waren die Zielgruppe dieser Seite die dpa-Kundenredaktionen, nicht die breite Öffentlichkeit. Das dpa-Portal „dpa-news.de", das auch Pressestellen und Entscheidern aus Politik und Wirtschaft zugänglich ist, erwies sich vor allem als ein ungemein erfolgreiches Instrument für die Verzahnung der Agentur mit den Kunden.

Damit haben die Kundenredaktionen einen zuverlässigen Nachrichtennavigator: eine multimediale Startseite mit den aktuellen Top-Themen aus Deutschland und der Welt sowie eigene Seiten für die zwölf dpa-Landesdienste. Das Portal ermuntert auch zum Dialog mit dem dpa-newsdesk und gegebenenfalls mit dpa-Redaktionen oder Korrespondenten. Zudem eröffnet die Seite Redakteuren auf Kundenseite die Möglichkeit, Wünsche, Anregungen und Kritik zu äußern.

2015 nutzten bereits mehr als 1.000 Redakteure der verschiedensten Medien die Optionen von „dpa-news.de", täglich landen so viele Dutzend Fragen, Kommentare und Wünsche auf dem Tisch des dpa-newsdesks. Das mag für Außenstehende wenig klingen, ist es aber ganz und gar nicht. Denn die „User" des dpa-Portals sind in der Regel die Macher der Kundenredaktionen. Das soziale Mini-Netzwerk der dpa hat einen ganz erheblichen Einfluss auf die redaktionelle Arbeit vieler Medien.

2012 erhielt dpa news mit dem „Award for Excellence in News Agency Quality" die wichtigste Auszeichnung des Dachverbands der europäischen Nachrichtenagenturen EANA. Ähnlich wie das dpa-news-Portal dient auch die dpa-Agenda als ein Instrument für Transparenz und Dialog. Die Kunden in Medien, aber auch in Unternehmen, Verbänden und Institutionen finden in dieser Datenbank in der Regel 10000 Termine von Veranstaltungen, Pressekonferenzen, Jahrestagen und Wahlen aus Deutschland und der Welt. Die Ereignisse sind mit den entsprechenden dpa-Texten und -Fotos verlinkt.

Büchner hatte Erfolge – und Fortune

Büchner, der 2013 von dpa wegging und (für nur 15 Monate) Chefredakteur des *Spiegel* wurde, hinterließ bei den Mitarbeitern der Agentur gemischte Gefühle. An seinen Erfolgen in den Bereichen Digitalisierung und Kundennähe gab es nichts zu rütteln. Er erwarb sich mit innovativen Ideen große Verdienste für die dpa-Redaktionen. Viele waren beeindruckt von Büchners Gestaltungswillen und Entschlusskraft. Er hat dpa im redaktionellen Bereich mit modernisiert und hatte unbestritten Fortune – die dapd-Pleite und der Umzug in den neuen Newsroom gehörten sicher dazu.

Im Unterschied zu seinen Vorgängern und den meisten Redakteuren mit Führungsaufgaben bei dpa schien Büchner nicht die Agentur-typische, durchaus etwas emotionale dpa-Verbundenheit zu haben – was sein plötzlicher Weggang und die Rückkehr zum *Spiegel* zu bestätigen schienen. Ohnehin war vielen dpa-Redakteuren klar, dass Büchners große Fähigkeiten eher im Machen und Managen, weniger im Journalistischen lagen. Manche hatten auch erhebliche Probleme mit der Duz-Kultur, die Büchner mitbrachte: er bot allen jüngeren Kollegen pauschal das Du an und ermutigte die älteren Redakteure, ihm das Du anzubieten.

Das Ergebnis war, dass sich mehr oder minder alle — insbesondere in der Berliner Zentrale — gemüßigt fühlten, sich auch untereinander zu duzen. Damit aber wurden über viele Jahre gewachsene soziale und kommunikative Strukturen obsolet. Die Differenzierung zwischen Kollegen, mit denen man sich duzte, und anderen, mit denen es beim „Sie" blieb, verschwand. Für manche war das eine schmerzliche Modernisierung, auch wenn sie noch so „cool" und jung-dynamisch daherkam.

Agentur-Handwerkskasten geöffnet

Büchners Nachfolger, Sven Gösmann, setzte insbesondere die Politik der Verzahnung und Vernetzung mit den Kunden weiter fort, wie zum Beispiel mit dem wegen seiner Intensität als „weltweit einzigartiges Projekt" gerühmten „change your seat".[27] 2015 öffnete die dpa-Chefredaktion mit der neuen Online-Plattform dpa-Tools das interne Regelwerk („dpa-Kompass") für die dpa-Medienkunden.

In dieser Erweiterung des dpa news-Portals finden sich die Arbeits- und Rechtschreibregeln der dpa, die Leitlinien für die Gerichtsberichterstattung und Hintergrundmaterial aus dem dpa-Archiv. Offengelegt wurden auch die etwa 200 von dpa kuratierten Twitterlisten zu Themen wie den Nahost-Konflikt, Terrorismus und EU, aber auch zu Wissenschaft, der Fußball-Nationalmannschaft oder der Filmindustrie. „Als Gemeinschaftsredaktion der deutschen Medien teilen wir diese digitalen Werkzeuge sehr gerne mit unseren Kunden", sagte Gösmann und formulierte damit den Wunsch der dpa, möglichst unverzichtbarer Bestandteil der Informations-Medien zu sein.

Dafür legte Gösmann im Frühjahr 2015 ein Strategiepapier vor, das zu einer inhaltlichen Neuausrichtung bis 2017 führen sollte. Die Agentur soll sich demnach noch mehr „vom Nachrichtenlieferanten zum Journalismus-Dienstleister" wandeln. Ein Schlüsselwort des Papiers ist eine weiter wachsende Konvergenz der Arbeit verschiedener dpa-Redaktionen. Damit will Gösmann erreichen, dass die zunehmend multimedialen Angebote der Medien von dpa effizient beliefert werden. „Medienunternehmen, die nur einen Teil des Medienmix eines Konsumenten bedienen können, stellen sich selbst ins Abseits", so der Ex-Chefredakteur der *Rheinischen Post*.

Die Redaktionen sollen demnach einerseits mehr in „Informations-Atomen" denken, also auch schnellere, kleinteiligere Inhalte liefern, gleichzeitig den Kunden aber zu bestimmten Themen mehr Komplettpakete — also neben Texten und Fotos auch Videos, Grafiken, Audio und Social Media-Bits — anbieten. Schon im Herbst 2015 wollte dpa auch wieder die vor Jahren eingestellte Ganzseitenproduktion für Zeitungen starten.

4   Strategen siegen gegen Hasardeure

„Schlechte Argumente bekämpft man am besten,
indem man ihre Darlegung nicht stört."

Britischer Schauspieler Sir Alec Guinness[28]

Der 2. Oktober 2012, fast ein sonniger Spätsommertag, war für dpa ein denkwürdiger Tag. Ein Alptraum verschwand fast so plötzlich, wie er gekommen war. Der dapd meldete völlig überraschend beim Amtsgericht Berlin-Charlottenburg Insolvenz an.

Auch wenn es die dpa-Macher ungern zugaben: Sie wussten um die Verletzlichkeit der dpa, hätte dapd seinen Expansionskurs ungeachtet aller finanziellen Einbußen fortgesetzt. „Wenn wir weitere Kunden verloren hätten, wären wir zum Sparen gezwungen gewesen. Das wäre nicht ohne negative Folgen für die Dienste geblieben. Das wiederum hätte weitere Kündigungen nach sich gezogen. Uns drohte eine lebensgefährliche Abwärtsspirale", schilderte dpa-Chef Segbers das dpa-Menetekel an der Wand. „dapd hat den Fehler gemacht, nicht konsequent genug auf Qualität zu besserem Preis zu setzen und auf Diffamierung und Propaganda zu verzichten — denn dann hätten sie gegen dpa eine echte Chance gehabt", sagt auch Brandstätter.

Denn der dapd-Dienst war durchaus konkurrenzfähig. Schließlich hatte Dreyer neben den übernommenen Redakteuren des deutschen AP-Dienstes eine Reihe guter Profis eingestellt. Den Landesdiensten von dapd gelang es „immer wieder, uns mit interessanten Eigeninitiativen unter Druck zu setzen", sagte Homburger. Dagegen sei „die mit viel Tamtam gestartete Investigativ-Einheit ‚dapd sources' für aufwendige, exklusive Geschichten nur mäßig erfolgreich" gewesen.

Aber es gab schon dapd-Geschichten, die Aufsehen erregten, so im November 2011 die Rekonstruktion eines tödlichen Polizeischusses auf eine psychisch kranke Frau in Berlin. Der Versuch mit einem für Nachrichtenagenturen sehr ungewöhnlichen „Kommentardienst" wurde jedoch bald abgebrochen.

Als die Nachricht von der Insolvenz des dapd kam, hätte es bei dpa manchen Grund zu jubeln gegeben. Das allerdings verhinderten vor allem Geschäftsführung und Chefredaktion, die sofort im Haus deutlich machten, dass die Pleite einer Nachrichtenagentur und mithin der drohende Verlust von Hunderten Arbeitsplätzen kein Grund für überschäumende Freude sein dürfe.

„Kamikaze-Kurs" führt zum „Totalschaden"

Als am 2. Oktober 2012 Vorderwülbecke in der Berliner dapd-Zentrale der Belegschaft mitteilte, dass acht dapd-Gesellschaften in ein Insolvenzverfahren gehen, waren vor allem jene dapd-Redakteure fassungslos, die erst wenige Wochen vor der Insolvenz eingestellt worden und mit ihren Familien nach Berlin gezogen waren. Der Bundesvorsitzende des Deutschen Journalisten-Verbands (DJV), Michael Konken, sprach von einer „Katastrophe für die Redakteure und freien Journalisten von dapd"[29] DJV und die Deutsche Journalistinnen- und Journalisten-Union beschuldigten Löw und Vorderwülbecke, auf einen „Kamikaze-Kurs" gesetzt zu haben, „der schließlich zum Totalschaden geführt hat". Sie hätten versucht, „den Agenturmarkt mit Dumpingangeboten aufzumischen, dann vor der persönlichen Bruchlandung das Weite gesucht und die Beschäftigten ihrem Schicksal überlassen".

„Es war ein komischer Moment, als ich vom unerwarteten dapd-Ende hörte", berichtete dpa-Inlandschef Roland Freund. „Natürlich war es eine enorme Erleichterung." Freund erinnerte sich in dem Moment an seine „Hilflosigkeit bei Gesprächen mit den Kunden", wenn die erklärten, dapd zeige doch, dass man für die Hälfte des dpa-Preises einen Dienst anbieten könne.

Die Zahlungsunfähigkeit von dapd enthüllte schonungslos, dass genau das nicht möglich ist. Die Kosten für eine Nachrichtenagentur bieten wegen des notwendig hohen Personaleinsatzes kaum Spielraum für drastische Preissenkungen. Die dapd-Bosse hatten darüber jahrelang die Öffentlichkeit und die eigenen Mitarbeitern getäuscht. Sie berichteten von schwarzen Zahlen und Profiten — in Wirklichkeit mussten sie wohl monatlich eine Million Euro zuschießen. Experten schätzten, dass das dapd-Experiment die Investoren zwischen 50 und 60 Millionen Euro gekostet haben dürfte.

Löw und Vorderwülbecke allerdings beschuldigten dpa und die Medien, für ihre Pleite verantwortlich zu sein. Das *ZDF* beispielsweise zahle der dpa für ihre Dienste fünf Millionen Euro jährlich, der dapd nur ein Zehntel. Das *ZDF* dementierte energisch.

Die Insolvenz-erfahrenen Unternehmer wählten auch bei der Abwicklung der dapd ein Verfahren, das bei der Agentur und den zahlreichen Töchtern noch für viele Monate die Hoffnung schürte, es werde einen Neuanfang geben, eventuell ein neuer Investor gefunden. Es gab zahlreiche Verhandlungen, so auch mit der russischen Nachrichtenagentur RIA Novosti, aber im April 2013 kam dann das endgültige Aus.

AP und dpa finden zusammen

Für die seriöse amerikanische Agentur AP war aber spätestens bei den Vorgängen im Oktober 2012 klar, dass man mit solchen Partnern nicht mehr zusammenarbeiten wollte. Mitte November 2012 kündigte AP den Vertrag mit dapd über die Belieferung der Auslands- und Bilderdienste. Trotz anfänglicher Gegenwehr des Insolvenzverwalters verlor dapd damit das Herzstück der Agentur.

Für dpa eröffnete sich plötzlich die völlig unerwartete Möglichkeit, die AP-Dienste selbst zu verwenden und zu vertreiben. Segbers schrieb schon am Tag nach der dapd-Insolvenz eine kurze Mail an AP-Chef Gary Priutt: „Are you ready to talk?" Einen guten Monat später wurde ein Vertrag über eine langfristige Kooperation unterzeichnet.

„Die spannendsten Verhandlungen, die ich je erlebt habe", sagte Segbers nach Vertragsabschluss, der für dpa aus vielen Gründen ein echter Scoop war. Denn dpa ist seither der Vermarkter der Texte und Fotos der weltgrößten Agentur in Deutschland und Österreich, Partner einer Nachrichtenagentur, die jahrzehntelang der mit Abstand schärfste Konkurrent der dpa war.

Ein halbes Jahr später analysierte das *Manager Magazin* aufgrund interner dapd-Papiere die Firmenpleite als Folge von „Missmanagement".[30] dapd habe weder eine „betriebswirtschaftliche Steuerung" noch ein Controlling gekannt. Etwa 300 festangestellte Journalisten verloren bei dapd-Pleiten ihren Job, bei den allermeisten wurden weder Kündigungsfristen eingehalten noch Abfindungen bezahlt.

Sprachliche Missgeschicke und andere Flops im dpa Alltag

„Es singen Alter Nierend, Anna Tomowa-Sintow und Jessye Norman." (Meldung über die Meldung über die Berliner Philharmoniker,12.10.1986)

In einer Meldung über die Unesco-Angaben von einer Milliarde Menschen, die nicht lesen und schreiben können, wird dreimal „Analphabetentum" falsch geschrieben: „Analphatentum","Analphetismus" und „Analphabtentum". (3.9.1990)

„Fast 200.000 Jung-Olympionieten aus Nordrhein-Westfalen nahmen im vergangenen Schuljahr 1990/91 an dem Wettbewerb teil."
(29.11.1991)

„Mit zwei ‚Kartoffeltagen' will Mecklenburg-Vormittag in diesem Jahr die Hamburger auf den Geschmack an der Knolle aus dem Nordosten bringen." (26.9.2000)

„Unter den Siegern waren trockene Riesling-Spätlesen von der Mosel und aus Rheinhessen sowie zwei Eisweine und eine Bärenauslese." (18.2.2003)

„BGH: Katholische Kirsche hat kein Monopol auf das Wort ‚katholisch'." (22.2.2005)

„Bruchhagen sagt, er habe nicht von einer „Currywurst-Veranstaltung" gesprochen, sondern von einem ‚Pyrrhus-Sieg'." (Berichtigung einer dpa-Meldung über den Vorstandschef von Eintracht Frankfurt, 1.5.2006)

„Baden-Württemberger am gesündesten – mehr psychische Krankheiten." (6.4.2009)

„Die Indios pflanzen offensichtlich Mais an und ernten Bananen." (8.8. 2011)

„Als die Polizei ihn entdeckte, sei er derartig erschöpft gewesen, dass er nicht mehr stehen konnte, berichtete der zuständige Vize-Sheriff Ray Gardner. ‚In meinem ganzen Leben habe ich noch niemanden derartig ausgemerkelt gesehen', sagte Gardner."
(6.8.2012)

„Das stark giftige Kreuzkraut breitet sich derzeit in Bayern immer weiter aus und bedroht neben Bio-Bauern auch Pferde." (17.9.2012)

„Damals war der Zugführer durch einen Schlag mit einer Eisenstange schwer verletzt worden, er starb sieben Jahre später an Blutkrebs und konnte nie wieder arbeiten."
(30.12.2013)

„Die Hälfte des Gepäcks sollte in der Mitte der Box verstaut werden, jeweils ein Drittel davor und dahinter, so der ARCD." (16.6.2014)

„Mitorganisiert wird die Gedenkfeier auch von der Tochter der Familie, die vor 26 Jahren in den Flammen umgekommen war." (29.12.2014)

„Neue Ausrüstungspanne bei der Bundeswehr: Ein Teil der Gefechtshelme muss wegen einer mangelhaften Schraube zur Befestigung am Kopf aus dem Verkehr gezogen werden." (30.5.2015)

V Der erbitterte Kampf um Aufmerksamkeit und Wahrheit

„Man muß das Wahre immer wiederholen, weil auch der Irrtum um uns
her immer wieder gepredigt wird und zwar nicht von einzelnen, son-
dern von der Masse, in Zeitungen und Enzyklopädien, auf Schulen und
Universitäten. Überall ist der Irrtum obenauf, und es ist ihm wohl und
behaglich im Gefühl der Majorität, die auf seiner Seite ist."

Johann Wolfgang von Goethe[1]

Wir leben in einer großartigen, wunderbaren Welt. Und sie wird immer besser. Wir könnten sehr stolz auf die Entwicklung der Zivilisation über Jahrtausende und die Errungenschaften der Moderne sein. Wie wohl das deutsche Universalgenie Johann Wolfgang von Goethe reagieren würde, könnte er heute unsere Welt sehen? Müsste er nicht völlig fassungslos und überwältigt sein vom Bild seiner Geburtsstadt Frankfurt, vom Leben im modernen Deutschland? Würde er noch sagen: „Die Reihe von wirklichen Erfindungen ist gering, besonders, wenn man sie durch ein paar Jahrhunderte im Zusammenhang betrachtet. Das meiste, was getrieben wird, ist doch nur die Wiederholung von dem, was dieser oder jener berühmte Vorgänger gesagt hat."[2]

Vielleicht wäre es nicht einmal in erster Linie der technische Fortschritt, der den größten deutschen Dichter sprachlos machen würde, nicht nur die Triumphe der Medizin, die Industrie, der Verkehr, die Eroberung des Weltalls oder die Digitalisierung und Vernetzung der Welt. Auch der politische, soziale und kulturelle Fortschritt müsste ihm tief beeindrucken.

Nie war es in Europa friedlicher, nie gab es weniger Kriege. Die Größe und die Pracht der Metropolen, die Schönheit und der Luxus unzähliger kleiner Orte, die Sicherheit der Bürger, der Überfluss an Gütern, das Verschwinden von Massenelend, die Sozialsysteme für Behinderte und Arme, die unglaubliche Vielfalt von Theatern und Opernhäusern, Festspielen und Konzerten, die Phänomene von Freizeit und Urlaub, die unzähligen Universitäten und Forschungseinrichtungen und nicht zuletzt die Freiheit des Geistes und die Emanzipation der Frauen — zumindest Letzteres hätte sich der Frauenliebling Goethe wohl nie träumen lassen.[3]

Selbst wenn sein Blick die ganze Welt erfassen würde, müsste er tief beeindruckt sein. Denn obwohl der Globus nun schon sieben Milliarden Bewohner verkraften muss, dominieren positive Entwicklungen. Der Wohlstand steigt fast überall. Die Armut ist seit 1950 nach einer Einschätzung der UN stärker zurückgegangen als in den 500 Jahren davor. Die Kindersterblichkeit sinkt weltweit, die Lebenserwartung steigt und steigt. Inzwischen können vier von fünf Menschen lesen und schreiben. 1980 gab es laut der Weltbank noch zwei Milliarden Menschen, die von weniger als 1,25 US-Dollar (nach heutigem Wert) pro Tag lebten, heute ist es noch etwa die Hälfte.

So schwärmend würde zumindest der Gesundheitsexperte Hans Gösta Rosling dem Gast aus dem 18. Jahrhundert unsere Welt beschreiben, ist doch der Schwede einer der modernen Apologeten einer positiven Weltsicht.[4] Für den Professor für Gesundheitspolitik ist die Tatsache, dass immerhin fünf Milliarden Menschen inzwischen nicht mehr mit Hunger und Elend ringen müssen, ein enormer historischer Fortschritt. Die Welt wird auch nach Ansicht seines Mitarbeiters und Sohnes Ola Rosling von der Öffentlichkeit viel zu negativ wahrgenommen: „Es ist offenbar einfach viel cooler, ein negativer, skeptischer Typ zu sein. Bad news sells.“

Alles wird besser

Viele Indizien und Statistiken künden vom allgemeinen zivilisatorischen Fortschritt und scheinen zu belegen, dass die Welt immer besser wird. Der britische Journalist Simon Kuper trug im Sommer 2015 Statistiken über längere Zeiträume hinweg zusammen. Sie offenbarten Überraschendes. Demnach verlieren selbst die ganz großen Plagen der Menschheit in vielen, insbesondere natürlich den wohlhabenden Teilen der Welt, an Schrecken.[5] Beispielsweise nehmen in vielen Regionen Gewaltkriminalität und Zahl der Drogensüchtigen deutlich ab.

In den EU-Ländern sinkt demnach die Verbrechenskurve seit 2003 kontinuierlich. Gleichzeitig hat der Alkoholkonsum abgenommen. Selbst in Metropolen des Verbrechens wie New York oder Rio de Janeiro hat sich die Situation über die Jahre deutlich entschärft. In Sao Paulo ging demnach die Mordrate zwischen 2000 und 2012 um 80 Prozent zurück. In den USA war die Mordrate 2014 so niedrig wie zuletzt 1962.

Solche Einzeldaten ließen sich noch lange fortführen. Sie alle scheinen die Theorie des Soziologen Norbert Eilas zu bestätigen, der (ausgerechnet) 1939 in seinem Werk „Über den Prozeß der Zivilisation" den Rückgang der mörderischen Gewalt seit dem 10. Jahrhundert nachzuweisen versuchte. Der deutsch-jüdische Wissenschaftler erklärte diesen Prozess vereinfacht beschrieben mit der wachsenden ökonomischen Abhängigkeit der Menschen untereinander, der zunehmenden Kontrolle des Staates und der erhöhten Verinnerlichung von Sitten und Regeln einer Gesellschaft.[6]

Schon die Philosophen Auguste Comte (1798 – 1957) oder Georg Wilhelm Friedrich Hegel (1770 – 1831) glaubten daran, dass der Mensch mit der zunehmenden Zivilisation moralischer und vernünftiger werde. „Die Weltgeschichte ist der Fortschritt im Bewusstsein der Freiheit", so Hegel.[7]

Es gibt viele, denen solche Sichtweisen die Zornesröte in das Gesicht treiben. Denn Elend, Gewalt und Krankheit gehören keineswegs der Vergangenheit an. Fast seuchenartig haben in den Industriestaaten die psychischen Erkrankungen zugenommen. In den Rotlichtvierteln der Metropolen bieten viele Millionen Frauen und Mädchen ihren Körper an. Viele Prostituierte sind fast wie Leibeigene brutaler Männer, die sie oft genug auch misshandeln. Die Gefängnisse vieler Länder sind, voll — allein in den USA befinden sich mehr als zwei Millionen Menschen in Haft.

In Dutzenden von Staaten werden Gefangene regelmäßig gefoltert. Mehr als zehn Millionen Menschen leben laut *Amnesty International* aus politischen Gründen hinter Gittern. Islamistische Terrororganisationen wie Boko Haram, Islamischer Staat (IS) oder Al Kaida bedrohen die halbe Welt, dominieren schon weite Landstriche.

Mehrere hunderttausend Mädchen in Afrika — und inzwischen auch Tausende in Europa — werden aus religiös-kulturellen Gründen jährlich genital verstümmelt. Laut UN leben vor allem in Afrika und Asien noch Millionen Menschen in verschiedenen Formen von Sklaverei. Tausende Kinder werden jährlich getötet, Millionen andere misshandelt und missbraucht.[8]

Auf der ganzen Welt begehen jährlich über eine Million Menschen Suizid. Unfälle im Straßenverkehr kosten mehr als einer Million Menschen das Leben, von den unzähligen Schwerverletzten ganz zu schweigen. Dem Terrorismus fallen zahlenmäßig „nur" Zehntausende von Menschen zum Opfer, aber die einschüchternde Wirkung auf Millionen verängstigter Bürger in den Krisenregionen ist verheerend.

Droht doch die Apokalypse?

Wissenschaftler warnen vor einer Klimakatastrophe. Ungeachtet des fachlichen Streits über die Ursachen und Wirkungen, fürchten viele eine schreckliche Zukunft. Denn die Meere sind voll giftiger Abfälle, sind vermüllt und überfischt. Zunehmende Wasserknappheit bedroht viele Regionen. Die extrem hohe Geburtenrate in Afrika stellt jeden Fortschritt in Frage. Mehr als 800 Millionen Menschen hungern noch immer.[9] Nicht nur der britische Naturwissenschaftler Stephen Emmot (Cambridge) sieht unseren Planeten unrettbar verloren. „We're fucked", meint er drastisch. Spätestens wenn auf der Erde „zehn Milliarden Menschen" leben (so auch der Titel von Emmots Theaterstück und Buch), treibe die Menschheit der Apokalypse entgegen.[10]

Natürlich wäre Goethe im Anblick dieses Nebeneinanders von Chaos und Ordnung, Fortschritt und Elend, nicht sprachlos. Er würde sich vermutlich selbst zitieren: „Laß die Menschheit dauern, so lange sie will, es wird ihr nie an Hindernissen fehlen, die ihr zu schaffen machen, und nie an allerlei Not, damit sie ihre Kräfte entwickele. Klüger und einsichtiger wird sie werden, aber besser, glücklicher und tatkräftiger nicht."

Journalisten haben weder Goethes Genie noch seine Sprachgewalt. Jeden Tag aber müssen sie eine Wirklichkeit vermitteln, die aus Millionen schillernder Mosaiksteinen besteht. Sie spiegeln facettenreich eine hochkomplexe Realität voller Konflikte, widersprüchlicher Entwicklungen und zahlloser Sichtweisen.

Gute, professionelle Journalisten sind wahre Meister in der Beherrschung dieser überwältigenden, stürmischen Informationsfluten, sind nüchterne Experten bei der Einschätzung von Quellen und Daten, sensible Schiedsrichter bei Regelverstößen und Manipulationsversuchen, kreative Didakten bei der verständlichen Darstellung komplexer Zusammenhänge. Sie preisen keine gute Welt, sie klagen nicht über eine schlechte Welt, sie propagieren nicht und sie verdammen nicht. Zumindest gilt all das für die seriöse Berichterstattung in Wort und Bild.

Medien sind Bindemittel einer Gesellschaft

Die Standards des Journalismus sollen garantieren, dass unsere Welt so objektiv wie möglich dargestellt und erklärt wird. Ein bunter, vielfältiger Strauß von Medien mit solchen Prinzipien konstituiert damit in der Gesellschaft auch eine relativ ähnliche Wahrnehmung von Wirklichkeit und eine gemeinsame Wissensplattform. „Guter Journalismus informiert, orientiert und verbindet Menschen", so die simple, zutreffende Definition des Springer-Vorstandsvorsitzenden Mathias Döpfner.[11] Die Tagesschau der *ARD* galt einst sogar — vor dem Boom der privaten Sender — als Symbol eines kleinsten gemeinsamen Nenners der Gesellschaft, als das „Lagerfeuer der Nation".

Am ehesten haben heute neben Liveübertragungen spektakulärer Fußballspiele Unterhaltungssendungen wie die Traditions-Krimiserie „Tatort" oder das Quizspiel „Wer wird Millionär" eine ähnliche Publikumsresonanz. Journalistische Formate waren noch nie wirkliche Massenprogramme, heute aber schrumpfen auch die an Nachrichten interessierten Minderheiten. Die immer noch meistgesehene Nachrichtensendung in Deutschland, die Tagesschau um 20 Uhr, hat im Jahresdurchschnitt noch jeden Abend etwa fünf Millionen Zuschauer. Vor 25 Jahren waren es noch fast doppelt so viel.

Es scheint, als ob Nüchternheit und Sachlichkeit einen zunehmend schweren Stand haben gegen Meldungen und Beiträge, die heiter oder ironisierend, wertend oder auch diffamierend, in jedem Fall aber unterhaltend sind. Dafür kann man kaum die Medien selbst verantwortlich machen. Das Publikum konnte schon immer entscheiden, welche Eintrittskarte es sich kauft — über die Qualität und Klasse eines Theaterstücks oder eines Films sagte der Verkaufserfolg noch nie etwas.

Leider sind Informationen über Politik und Gesellschaft nur selten heiter und unterhaltsam. Früher war es das Privileg der Boulevardpresse und später einiger privaten Sender, mit „Infotainment" den Spagat zwischen Information und Unterhaltung zu versuchen. Heute ist davon kaum noch ein Medium unberührt. Für echte Informations-Medien und Nachrichtenformate ist „Infotainment" aber keine Option — ganz bestimmt nicht für die zentralen Dienste einer Nachrichtenagentur.

Dennoch gibt es angesichts der Medienkrise eher unausgesprochen die Erwartungshaltung an den Journalismus, dass er umfassend informieren und gleichzeitig irgendwie attraktiv bleiben soll. Dabei driften in unserer zunehmend heterogenen Gesellschaft, noch intensiviert durch die neuen digitalen Optionen, die Publikumsinteressen immer weiter auseinander. „Gerade erleben wir in Echtzeit, wie eine Gesellschaft die Fundamente ihres Weltbilds ändert", schrieb der frühere F.A.Z.-Herausgeber Schirrmacher.[12]

Die Wahrnehmung der Menschen von der Welt verändert sich: „Zum ersten Mal seit der Aufklärung leben wir in einer Zeit, in der man sich Gesellschaften in Städten und selbst Ländern vorstellen kann, die ohne irgendeine allgemein akzeptierte oder nachweisbare Form von Wahrheit leben", meint der britische Ex-Chefredakteur des *Guardian*, Alan Rusbridger.[13] Die wachsende Fragmentierung der Gesellschaft impliziert auch den Verlust an Gemeinsamkeiten im Wissen und in Sichtweisen.

„Es gibt keine gemeinsamen Medien mehr"

Auch die Medien selbst — mit ihrer wachsenden Diversifikation und der Ansprache immer kleinerer Zielgruppen — verstärken die Tendenzen der gesellschaftlichen Zersplitterung. „Zu welcher Generation man gehört, hängt heute davon ab, in welcher Informationskultur man aufgewachsen ist. Es gibt keine gemeinsamen Medien mehr", schreibt der Medienwissenschaftler Norbert Bolz.[14] Damit schwindet natürlich die traditionelle Bindungsfähigkeit der Massenmedien, die immer weniger zur gesellschaftlichen Stabilität beitragen können. Letztendlich droht eine neue Qualität von Heterogenität der Gesellschaft.

Die Medien können versuchen, die Daseinsberechtigung des professionellen Journalismus jeden Tag aufs Neue mit Qualität, Kreativität und Anpassung an die Konsumgewohnheiten der digitalen Zeit zu belegen. Die Nachrichtenredakteure unserer Medien müssen sich dabei mit ihren Leistungen, ihrem ständigen Bemühen, Kompliziertes verständlich zu machen und zu erklären, keineswegs verstecken. Nach wie vor gelingt den Redaktionen sehr oft die qualitativ hochwertige Reduktion der komplexen Entwicklungen und Ereignisse in unserer globalisierten Welt. Die Branche würde sich allerdings heftig überheben, sollte sie glauben, die politische und gesellschaftliche Entwicklung bezüglich der Allgemeinbildung und des Informationshungers.

Eine adäquate Wahrnehmung der politischen und gesellschaftlichen Wirklichkeit quer durch alle Schichten und auf unterschiedlichem Niveau ist ohne professionellen Journalismus nicht vorstellbar. Deshalb ist Journalismus weit mehr ist als nur der Job einer Berufsgruppe. Ohne professionellen Journalismus allerdings und glaubwürdige Medien fehlt ein entscheidendes Bindeglied zwischen Bürgern und Demokratie, zwischen Individuum und Gesellschaft. Diesen gesellschaftlich lebensnotwendigen Kitt zu erhalten, kann keineswegs nur Aufgabe der Medien selbst sein.

1 Die Wahrnehmung der Wirklichkeit

„Massenmedien sind die Wirklichkeitsindustrie moderner Gesellschaften."

Norbert Bolz[15]

„Was wir über unsere Gesellschaft, ja über die Welt, in der wir leben, wissen, wissen wir durch die Massenmedien."

Niklas Luhmann[16]

Anfang Juli 2015 meldete die amerikanische Satire-Website *The Onion*, dass Washington Israel neue Kurzstreckenraketen schicken werde. Damit sollte vor allem Israels Ministerpräsident Benjamin Netanjahu beruhigt werden, der zornig über den Atom-Vertrag des Westens mit dem Iran sei. „Bibi wird immer etwas angesäuert, wenn er uns mit den Iranern reden sieht, aber ein paar Dutzend Boden-Boden-Raketen muntern ihn schon auf", zitierte das erfolgreiche Satireblatt den fiktiven Sprecher des US-Außenministeriums, „Daniel Goldmann".

Die israelische Zeitung *Haaretz* nun berichtete am folgenden Tag ohne irgendeine Quelle, aber in sehr ähnlicher Diktion wie *The Onion*, dass „nach dem Iran-Deal" Präsident Obama Israel Rüstungslieferungen anbieten werde. Wenige Tage später gestand *Haaretz*, dass das amerikanische Satireblatt die Geschichte ans Licht gebracht habe — bevor sie überhaupt Realität geworden war.

Schon öfters hatte *The Onion* die Nachrichtenwelt hereinlegen können, einmal mit der Meldung, Nordkoreas Diktator Kim Jong-un sei zum „Sexiest Man of the World" gewählt worden, oder dass laut Umfragen die Mehrheit der Amerikaner lieber mit (dem damaligen iranischen Präsidenten) Mahmud Ahmadinedschad als mit Barack Obama ein Bier trinken gehen würden. Im Unterschied zu diesen beiden „news" entpuppte sich die mit den Raketenlieferungen an Israel als schlichte Wahrheit.

Denn Tage später schickte Obama seinen Verteidigungsminister Aston Carter nach Jerusalem, um Netanjahu massive Waffenlieferungen anzubieten. Was dieser allerdings empört zurückwies, denn andernfalls könne das ja als Zustimmung zu dem Abkommen mit Teheran gewertet werden. „Wenn die glaubwürdigste Nachrichtenquelle über dein Land *The Onion* ist, weißt du, dass du im Schlammassel steckst", kommentierte die *Haaretz*.

Die Nähe von Witz und Wirklichkeit, Satire und Nachrichten bekommt in unserer Zeit eine neue Dimension. Denn Satire nimmt nicht nur zuweilen sogar Ereignisse vorweg, Satire wird zunehmend ein wichtiger Teil der Wahrnehmung von der Welt und konkurriert im Grunde ungewollt mit seriösen Informationsquellen.

Millionen Amerikaner informieren sich seit Jahren in erster Linie bei Jon Stewart über die Ereignisse in ihrem Land und in der Welt. 17 Jahre lang — bis zum Sommer 2015 — galt der Fernsehmoderator und ehemaliger Stand-up-Comedian als einer der einflussreichsten Männer Amerikas, fast als eine moralische Instanz. Staatsmänner gaben sich bei ihm die Klinke in die Hand. Angefangen von US-Präsident Obama und dem britischen Premierminister Tony Blair bis hin zu Pakistans Staatschef Pervez Musharraf oder Jordaniens König Abdullah II ließen sich viele Spitzenpolitiker vom Superstar der politischen Comedy im New Yorker TV-Studio in die Zange nehmen.

Endlos die Zahl anderer Politiker wie Hillary Clinton, Henry Kissinger oder Donald Rumsfeld, von Wirtschaftsbossen wie Jeff Bezos (Amazon), Richard Branson (Virgin) und Bill Gates (Microsoft), von Hollywood-

Jon Stewart mit US-Politikerin Hillary Clinton

und Popstars wie George Clooney, Clint Eastwood, Meryl Streep, Bruce Springsteen oder Ringo Starr. Sie alle kamen zur „Daily Show", wohlwissend, dass dort Stewart mit beißendem Spott und zuweilen tückischer Ironie über aktuelle Konflikte und Skandale plaudern wollte.

Stewart blieb zwar selbst bei den von ihm heftig attackierten Protagonisten der zweiten Bush-Präsidentschaft oder des rechts-populistischen Fox-Senders höflich und respektvoll. Allerdings waren seine Fragen und bissig-humorigen Reaktionen keineswegs so harmlos wie der Promi-Plausch bei Late-Night-Show-Moderatoren wie David Lettermann oder Jay Leno.

Stewart stellte auch Journalisten und Medien gerne an den schmerzhaften Comedy-Pranger. Nach dem Banken- und Immobiliencrash im September 2008 hämmerte er einige Wochen später auf den *CNBC*-Kultmoderator James Cramer ein. Dieser, wie die meisten seiner Kollegen, hatte täglich sendungsbewusst und selbstgewiss Analysen und Prognosen für Wirtschaft und Börse abgegeben. Kein Wort aber gab es bei den populären Wirtschaftsgurus über die gewaltigen Risiken beispielsweise durch die damalige US-Immobilienblase.

Die „Daily Show", die Stewart im Sommer 2015 verließ, muss als Glücksfall für die politische Kultur in den USA angesehen werden. Denn trotz zahlloser Nachrichtensender und erstklassiger Zeitungen scheint die große Mehrheit der Amerikaner — insbesondere junge Menschen — politisch noch weniger interessiert und informiert zu sein als beispielsweise in Deutschland. Indizien dafür sind Wahlbeteiligung, Medienkonsum und die Tatsache, dass außerhalb von Bildungsoasen wie Washington, New York oder Boston nicht viele Amerikaner etwas über Europa, China oder Nahost wissen.

Satire wird zur Nachrichtenquelle

Stewart nimmt für seine „fake news"-Sendung (aus dem Englischen übersetzt „gefälschte Nachrichten") aktuelle Nachrichten als Rohmaterial für satirische Reflexionen, gezielt absurde Politikerinterviews oder groteske Berichte von „Korrespondenten" der „Daily Show". Damit aber werden die Beiträge der Satiresendung zur — höchst unterhaltsamen — Nachrichtenquelle für viele.

Untersuchungen des Pew Research Centers in Washington und der Universität von Pennsylvania zeigen, dass seit vielen Jahren Sendungen wie die „Daily Show", der „Colbert Report" (mit Stephen Colbert) oder John Olivers „Last Week Tonight" junge Zuschauer offensichtlich erfolgreicher und besser über komplexe Themen (wie beispielsweise Wahlkampffinanzierung) informieren als die traditionellen, oft sehr aufwändigen Nachrichtensendungen der US-Sender.[17]

Stewarts enormer Erfolg und Einfluss — für die es in Deutschland mit der „Heute-Show" und „Die Anstalt" ansatzweise Parallelen gibt — symbolisiert eine für den Journalismus bedrohliche Entwicklung. Die wachsende Orientierung vor allem junger Menschen bei den politischen Themen an satirischen Sendungen und neuerdings auch an den höchst erfolgreichen Satire-Webseiten wie *The Onion* oder *Der Postillon* (Deutschland) scheint eng verknüpft mit Krisen und Problemen der traditionellen Medien.

Das wachsende Desinteresse am seriösen Journalismus lässt sich seit einigen Jahrzehnten an vielen Entwicklungen ablesen — vor allem an den Bemühungen der Medien, diesem Trend zu trotzen. Denn schon lange müssen die meisten Tageszeitungen, die politischen Magazine oder die Nachrichtensendungen im Fernsehen mit erheblichen Einbußen beim Publikum fertig werden. Die meisten Medien begannen deshalb schon in den 80er Jahren, sowohl bei der Themenwahl als auch bei Sprache und Präsentation immer mehr Rücksicht auf die erkennbare Lust der Menschen an Unterhaltung, Sensationen und Bildern zu nehmen. Die Probleme der Medien sind eng verknüpft mit dem Kampf um Aufmerksamkeit, der in unserer reiz- und informationsüberfluteten Gesellschaft immer dominanter und aufdringlicher wird. Aufmerksamkeit ist zur „Währung unserer Zeit" geworden, wie schon in den 90er Jahren der Stadtplaner und Philosoph Georg Franck analysierte.[18] Rare Güter seien nicht mehr Neuigkeiten, sondern die Kapazitäten zu seiner Realisierung, schrieb Franck. Eine tosende Welt produziere immer mehr Stress und Hektik, denen sich der Mensch nur durch Selektion und Verzicht entziehen könne.

Kampf um Aufmerksamkeit immer wichtiger

Ein Blick auf die Facebook-Seiten von Kindern und Jugendlichen belegt, dass im privaten Raum schon früh der Kampf um Aufmerksamkeit mit dem Wunsch nach Zuwendung verknüpft ist. Das Leben im Internet gehöre heute bei jungen Menschen zu ihrer Lebenswirklichkeit und werde als „Ich-Maschine" und „Aufmerksamkeitsgenerator" genutzt, schreibt Dennis Sand.[19]

„Noch nie huldigten die Menschen im Kollektiv mit solcher Hingabe ihrer Anziehungskraft auf fremde Aufmerksamkeit wie in den heute reichsten und höchst zivilisierten Gesellschaften", betont Franck. „Die Sorge, dass die andern ja auch einen wahrnehmen, wird zum tragenden Lebensgefühl und zur herrschenden Lebensangst in der Wohlstandsgesellschaft." Für die Eliten bedeute das, dass es nicht mehr genüge, „nur reich zu sein, man muss auch prominent sein".

In den Medien spiegelt sich laut Franck der Kampf um Aufmerksamkeit — in der Jagd nach Auflage und Quote — am deutlichsten wider. Die Fernsehbranche entwickelte schon früh ein ganzes Instrumentarium, um sich regelmäßig ein genaues Bild von den Seh- und Konsumgewohnheiten der Zuschauer zu machen. Dazu gehören neben der permanenten Beobachtung und Auswertung von Einschaltquoten auch zahllose psychologische Untersuchungs- und Messverfahren, Test- und Panelgruppen.

Das Ergebnis stark vereinfacht: Unterhaltung und Kommerzialisierung dominieren große Teile des Programms der privaten, teilweise aber auch der öffentlich-rechtlichen Sender. Sendungen mit anspruchsvollem Journalismus garantieren erfahrungsgemäß kaum gute Quoten. „Der zappende Zuschauer, der ein Programm jederzeit vom Sessel aus

wegdrücken kann, verhält sich vielfach wie ein Kind auf dem Jahrmarkt: Wenn es nebenan greller blinkt und lauter knallt, zieht er weiter", formulierte es Kulturstaatsministerin Monika Grütters.[20]

Die Zeitungen begannen vor etwa 30 Jahren mit einer intensiven Leserforschung, wie etwa dem „Readerscan", die bis heute immer genauer die Wünsche, Interessen und das konkrete Leseverhalten der Zeitungsleser misst. Wachsende Bedeutung hatte die Differenzierung nach Zielgruppen wie Kinder, Jugendlichen oder Frauen. „Redaktio-

Nichts ist im Netz so erfolgreich wie Katzenbilder und -videos

© picture all./Westend61 / Ulrike Schanz

nelles Marketing" zog in die Verlage ein, um eine optimale Attraktivität der Zeitung für Leser und Werbekunden zu schaffen.

Kult um Klicks

Die digitale Revolution bescherte auch hier einen radikalen Wandel. Neue zentrale Messlatte für erfolgreichen Journalismus wurde der „Klick".

Schon bei den traditionellen Medien führte der verbissene Kampf um größtmögliche Beachtung zu einer Aufweichung der Standards bei Nachrichtenauswahl und Texten. Aber erst die Klickzahlen im Internet machten drastisch klar, dass es einen gravierenden Unterschied zwischen Aufmerksamkeits- und Nachrichtenwert gibt.

Pionier in Deutschland für einen besonders attraktiven Internet-Journalismus ist das Internet-Portal des *Spiegels*. *SPON* wurde zum deutschen Leitmedium im Internet, weil es innovativ, geschickt und professionell mit den technischen und inhaltlichen Instrumenten operierte, die eine möglichst hohe Aufmerksamkeit garantieren. Die Redaktion kann sich neben dem enormen Erfolg und dem „Grimme Online Awards" 2005 zu Gute halten, dass zahlreiche Medien nach wie vor versuchen, sich von ihrem Know-how etwas abzuschauen.

So auch die dpa: Seit 2012 gibt es bei allen nachrichtlichen Zusammenfassungen und größeren Berichten ähnlich wie bei *Spiegel Online* einen „Teaser". In der Regel sind das vier Zeilen zwischen Überschrift und Artikel, die mit knappen Formulierungen und Reizwörtern den Nachrichtenkern aufgreifen und zum Weiterlesen animieren sollen. Sehr beliebt wurden auch einleitende Vorschaltsätze bei nachrichtlichen Zusammenfassungen wie „Entsetzen in Paris ...", „Angela Merkel war überrascht ..." oder „Die 20.000 Zuschauer in der Festhalle wollten ihren Augen nicht trauen ...".

Fast alle dpa-Medienkunden begrüßten Teaser und Vorschaltsätze, wenngleich sie natürlich nicht mehr den alten konventionellen Agentur-Standards entsprachen. „Die Nachricht beginnt unweigerlich mit einem Satz, der den Kern und die Substanz eine Vorgangs enthält und diesen allen Beiwerks entkleiden soll, der verschleiernd, verwirrend und ablenkend wirkt", formulierte Ex-Chefredakteur Hans Benirschke 1977.[21]

Wenn Journalismus verführen soll ...

Verpönt sind bei dpa allerdings alle Übertreibungen: „Teaser schreiben sollte nicht mit hochjazzen oder überdrehen verwechselt werden", heißt es im dpa-Kompass. Ähnlich verfahren alle seriösen Häuser, wenngleich bei vielen, an sich ehrenwerten Medien zuweilen die journalistischen Sitten verlottern und in Teasern mit Übertreibungen kräftig Schaum geschlagen wird. Anreißer sollen zum Anklicken verführen — oft mit einem „Cliffhanger" verbunden, der den Leser mit einer Frage oder einer geheimnisvollen Formulierung neugierig auf die Fortsetzung machen soll. Denn „Klicks" sind die Währungseinheiten der Webwelt, sie zeigen Reichweiten, locken Werbekunden, geben Bedeutung.

„Klickbaiting" („Klick-Köder"), also Überschriften und Teaser, die, koste es an Wahrheitsgehalt was es wolle, auf möglichst viele User spekulieren, sind im Grunde nichts anderes als die sensationsheischenden Überschriften traditioneller Boulevardzeitungen. So wie früher Zeitungsjungen in den Boulevards von Berlin, Paris oder New York die Schlagzeilen schreiend um Käufer warben, so locken im Internet-Medien, Blogs und Plattformen mit Tierfilmen und Crime, Skandalen und Promi-News, Spielen, Umfragen und Listicles (Auflistungen wie die fünf Kardinalfehler von Angela Merkel oder die zehn Geheimnisse von gutem Sex).

Der Unterschied zwischen „Newsboy" und „Clickbaiting": Die Kundschaft unterscheidet sich um viele Millionen Menschen, die möglichen Einnahmen um viele Millionen Euro. „Wer die Instinkte bedient, gewinnt im generellen Kampf um Aufmerksamkeit. Und wer dann geschickt die Emotionen bedient, stellt die Aufmerksamkeit auf Dauer", schreibt der Soziologe Stefan Schulz.[22]

Die Hochachtung vor dem Leser

Immer massiver wird auch die Eitelkeit des Users und sein möglicher Wunsch nach Beteiligung angepeilt. Selbst seriöse Qualitätsmedien wie die Stuttgarter Nachrichten oder *Die Welt* ermöglichen Lesern — wie das in sozialen Netzwerken üblich ist — Berichte, Reportagen oder Kommentare zu mögen („liken") oder sie zu benoten. So gut wie alle Zeitungen offerieren den Lesern, online, zu kommentieren sowie die Artikel auf Facebook, Twitter oder anderen sozialen Netzwerken zu teilen.

Natürlich haben seriöse Medien mit ernsthaftem, politischen Themen bei der Reichweite („Traffic") kaum Chancen gegen so beliebte Web-Portale wie YouTube, Buzzfeed, Upworthy oder heftig.co. Es wäre allerdings auch unsinnig, für Informations-Medien dieselbe Messlatte wie die für diese Portale anzulegen. Denn Journalismus hat nur bei wenigen Reizthemen das Potential, so viel Aufmerksamkeit zu erregen wie die emotionalen, verführerischen und unterhaltsamen Themen.

Über allen Bemühungen, im Web viel Erfolg zu haben, schweben die machtvollen, entscheidenden Algorithmen von Google News und Facebook. Sie verstärken in der Regel den Effekt von vielen Klicks bei einem Beitrag, in dem er besonders prominent auf den Startseiten von Google News oder Facebook erscheint. Eine andere Form der Publizität journalistischer Beiträge gibt es auf sozialen Plattformen wie Reddit, einem Netzwerk zahlreicher Foren. Es scheint, als ob sich hier manches über die Informations- und Diskussionskultur der Zukunft erkennen lässt.

Bei diesem Aggregator verteilen sich die nutzergenerierten Inhalte, journalistischen Beiträge, Kommentare und Diskussione auf mehr als 100.000 thematisch unterschiedlichen Seiten und Gebieten („Subreddits"), deren jeweiliges Erscheinungsbild und jeweiligen Rangfolgen von den Bewertungen der Reddit-Community und den Themen-Moderatoren abhängen.

Reddit hat enormen Einfluss

Die populärsten Beiträge landen auf den verschiedenen Reddit-Startseiten. Die Plattform offeriert eine enorm große Bandbreite von Themen, die von Ballett, Bogenschießen, Charlie Chaplin, Lebensberatung („Bin ich ein kompletter Idiot?"), Aktienanalysen, Debatten über Rassismus, Aristoteles oder Angela Merkel bis hin zu Comics, Musik und Bildungsfragen reicht. Reddit dient vor allem dem Austausch und der Debatte von vielen Millionen Mitgliedern.

Beim populären Subreddit AMA („Ask me anything" — Frag mich irgendwas) haben schon mehrfach Prominente wie Barack Obama, Bill Gates oder Zach Braff (Star der TV-Serie „Scrubs") teilgenommen. Reddit-Mitglieder, deren Beiträge von der Community besonders positiv beurteilt werden, bekommen ein immer besseres „Karma", die Messlatte für die Reputation des Users.

Allerdings hat das Reddit-Konzept, dass die Freiheit der Nutzer als das höchste Gut preist, das Projekt in immer größere Turbulenzen geführt. Ein Skandal wurde, dass nach dem Bombenattentat in Boston am 15. März 2013 jemand den vermeintlichen Name eines Attentäters postete und eine Menschenjagd auf einen Unschuldigen begann. „Reddit ist wie ein wilder Garten. Du kannst Dinge pflanzen, du kannst gewisse Entwicklungen fördern oder hemmen", beschrieb der damalige Reddit-Geschäftsführer Erik Martin die Plattform.[23] Kontrollieren könne man das Netzwerk kaum, nur bei klaren Regelverletzungen — wie im Fall Boston mit der Nennung persönlicher Daten — eingreifen. Was aber erst nach vielen Stunden geschah.

Angesichts allerlei Manipulationen und einigen „Sub-Reddits" mit Hass-Seiten (beispielsweise gegen dicke Menschen) taumelte Reddit 2015 in eine Krise, die mit dem Abschied von Unternehmenschefin Ellen Pao ihren Höhepunkt fand. Welchen Einfluss Reddit allerdings hat, wird schon durch die Zahl der Seitenaufrufe deutlich. Sie beläuft sich seit 2011 nach Angaben des Unternehmens auf über eine Milliarde im Monat.[24]

Plattformen wie Rivva, Memetracker und vor allem 10000 Flies untersuchen seit Jahren das Verhalten und die Befindlichkeiten der Nutzer sozialer Netzwerke. Bei 10000 Flies finden sich rankings der am meisten „gelikten" Medien (im Juni 2015 vorne: *Bild*, *SPON*, *Heftig*, *Focus* und *RTL*). Besonders aufschlussreich sind die Hitlisten der Beiträge, die die meisten Likes, Shares und Kommentare bei Facebook, Verlinkungen innerhalb von Tweets bei Twitter und +1-Klicks bei Google bekommen. Ergebnis ist ein tägliches, wöchentliches und monatliches Ranking aller Themen, die die Communities der wichtigsten sozialen Plattformen bewegen, aufregen oder erfreuen. 10000 Flies rühmt sich, dass sie auch eine Übersicht über den Erfolg von Artikeln auf Nachrichten-Websites, in Fachmedien und Blogs geben. „So kann 10000 Flies im Gegensatz zu reinen Klickzahlen auch ein kleiner Gradmesser für Qualität sein", so das Unternehmen, das im Monat etwa 250.000 Beiträge veröffentlicht.

10000 Flies filtert nichts. Die Ergebnisse belegen, wie stark emotionale, meist unpolitische Themen dominieren. Im Internet verstärke sich der vorhandene Trend zu Boulevard und Emotionalisierung, betonte der Unternehmensgründer Jens Schröder.[25] Die fünf populärsten Beiträge der sozialen Plattformen 2014 beschäftigten sich laut 10000 Flies alle mit vermischten Themen wie „Sie wollten nicht, dass ihre Tochter neben diesem Mann sitzt. Sekunden später sind sie geschockt …"

(265.000 Likes) oder „Eine junge hübsche Frau sucht im Internet einen reichen Mann. Und der antwortet …“.

Lediglich der Titel „Beeren töten Krebs in Minuten“ hat zumindest einen pseudowissenschaftlichen Hintergrund. Unter den Top Ten 2014 finden sich aber auch Beiträge über „Menschenfeindlichkeit bei Pegida“ oder über Deutsche, die Flüchtlinge aufnehmen. Allen diesen Artikeln ist gemein, dass sie sich mehr durch klare politische Positionierung und viel Emotion denn durch journalistische Distanz auszeichnen.

Berichte über öffentliche Aufmerksamkeit haben Bedeutung

Für Rivva oder 10000 Flies spielen „listicles“, also Listen und Charts, eine entscheidende Rolle. Sie sind auch ein Symptom für eine neue, nicht unwichtige Form der Berichterstattung, bei der im Zentrum vor allem der Kampf um die Aufmerksamkeit als Seismograf für gesellschaftliche und politisch Strömungen und Entwicklungen steht. Sowohl Reddit als 10000 Flies bieten Medien und Journalisten wichtige, arbeitsrelevante Hinweise auf die öffentlich besonders beachteten Themen.

Diese Seismografen der Aufmerksamkeit können oft durchaus sinnvolle Bestandteile einer seriösen Berichterstattung sein – sehr viel wichtiger auf jeden Fall als jene ominösen Behauptungen mancher Medienberichte, in denen von einem „Sturm des Protests“, einer „Welle der Sympathie“ oder gar „Das sagt das Netz“ gesprochen wird, wenn mal ein paar tausend Tweets zu einem Thema abgesetzt oder Postings bei Facebook gelikt werden.

Chartbeat mächtiger als Herausgeber?

Die Orientierung an Klicks ist längst internalisiert und systematischer Teil des Redaktionslebens zahlreicher Medien. In wachsendem Maß müssen sich Texte und Bilder, Gestaltung und Inhalte jeweils einzeln in der Aufmerksamkeitsökonomie bewähren – sonst verschwinden sie von der Website oder werden in den Hintergrund gedrängt.

Anfang 2014 hatte Frank Schirrmacher der Schilderung des Soziologen Stefan Schulz zufolge sein Schlüsselerlebnis über modernes Redaktionsmarketing, als über die Web-Platzierung eines Textes in der F.A.Z.-Online-Redaktion ein innerredaktioneller Konflikt entbrannte. Schulz, der dabei war, spricht von der Verblüffung Schirrmachers über den offensichtlichen Kulturwandel in seinem eigenen Haus.

An diesem Tag habe Schirrmacher das erste Mal von der Macht der Software Chartbeat in der eigenen Online-Redaktion erfahren. Viele Redaktionen weltweit nutzen Chartbeat und andere, ähnliche Software wie Analytics, Webtrekk, Meetric und Optimizely.[26] Chartbeat ermöglicht Redaktionen, in Echtzeit das Leseverhalten der User auf den Webseiten zu verfolgen. Sie zeigt dem Redakteur, wie viele Menschen aus welchen Ländern gerade was lesen oder anschauen und wie lange sie das tun. Der 2009 gestartete Online-Dienst aus New York analysiert heute in zahlreiche Redaktionen das Leserverhalten. Zum einen fließen die Daten in Tabellen und Grafiken, zum anderen sind sie Handlungsgrundlage für die jeweils aktuellen Webseiten-Inhalte.

Redakteure sehen anhand farbiger Signale den Erfolg der verschiedenen Beiträge. Rot bedeutet, dass der Artikel oder das Video nicht gut ankommen, dann werden sie ersetzt. Mit dieser Methode bemüht man sich ständig um die bestmögliche Reichweite — denn nur die entscheidet über Erfolg und Einfluss, vor allem aber über die Attraktivität für Werbeträger.

Klick-Erfolge euphorisieren Journalisten

Schirrmacher habe, so Schulz, damals den Redakteuren des Feuilletons und von Online deutlich gemacht, dass die Herausgeber und nicht eine Software die Inhalte der Zeitung bestimmen. Es gibt gute Gründe zu glauben, dass in vielen Medienhäusern anders gedacht wird. Eine Studie des US-Instituts TOW verweist auf den problematischen „machtvollen Einfluss" von Chartbeat und anderen Systemen auf die Redaktionen. Journalisten reagierten sehr emotional, euphorisch und triumphierend in dem einen, demoralisiert und selbstzweifelnd im anderen Fall auf das Klick-Schicksal ihrer Geschichte.[27]

Journalisten werden nach Klicks bezahlt

Klick-Zahlen beeinflussen massiv die Inhalte der digitalen Auftritte auch seriöser Medien. Der Erfolg im Web wirkt sich aber auch auf den einzelnen Journalisten aus. Manche „Journalisten hängen an Klickzahlen wie Junkies an der Nadel", schrieb der *Rhein-Zeitungs*-Redakteur Lars Wienand.[28] Da Klick-Zahlen alleine zu wenig über Verweildauer und Leseintensität aussagen, werden inzwischen immer feinere Instrumente eingesetzt, um ganz genau zu erfahren, welche Wirkung bestimmte Beiträge, Inhalte, Reizwörter und Schreibformate haben.

Je stärker sich eine Redaktion an Klicks und „Page Impressions" (PR=-Seitenaufrufe) orientiert, desto mehr verzichtet sie auf die Prinzipien des seriösen Journalismus, der vor allem nach Relevanz und Neuigkeitswert fragt. Aber das Starren auf den Erfolg im Netz birgt auch Gefahren für die jeweilige Medienmarke. Manche Online-Seiten wirkten „wie eine reine Vervielfältigungs-Maschine von Inhalten", überall die gleichen Top-Themen, schrieb schon 2010 Medienexperte Stefan Niggemeier.[29]

Er zitiert den Digital-Chef des britischen Verlages *Trinity Mirror*, Matt Kelly: „Die Suche nach einer Fantastillion ‚Unique Users'... ist schuld daran, dass viele unserer Zeitungsableger der großen Markenkraft und des Wertes und Charakters beraubt wurden, die das, was wir machen, eigentlich von all den Aggregatoren und billigen, wertlosen Nachrichtenseiten da draußen unterscheiden. Solange wir nicht in den sauren Apfel beißen und uns aus diesem wahnsinnigen Nutzerwettrennen verabschieden und uns stattdessen darauf konzentrieren, engagierte, loyale Leserschaften zu bilden, werden wir weiter zusehen müssen, wie der Wert unserer Inhalten online abnimmt."

Die wachsende Bedeutung von Klicks und PI zeigt sich allerdings auch an der zunehmenden Zahl von Medien, die wie die US-Newssites *Gawker* und die Internet-Plattform von *Forbes* ihre Autoren nach der Resonanz ihrer Beiträge bezahlen. Der englische Publizist Nick Cohen lästerte, dass damit das Ergebnis vorgegeben war: Das letzte Mal, als er die Webseite von Gawker angeschaut habe, sei der Artikel „Was geschah mit dem Halb-Marathonläufer, der sich in die Hosen machte?" der populärste Beitrag.[30] Cohen glaubt, dass die erfolgsorientierte Honorierung zwangsläufig die Autoren zu skurrilen und sensationellen Inhalte und Überschriften verführt.

Der Druck, populäre Artikel zu schreiben, bewirkt im Wesentlichen das Zurückdrängen von allem, was komplizierter, widersprüchlicher oder vielschichtiger ist — also mithin die gesamte politische und gesellschaftliche Wirklichkeit. „Das System macht Journalisten zu Dieben und Lügnern", schimpft Cohen. Es wachse der Druck auf Autoren, im weltweiten Netz die abstrusesten Geschichten und Videos aufzugreifen, um damit eigene, verkaufsträchtige Stories anbieten zu können. Es sei wohl nur noch eine Frage der Zeit, bis Internet-Medien individuell auf Nutzer zugeschnittene, notfalls frei erfundene Geschichten anbieten, um sie zum Klicken zu bringen.

„Klickzahlen zeigen nicht, ob ein Artikel journalistischen Qualitätskriterien entspricht, sondern oft nur den grenzenlosen Voyerismus der Leser", schreibt die Medienkritikerin Sara Stulz.[31] Sie verweist auf den fragwürdigen viralen Erfolg von Gewaltbildern aller Art im Netz.

Informationselite und Unterhaltungsproletariat?

Die Gunst der Nutzer neigt sich nachweislich in ihrer Mehrheit überall zum Unterhaltsamen und Seichtem, zum (vermeintlich) Skandalösen und Sensationellen. Schließlich haben die Webseiten der großen Zeitungen im Internet ungefähr zehnmal so viele Leser wie die Druckausgaben. Stefan Schulz sieht darin erstaunlicherweise einen Glücksfall für die gedruckte Presse, die sich ohne den Erfolgsdruck im Digitalen auf seriöse Kriterien wie Relevanz und journalistische Qualität konzentrieren könne. Angesichts der schrumpfenden Auflagen der aktuellen Printmedien – und auch ihres schwindenden Einflusses im öffentlichen Meinungsbild – entsteht zwangsläufig eine gespaltene Medienlandschaft, vor allem aber die schon von vielen früher beschworene Unterteilung zwischen „Informationselite und Unterhaltungsproletariat".

Schon 2001 warnte der Politologe und Journalist Thomas Leif[32] vor dem „wuchernden Einfluss der Medien", die auf das wachsende „Desinteresse" der Gesellschaft an den zentralen politischen Fragen mit Verflachung und Entpolitisierung reagiere. „Es gibt als Antwort auf die zunehmende Komplexität einen stillen – nicht reflektierten – Konsens gegen das Anspruchsvolle, das Sperrige, das Komplexe." Seither hat sich diese Entwicklung dank des digitalen Bedeutungsgewinns mit rasanter Geschwindigkeit fortgesetzt.

Der ehemalige Bundespräsident Roman Herzog sprach bereits 1996 von der „Abflachungsspirale" in den Medien: „Kein Schwachsinn, keine Perversion, keine noch so abwegige Marotte, die nicht in extenso bunte Seiten und Bildschirme bevölkern würde … Diese unendliche, ausweglose, schleichende Banalisierung und Trivialisierung macht die Hirne kaputt."[33]

Bis vor wenigen Jahren richtete sich die Medienkritik vehement gegen manche Boulevardisierungs-Tendenzen in den Printmedien, vor allem aber gegen das Fernsehen. Inzwischen sind die digitalen Formate von YouTube-Stars, auf Clickbait spezialisierte Plattformen und die verzweifelten Bemühungen traditioneller Medien um moderne Digitalauftritte hinzugekommen. Ein Entkommen aus der Abwärtsspirale scheint fast aussichtslos.

Im Informations-„Bubble"

Einen gravierenden Einfluss bei der Wahrnehmung der Wirklichkeit haben die isolierenden Tendenzen der digitalen Medienvielfalt für den Einzelnen. Die drohende Entwicklung zu einer unzureichend, falsch oder einseitig informierten Gesellschaft kommt vor allem in der sogenannten „Informationsblase" (oder auch „Filterblase") zum Ausdruck, in der sich zunehmend mehr Menschen befinden. Dank der Algorithmen von Google und Facebook (die sich vor allem an der jeweilige „Such"-Geschichte und dem Klick-Verhalten ihrer Nutzer orientieren), der Auswahl der persönlichen Facebook-Freunde und der „gelikten" Blogs und Internetseiten werden personalisierte Informationsströme geschaffen.

Es entsteht eine „Blase", in der sich vor allem die Ansichten des Benutzers finden und spiegeln. Solche Bedürfnisse widersprechen fundamental dem Selbstverständnis seriöser Medien. „Ich habe den Eindruck, dass es bei vielen eine große Sehnsucht danach gibt, die eigenen Auffassungen bestätigt zu bekommen. Das können wir nicht liefern", betont der Rundfunkdirektor des *Hessischen Rundfunks* Heinz-Dieter Sommer.

Es gibt zwar eine wissenschaftliche Auseinandersetzung darüber, wie weitgehend und wirkungsvoll diese „Bubble" sind. Facebook ließ eigens eine Studie dazu anfertigen.[34] Die Wissenschaftler kamen bei der Auswertung der Daten von zehn Millionen Usern zu dem Ergebnis, dass, verkürzt formuliert, die politische Einstellung der Nutzer nur einen relativ kleinen Einfluss auf den persönlichen News-Feed hat, die Wirkung der selbstgewählten Facebook-Freunde dagegen einen sehr viel größeren.

Facebook sei demnach kaum so etwas wie eine „Echokammer" seiner Nutzer, so die Studie. Diese bekämen schon sehr unterschiedliche Beiträge zu sehen, klickten diese aber häufiger an, wenn sei die eigene Sicht bestätigten — was vermutlich nichts anders ist als die Entscheidung, welche Tageszeitung jemand abonniert, nämlich meist die, deren politische Grundhaltung einem am nächsten ist.

Zahlreiche Medienexperten kritisierten die Studie, auch weil sie sich nur auf Facebook-Nutzer stützt, die in ihrem Profil eine politische Orientierung angaben. Die Wissenschaftsjournalistin Eva Wolfangel[35] bezeichnete die Ergebnisse der Untersuchung als irreführend, weil sie die Wirkung von Facebook als Filterblase herunterspiele. „Welche Neuigkeiten ein Nutzer ganz oben angezeigt bekommt, entscheidet sich unter anderem danach, wie oft dieser Facebook besucht, wie intensiv er mit bestimmten Freunden interagiert und welche Links seines Newsfeed er in der Vergangenheit angeklickt hat. Neu ist lediglich die Erkenntnis, dass die Nutzer offenbar mehr Vielfalt präsentiert bekommen, als sie aufnehmen.“

Radikalisiert eine Informationsblase?

Die Autorin verwies auf andere Untersuchungen, die zeigten, dass viele Facebook-Nutzer gar nicht wissen, dass der Newsfeed von einem Algorithmus gesteuert wird. „Sie halten das, was sie sehen, für ein Abbild der Realität.“ Das könne zu einer „einseitigen Meinungsbildung bis hin zu Radikalisierung führen“.

Auch der Autor, der den Begriff der „Filterblase“[36] in die internationale Diskussion eingeführt hatte, Eli Pariser, war skeptisch. Der Einfluss von Facebook werde bei der Studie unterbewertet. Vor allem aber drohe die wahre Filterblase nicht bei der Wahl politisch konformer oder kontroverser Berichte, „sondern bei der Selektion zwischen Nachrichten und Katzenvideos“.[37] Fakt sei, dass nur 7 Prozent der auf Facebook angeklickten Links „Hard News“ (meint hier politische Berichte) seien.

„tl;dr“

Insbesondere das Medienkonsumverhalten junger Menschen verändert schon lange nachhaltig das Angebot digitaler Medien. „To long, didn't read“ (tl;dr)[38] war die flapsige Antwort der Digital Natives, der ersten Generation, die mit dem Internet aufwuchs, auf ellenlange Reportagen und Berichte. Inzwischen finden sich hinter zahlreichen seriösen journalistischen Beiträgen ein kurzes „tl;dr“ als eine durchaus selbstironische Hinleitung zu einer kurzen, knackigen Zusammenfassung.

2 Antworten auf Komplexität: Emotionalisierung und Skandalisierung

> *„Wir haben in Deutschland die besten, die unabhängigsten Medien der Welt. Wir haben eine Meinungsvielfalt, die es in der deutschen Geschichte noch nie gab."*
>
> *„Zwischen ‚vierter Gewalt' und ‚fieser Gewalt' liegt manchmal nur ein schmaler Grat."*
>
> Giovanni di Lorenzo[39]

Kurt Beck kann sich noch genau erinnern, wie hilflos er sich fühlte. Ganz Deutschland sprach von seiner angeblichen Forderung, die Steuern zu erhöhen. „Es waren aus dem Zusammenhang gerissene Bemerkungen über den grundsätzlich höheren Bedarf des Staates an Mitteln für Infrastruktur", erzählt der SPD-Politiker. Ostersamstag 2006 habe der *Spiegel* das zuvor geführte Gespräch mit Beck, damals Bundesvorsitzender seiner Partei, zu einer Vorab-Meldung verbreitet. Tenor: Die SPD, damals in einer großen Koalition mit der CDU/CSU, verlange Steuererhöhungen.

Er habe alles daran gesetzt, gegenüber den Medien die Aussagen zu erklären und zu relativieren, aber es sei vergeblich gewesen. „Ich habe das einfach nicht aus der Welt gekriegt", sagt Beck. In der Tat hatte auch dpa über die Steuerforderungen des damaligen Ministerpräsidenten von Rheinland-Pfalz berichtet, denn seine Worte schienen eindeutig: „Mit der aktuellen Steuerlastquote von unter 20 Prozent können wir die Republik nicht mehr zukunftsfähig gestalten ... Wir brauchen einfach mehr Mittel für Investitionen, sonst droht auch die bestehende Infrastruktur zu verfallen." Aber Beck hatte die Mehrwertsteuererhöhung begründen wollen, mehr nicht, aber seine Formulierungen waren ohne Erläuterungen missverständlich.

„Rudeljournalismus"

Als er sich später in einem Redaktionsgespräch beim *Spiegel* über die unfaire Art beschwerte, weil er sofort auf die von ihm gemeinten Zusammenhänge verwiesen hatte, habe er angeblich nur die Antwort erhalten: „Ich werde mir doch meine Geschichte nicht kaputtrecherchieren." Kein Redakteur des Magazins am Tisch habe damals reagiert, offensichtlich niemand an der Formulierung Anstoß genommen, wundert sich Beck noch Jahre später.

Der Sozialdemokrat spricht heute von einem „Rudeljournalismus", der vor allem in Berlin herrsche und das politische Leben sehr belaste. Der harte Konkurrenzkampf der Medien und der „Boulevardstil vor allem der elektronischen Medien" seien wesentlich dafür verantwortlich, dass es weniger Anstand und Vertraulichkeit gebe. „Drittklassige Journalisten finden es schick, Politiker lächerlich zu machen", sagt Beck. „Die Medien haben eine Mitschuld an der Verächtlichmachung der Politik."

Sein rheinland-pfälzischer Kollege Brüderle weiß ein Lied davon zu singen, wie zuweilen aus einer Mücke ein Elefant gemacht wird. Vermutlich ist selten ein Politiker aus einem geringeren Anlass in einen „Sexskandal" gerutscht als der liberale Pfälzer. Am Abend des 6. Januar 2012, beim Dreikönigstreffen der FDP in Stuttgart, hatte Brüderle am späten Abend und wohl nach ein paar Glas Wein an einer Hotelbar, an der mehrere Journalisten standen, der *Stern*-Journalistin Laura Himmelreich das anzügliche Kompliment gemacht: „Sie können ein Dirndl auch ausfüllen."

Über Geschmack und Stil kann man streiten, die Journalistin hätte ja auch mit einer etwas bissigen Bemerkung über Brüderles Phantasien antworten können. Stattdessen aber veröffentlichte der *Stern* ein ganzes Jahr später, im Bundestagswahljahr 2013, die Geschichte als Beleg für Brüderles „Dauererotisierung" und seine ständigen Schlüpfrigkeiten.

Sexismus-Vorwürfe aus politischem Kalkül?

Der Liberale, der sich trotz innerer Empörung damals nicht äußern wollte, um nicht noch mehr Öl ins Feuer der Skandalisierung zu schütten, wurde zum Gespött der Öffentlichkeit. Es entbrannte eine Sexismus-Debatte angeheizt von einer Twitter-Kampagne mit dem Hashtag #aufschrei. „Von hinten erschossen: Sexismus-Skandal ohne Sexismus?" hieß 2014 später eine Kapitelüberschrift in Brüderles Buch[40], als er über die Affäre berichtete und sie als miese politische Kampagne bezeichnete, die bestens in die Häme und den Hass der Medien gegenüber der FDP gepasst habe.

Der gemeinsame Nenner all jener, die sich als Opfer der Medien fühlen, ist der Vorwurf mangelnder Fairness. In Deutschland hat in den letzten Jahren eine ganze Reihe von Politikern ihre Dellen und Brüche in den Karrieren vor allem mit der Berichterstattung in den Medien begründet: beispielsweise die beiden ehemaligen Bundespräsidenten Horst Köhler und Christian Wulff, der CSU-Politiker Karl-Theodor zu Guttenberg, der ehemalige SPD-Spitzenkandidat Peer Steinbrück, Kurt Beck und Rainer Brüderle natürlich auch.

„Spitzenpolitiker müssen heute mehr Kritik und Demütigungen einstecken, als es jede andere Berufsgruppe vermutlich ertragen könnte; vor allem Strauchelnde werden oft erschreckend konformistisch abgekanzelt", sagt *Zeit*-Chefredakteur Giovanni di Lorenzo.[41] Kritischer Journalismus dürfe nicht zu einer „Marotte" verkommen, um Politiker „gegen den Strich zu bürsten und das Erregungspotential bis zum Äußersten auszureizen". Di Lorenzo warnt zu Recht vor „virtuellen Gerichten, einem Dreigestirn aus Medien, politischen Gegnern und Empörten im Netz". Das permanente Klima der Skandalisierung widerspreche auch dem wichtigen Prinzip der Verhältnismäßigkeit. Besonders deutlich ist das sicher im Fall Brüderle geworden.

© picture alliance / dpa

Rainer Brüderle im Januar 2013 mit Stern-Redakteurin Laura Himmelreich bei einer FDP-Wahlkampfveranstaltung

Als Opfer von Skandalisierung empfinden sich nicht nur Politiker. Auch der TV-Meteorologe Jörg Kachelmann beispielsweise, der vor Gericht von allen Vorwürfen (wie der Vergewaltigung) freigesprochen wurde, erhebt bittere Anklage gegen die Medien, weil ihre reißerische Berichterstattung seinem Ansehen dauerhaft schwer geschadet habe.

„Desinformation durch Information"

Skandalisierung ist nichts Neues, allerdings ist die Zunahme einer auf Affären und Skandale fixierten Berichterstattung in den Medien unübersehbar. Der FDP-Politiker Otto Graf Lambsdorff (1926–2009) sprach einmal von einem „Hinrichtungsjournalismus".[42] „Im deutschen Journalismus gibt es die Tendenz, Politiker in unverschämter Weise abzukanzeln", meint Prof. Kepplinger.[43]

Gabor Steingart sieht die Glaubwürdigkeit von Medien in Gefahr, wenn sie Politiker unfair behandeln und mit falschen Themen und Akzenten „Desinformation durch Information" betreiben. „Mit exzessiver Detailfreudigkeit werden Banalitäten und Beiläufigkeiten ausgebreitet, bis auch die letzten Petitessen – die privat genutzte Bundestagsbahnfahrkarte des Kanzlerkandidaten, das Bobbycar des Präsidentenpaares, eine Thekenplauderei des FDP-Fraktionsvorsitzenden, die sexuellen Frühphantasien des Daniel Cohn-Bendit – zur Staatsaffäre aufsteigen, um binnen kürzester Zeit im medialen Nichts zu verglühen."[44]

Schon 2001 hat der Mainzer Kommunikationswissenschaftler Hans Mathias Kepplinger (Universität Mainz) bei der Beschäftigung mit dem Phänomen der Skandalisierung einen erheblichen Grad von Irrationalität festgestellt.[45] Obwohl viele Missstände das Potential haben, werden sie erst zum Skandal und einem moralischem Thema, wenn bestimmte, wenig rational funktionierende Mechanismen in Medien und Politik ausgelöst werden.

Manche Schurkenstücke in der Politik werden demnach nie als Skandale wahrgenommen, hingegen manch ehrenwerte oder zumindest relativ harmlose politische Handlungen erfolgreich skandalisiert. Politiker, die im Zentrum eines Skandals stehen, haben laut Kepplinger wegen der Eigendynamik der medialen Wirklichkeit kaum Chancen gegen die Wucht der öffentlichen Empörung. Dabei spielt es keine große Rolle, ob und in welchem Ausmaß es sich um wirklich persönliches Fehlverhalten handelt.

Negativ-Spirale der Skandalisierung

Ganz unabhängig von der Parteipräferenz der Journalisten werden laut Kepplinger „negative Nachrichten geradezu zwanghaft in ein noch negativeren Kontext gebettet". Werde ein angeblicher Missstand oder Moralverstoß aufgedeckt, beginne ein Wettbewerb der Medien, möglichst schnell etwas anzubieten. Dann schreibe oft einer vom anderen ab. Diese „Ko-Orientierung" habe sich im Journalismus durch das Internet enorm beschleunigt und ausgeweitet. Innerhalb weniger Minuten können sich praktisch alle Journalisten im Netz informieren, was die anderen zum Hauptthema machen und wie sie es bewerten. „Dadurch entstehen kollektive Vorstellungen davon, was wichtig und richtig ist, und wer davon abweicht, gilt als realitätsblind oder unbelehrbar", so Kepplinger.[46] „Es wird relativ wenig eigenständig recherchiert, es wird sehr viel im Grunde nachgeahmt. Das führt zu einer ungeheuren Wirkungswelle."[47]

Journalisten im Alltag der Berichterstattung wissen um die gegenseitige Orientierung der Medien, ihrer „Selbstreferentialität". Vor allem Nachrichtenagenturen stehen hier doppelt unter Druck. Zum einen erhalten sie Vorabmeldungen oder Pressemitteilungen von Medien, die glauben, einen Skandal aufgedeckt zu haben und die auf die enorme Verteiler- und Verstärkerfunktion der Agentur hoffen. Zum anderen fragen Medienkunden, sobald sich eine Affäre abzeichnet, nach Bestätigungen, Material und Berichten.

Auch wenn wohl jeder dpa-Journalist das eherne Prinzip „Richtigkeit kommt vor Schnelligkeit" verinnerlicht hat, müssen im Alltag schwierige Entscheidungen getroffen werden. Insbesondere die großen, auf ihren Investigativ-Journalismus stolzen Medien wie Nachrichtenmagazine, überregionale Tageszeitungen und die politischen Magazine im Fernsehen liefern einen ständigen Strom von Vorabmeldungen mit nicht selten brisantem Inhalt.

Bei dpa gilt der Grundsatz, dass zunächst eine Stellungnahme des Betroffenen eingeholt wird, bevor eine Meldung über angebliche Steuervergehen, dunkle Flecken in der Karriere oder skandalöse Bemerkungen eines Politikers gesendet werden. Schwierig wird es, wenn alle Bemühungen scheitern, während die ersten Radiosender den Fall aufgreifen und die Kunden auf eine Berichterstattung drängen. Ähnlich ist es bei sensationellen Entwicklungen oder auch Todesfällen, von denen ein Medium berichtet, ansonsten aber Bestätigungen nicht einzuholen sind.

Nachrichtenagenturen sind heute gebrannte Kinder. Sie riskieren es oft, statt einer Meldung mit nur einer Quelle lieber eine „Achtungsnotiz", also eine Information nur an die Kundenredaktionen zu senden und eine rasche Klärung der Sachlage zu versprechen. „Es wird greller, bunter und härter, oft genug verbunden mit dem nachvollziehbaren Wunsch vieler Medien, die eigene Marke zu schärfen. Das kann dazu führen, dass zum Beispiel in Berlin manche immer weitere Scheite in ein eh schon völlig überhitztes Thema hineinwerfen, verbunden mit der Hoffnung, in der hellen Glut der Erregung mit einem besonders harten Hammer ihr Profil zu schmieden", beschreibt der dpa-USA-Büroleiter und ehemalige dpa-Politikchef Martin Bialecki die Skandalisierungsmechanismen.

Boulevardisierung fast aller Medien

Die spürbare Zunahme skandalisierender Berichte ist eine der Reaktionen auf die wachsende Konkurrenz zwischen den Medien und die Krise von Zeitungen und Zeitschriften. Hinzu kommen die Befürchtungen in der Branche, Opfer des Strukturwandels zu werden. Skandalisierung und die Zunahme völlig überzogener Überschriften und reißerischer Teaser sind Teil einer allgemeinen Boulevardisierung der seriösen Medien in der westlichen Welt. Mehr Unterhaltung und Spannung, leichter zu lesende Texte, Geschichten aus dem Leben der Stars und des Adels, emotional berührende Beiträge, Artikel über „sex und crime", Tiere und Kinder kennzeichnen diesen mächtigen Trend.

Er lässt sich auch bei den Nachrichtenagenturen deutlich erkennen, die den Anteil der „vermischten" Meldungen über die letzten zwei Jahrzehnte deutlich erhöht haben. dpa richtete 1999 eine eigene Redaktion „Vermischtes" ein. Zum einen sollte dem Bedarf an mehr Unterhaltung entsprochen werden, zum anderen weil die Berichterstattung über Wetter und Unglücke, Katastrophen und alle Arten nichtpolitischer Ereignisse (wie Gesundheit, Lifestyle, Verbrechen, Gesellschaftsskandale oder Verbraucherthemen) an Bedeutung gewonnen haben.

Der Zahl der Meldungen und Berichte aus dem Ressorts Vermischtes hat sich im dpa-Basisdienst seit 1990 mehr als verdoppelt. Der Anteil dieser Beiträge am Basisdienst beträgt inzwischen etwa 20 Prozent, 1990 waren es noch 14 Prozent. Ganz besonders beliebt sind Tierthemen, in Wort und Bild. 1995 gab es in den deutschen dpa-Diensten etwa 2300 Meldungen mit dem Stichwort „Tiere", 2014 bereits 6200.[48]

Selbst betont konservative Zeitungshäuser mussten auf diesen Trend reagieren. Völlig harmlos sind dabei alle Formen der modernen Visualisierung, angefangen von mehr und bunten Fotos oder von attraktiven Layouts. Sehr viel problematischer sind die Versuche in vielen Medien, möglichst alle Themen lesefreundlich aufzubereiten und sie deshalb beispielsweise zu personalisieren. Bei komplexen Sachthemen droht dann aber eine gefährliche Banalisierung und fast immer ein erheblicher Informationsverlust.

Kampfgetümmel spannender als politische Auseinandersetzungen

Die Übertragung von Metaphern und Begriffen aus Sport und Spiel auf die Politik ist ein anderes beliebtes Mittel, um Themen verständlicher und leichter konsumierbar zu machen. Allerdings geht bei der Darstellung von „Duellen" und Machtkämpfen zwischen Politikern der Blick auf die Sache oft verloren. „Kampfgetümmel sind spannender als das Ringen um Lösungen und Kompromisse", betont Bialecki. Aber nicht jede politische Auseinandersetzung sei ein Streit, „und wenn, ist denn Streit in einer Demokratie schlecht?".

Der Zug zum Unterhaltsamen macht weder vor den besten Medien noch den anspruchsvollsten Redaktionen halt. Der Medienwissenschaftler Stephan Russ-Mohl kritisierte schon 2004 die „Boulevardisierung" und „Ökonomisierung" des Feuilletons[49]. „Mit den Themenschwerpunkten Pop-, Kino-, Ess-, Trink- und Alltagskultur werden die Feuilletons zu Marketingplattformen", nämlich für Musik, Film, Bücher oder die Getränke- und Lebensmittelindustrie, schrieb der Wissenschaftler.

Das mag zwar sehr zugespitzt und polemisch sein. Aber was für die Qualitätsspitze der redaktionellen Pyramide, den Kulturteil, schon damals eine gewisse und unbestreitbare Gültigkeit hatte, hat heute auf allen anderen journalistischen Feldern mit noch größerer Vehemenz durchgeschlagen.

Der Vormarsch des Vermischten ist nach wie vor ein großes Thema in allen Redaktionen. Aber dieses Dilemma gehört zum schwierigen Alltag aller Informations-Medien mit einem hohen Anspruch. Den Bedürfnissen des Publikums (und bei einer Agentur den der Kundenredaktionen) entgegenzukommen, ohne Seriosität und Glaubwürdigkeit zu gefährden. Massiv spürbar ist der Druck der digitalen Welt, in der die Unterhaltung dominiert, selbst bei ernsten Themen eher die Aspekte des Miterleben und Mitfühlens in den Vordergrund zu rücken als sich um sachlich-differenzierter Darstellungen zu bemühen.

Korrespondenten in den USA fürchten die Wetterlagen

Im journalistischen Alltag treibt das manch seltsame Blüten. Auslandskorrespondenten in den USA fürchten zuweilen nichts mehr als neue Wetterfronten. Denn das Interesse des deutschen Publikums an Wirbelstürmen ist enorm. „Kollegen in Berlin erklären mir manchmal, nachdem sie ein paar Fernsehbilder gesehen haben, welche Dramatik ein Unwetter in den USA gerade hat, obwohl alle Informationen hier eine relativ harmlose Wetterlage beschreiben", klagte der ehemalige Washington-Büroleiter Peer Meinert. Das Wettergeschehen ist nur eines von vielen vermischten Themen in den USA, für die es in Deutschland eine ungewöhnlich große Neugier gibt.

Die Boulevardisierung hat Redaktionen aber auch zu manch positiven Veränderungen veranlasst. Um vor allem bei politischen und ökonomischen Themen die Leserfreundlichkeit zu erhöhen wurden bei dpa zahlreiche neue Formate gefunden wie Chronologie, Fragen und Antworten, Faktencheck, Infobox, Pro und Kontra, Stichwort, Zitat und sogar „listicles".

Boulevardisierung mit Augenmaß, Kreativität und Klugheit können viele Medien tatsächlich attraktiver und wettbewerbsfähiger machen. Die Gefahren liegen in der Nähe zum Unseriösen und zur Verletzung der journalistischen Standards. Denn der Zwang mit Sensationen, Emotionen und Skandalen Aufmerksamkeit zu erringen, im schlimmsten Fall auch noch in möglichst hoher Geschwindigkeit oder gar mit völlig frei erfundenen Geschichten, birgt gefährliche Tücken — bis hin zum Verlust der Glaubwürdigkeit eines Mediums. Diese liegt aber in der Hierarchie der Bedeutungen ganz weit oben.

Macht der Stars

Eine Begleiterscheinung der Boulevardisierung ist die wachsende Macht von Stars. Das gilt für das Show-Business genauso wie für den Sport. Hollywood-Idole wie Jennifer Aniston oder Popstars wie Madonna geben in der Regel zeitlich eng begrenzte Interviews, in denen sie vorschreiben, was gefragt werden darf. Verstöße werden mit Interviewabbruch oder völliger Verbannung aus Verteilern bestraft. Journalisten werden insbesondere bei den „Superstars" zu Bittstellern degradiert.

Besonders gravierend sind die Vorschriften für Fotografen bei Konzerten, denen genau vorgeschrieben wird, wie und was sie fotografieren dürfen. Schon mehrfach haben sich Pressefotografen — vor allem bei Showstars und bei Sportereignissen — solidarisiert und mit Protesten gegen Einengungen ihrer journalistischen Arbeit gewehrt.

Oft bieten Showstars und Politiker (wie die Präsidenten Obama und Putin) den Medien Bilder ihrer Hausfotografen an. Da sie mit den Motiven exklusiv sind, stehen die Redaktionen manchmal vor der Wahl „friss oder stirb", sagt seufzend der Chef der dpa Picture Alliance (pa), Andreas Genz. Natürlich werfen diese Aufnahmen vom Hofe der Mächtigen in der Regel ein besonders gutes Licht auf die Protagonisten. Zuweilen sind Nachrichtenagenturen auf solche Fotos angewiesen — auch wenn die dpa-Tochter pa täglich 30.000 Fotos angeboten bekommt, von denen etwa 1000 an die Kunden gehen. Exklusives aber sei nicht ersetzbar, so Genz.

Hinzu kommt, dass in allen Bereichen die Akteure ihre eigenen Kommunikationsformen mit Hilfe sozialer Plattformen oder von YouTube

Stars wie Helene Fischer bestimmen oft selbst die Spielregeln im Umgang mit Journalisten

immer intensiver nutzen. Katy Perry und Ashton Kutcher beispielsweise haben zig Millionen „follower" bei Twitter. Die digitale Revolution hat die frühere Abhängigkeit aller wichtigen Akteure in Politik, Wirtschaft, Kultur und Gesellschaft von den Medien als einzigen Kanal zur Öffentlichkeit drastisch reduziert.

Noch wäre es aber eine völlige Verkennung der Situation, wenn vor allem Politiker und Wirtschaftsbosse die nach wie vor enorme Macht der Medien unterschätzen würden. Zumindest bisher haben die meisten Medien kaum einen dramatischen Bedeutungsverlust verkraften müssen. Noch immer entscheiden die großen Zeitungen, Zeitschriften und Fernsehsender in der Regel über Gewichtung und Aufmerksamkeit von Themen und Personen. Ereignisse, Veranstaltungen und Reden erhalten ihre Relevanz meist erst dann, wenn sie von den Nachrichtenagenturen wahrgenommen und als wichtig gewertet werden. Es gilt noch immer: Agenturen adeln Nachrichten. Medien geben Orientierung.

3 Ausgedünnte Auslandsnetze: Wenige Reporter für Kriege und Krisen

„Journalisten und ihre wichtigen Berichte sind zunehmend durch die Angriffe von autoritäreren Regierungen, von Militanten, Kriminellen und Terroristen bedroht, die alle versuchen, mit Technologie, politischem Druck und Gewalt die globale Nachrichtenlage zu bestimmen."

US-Publizist Joel Simon, Columbia Universität[50]

Fast zwei Tage musste ich Anfang Oktober 1983, damals Nahost-Sonderkorrespondent, in einer lausigen Unterkunft in einem Kaff nahe des Jabal-Terbol-Massivs im Nordlibanon warten, bis mich Jassir Arafat schließlich empfing. Am Nachmittag eines wunderschönen, wolkenlosen und noch immer sehr warmen Herbsttages brachten mich El Fatah-Kämpfer in ihrem Jeep nach einer halbstündigen Fahrt zu einer kleinen, weiß gekalkten, flachen Häusergruppe an einem Berghang, nicht weit entfernt vom Palästinenserlager Nahr el Bared.

Der PLO-Chef empfing mich mit seinem bekannten, strahlenden Lächeln. Er bot mir in dem erfreulich kühlen Raum einen mit orientalisch-buntem Stoff bezogenen Sessel an und stellte sich, auf dem Sofa sitzend, umgeben von zwei Beratern, meinen Fragen. Es dauerte keine zwei Minuten, da funkelte mich Arafat mit seinen großen, dunklen Augen böse an und schrie „You have to leave, go, this interview is over, go!"

Ich hatte den PLO-Führer mit meiner zweiten Frage — nach dem abtrünnigen PLO-Oberst Said Moussa und einer möglichen Spaltung der Fatah — fürchterlich aufgebracht. Arafat sprach, sichtlich angewidert, erst auf Englisch von den „Verrätern an der palästinensischen Sache", dann fiel er ins Arabische, das ich nicht verstand, um mich dann auf Englisch wieder zornig aus dem Haus zu werfen. Als relativ junger Auslandskorrespondent war ich zunächst erschrocken, dachte dann aber in erster Linie daran, wie wohl mein Chef in Hamburg, Wolfgang Nölter, und die hausintern mächtigen, scharfzüngigen Chefs vom Dienst in der dpa-Zentrale auf meine Pleite mit Arafat reagieren würden.

Ich hatte mich draußen im Innenhof des Gebäudes von dem Schock, zumal inmitten ziemlich finster schauender, bewaffneter Fatah-Kämpfer, noch gar nicht erholt, als der Sprecher Arafats auf mich zukam. „Sie können wieder rein, aber stellen Sie keine dummen Fragen", sagte er — und ich durfte, doch ein wenig eingeschüchtert, das Interview fortsetzen.

Diese Geschichte stammt aus einer längst vergangenen Zeit — heute wäre sie vermutlich nie so passiert. Denn für westliche Auslandskorrespondenten ist es inzwischen sehr viel schwerer geworden, die politischen Führer der Konflikte alleine zu sprechen. In meinen Nahost-Jahren konnte ich relativ problemlos neben Arafat und anderen Chefs von Palästinenserorganisationen auch Israels damalige Führung, Staatspräsident Chaim Herzog, Premierminister Schimon Peres oder Verteidigungsminister Izchak Rabin exklusiv sprechen. Heute sind Spitzenpolitiker meist sehr viel abgeschotteter von der Presse als das früher der Fall war.

„Wir haben an Bedeutung verloren, das ist überall spürbar. Früher hatten wir viel leichter Zugang zu Politikern und Regierung, inzwischen gibt es mehr Distanz, wir sind weniger wichtig, weil es viele Wege in die Öffentlichkeit gibt", sagt der auslandserfahrene dpa-Korrespondent Peer Meinert, derzeit Büroleiter in London. Auch hausintern stünden Auslandskorrespondenten „in der informellen Hierarchie" nicht mehr so weit oben wie vor 20 oder 30 Jahren." Zudem gebe es deutlich mehr Vorgaben der Zentrale als früher.

„Wenn wir morgens ins Büro kommen, wissen die Redakteure der Zentrale schon alles Wesentliche aus der *New York Times*, der *Washington Post* oder von *CNN*", so Meinert. Zudem gebe es heute klare Vorstellungen, was das deutsche Publikum erwartet. „Zuweilen aber stimmen die Erwartungen nicht mit den Realitäten überein, und dann wird es schwierig wie beim deutschen Lieblingsthema Waffengesetze", berichtet der Korrespondent.

„Wenn immer es in den USA eine größere Schießerei mit vielen Toten gibt, gehen die Kollegen von einer erneuten Debatte über strengere Waffengesetze aus. Die gibt es natürlich auch auf einigen Web-Seiten oder in gesellschaftlichen Nischen. Aber eine echte, größere Debatte gibt es nicht. Das Thema ist völlig festgefahren. da gibt es nichts zu rütteln. Aber das sehen manche in Deutschland nicht gerne."

Zeitungen sind keine Quellen mehr

Die Anforderungen an Auslandskorrespondenten sind deutlich gewachsen, besonders drastisch spürbar in den USA, weil das Interesse in Deutschland besonders groß ist und alle Redakteure des Englischen mächtig sind: „Früher sind Korrespondenten für teures Geld nach New York oder Washington geschickt worden, wo sie uns dann die eine oder andere Reportage oder Analyse schickten, ansonsten aber oft nur anhand der Lektüre der Morgenzeitungen ihre Berichte zusammenbastelten", sagt dpa-Auslandschef Michael Ludewig nicht zu Unrecht. Mittlerweile wird quantitativ und qualitativ mehr erwartet.

Sehr viel weniger hat sich allerdings die Situation für politisch und wirtschaftlich wichtige, sprachlich aber exotische Korrespondenten-Plätze wie Tokio oder Peking verändert. „Unsere Expertise wird respektiert, die Entwicklungen in China sind von außen nur sehr schwer einzuschätzen", betont der dpa-Büroleiter in Peking, Andreas Landwehr. Im Unterschied zu vielen anderen Hauptstädten in der Welt habe sich die Zahl der westlichen Korrespondenten in Peking seit Mitte der 90er Jahre mehr als verdoppelt, allein aus Deutschland arbeiten hier gut zwei Dutzend Korrespondenten.

In Washington gibt es noch viele Auslandskorrespondenten – aber der Zugang zum Weißen Haus ist beschränkt

Auslandskorrespondenten müssen heute deutlich mehr und Anspruchsvolleres liefern als früher. Denn Zeitungen sind online zu lesen, dramatische Vorfälle werden meist zunächst bei Twitter entdeckt, die Rede des US-Präsidenten wird live übertragen oder gestreamt und die Stellungnahme des State Department ist online abrufbar. „Sie müssen tiefer eintauchen in ihr Zielland. Sie müssen das Land aus der Nähe beschreiben, mehr Fakten liefern, mit vielen Menschen reden, Zusammenhänge zeigen und erklären. Wir erwarten von unseren Auslandskorrespondenten, dass sie sich einfach deutlich besser auskennen als die unzähligen Experten für alle Weltgegenden bei uns zuhause", so Ludewig.

Denn inzwischen arbeiten immer besser ausgebildete Redakteure an den Schaltstellen der Zentralen, die Möglichkeiten der Recherchen am Bildschirm haben den Redaktionen bisher ungeahnte Optionen eröffnet. „Auslandskorrespondenten sind eben nicht mehr im Besitz alleiniger und ewiger Weisheiten und Wahrheiten", betont Bialecki. „Die Zentrale sieht und liest potenziell erst mal das Gleiche wie der Korrespondent vor Ort, mit den gleichen TV-Bildern, Breaking news und Filtern der lokalen Nachrichten."

Bei dem Terroranschlag von Boston am 15. April 2013 wertete die dpa-Politikredaktion in der Zentrale den Twitterfeed der Bostoner Polizei aus, um die Korrespondenten vor Ort zu entlasten. Es ist allerdings allgemeiner Konsens, dass es für die Einordnung solch dramatischer Ereignisse qualifizierter, erfahrener Journalisten vor Ort braucht.

Blogger im Ausland als Journalist?

Auch die Arbeitsbedingungen für Auslandskorrespondenten sind heute völlig anders als früher. Zwar eröffnen Internet und soziale Netzwerke eine ganz neue Transparenz und neue Recherchemöglichkeiten selbst in den Konfliktzonen, aber physisch anwesend sind Journalisten in den Kampfgebieten nur noch selten. Jeder westliche Journalist begibt sich heute in Lebensgefahr, wenn er sich in die Bürgerkriegswirren und von blindem Terror und unglaublicher Bestialität geprägten Kampfzonen des Nahen Ostens begibt. Ein Ergebnis ist, dass es wohl in Ländern wie Syrien oder Irak nur noch vereinzelt westliche Korrespondenten gibt, die meisten der wenigen Medienvertreter des Westens sind arabische Ortskräfte.

Vor allem im Ausland wird es zunehmend wichtig, dass es eine möglichst klare Definition des Begriffs Journalist gibt. Ohnehin wird die Berichterstattung aus vielen Ländern immer schwieriger, der Status des Korrespondenten und Journalisten eröffnet zumindest Regierungen und Journalistenverbänden, sich in den dann doch wenigen Einzelfällen stark zu engagieren.

Würde dieser Status als Journalist ausgehöhlt, beispielsweise von jedem, der einen Blog betreibt, könnte dies für autoritäre Systeme als Rechtfertigung dienen, die Pressefreiheit einzuschränken. Wenn viele glauben, als Journalisten auftreten und entsprechende Sonderrechte einklagen zu können, werden viele Regime professionellen Journalisten leichter die dringend und existenziell notwendigen Rechte verweigern, wie Arbeitsvisa, Interview- und Zugangsmöglichkeiten.

Zahl der Auslandskorrespondenten sinkt

Aber nicht nur in den Kriegsgebieten hat die Zahl der Auslandskorrespondenten dramatisch abgenommen. Die großen Zeitungen und Magazine sprechen nicht gerne darüber. Aber auch die *New York Times* und die *Washington Post*, der *Spiegel* oder die *Frankfurter Allgemeine*, ganz zu schweigen von den großen Regionalzeitungen in den USA, in Großbritannien oder Deutschland, haben im Ausland kräftig gespart, viele Korrespondentenplätze wurden ersatzlos gestrichen. In manchen Kri-

sengebieten liegt die Berichterstattung für westliche Medien in den Händen einiger weniger Korrespondenten.

Auch an den Auslandsnetzen der internationalen Nachrichtenagenturen sind die Sparwellen und Strukturreformen nicht spurlos vorbeigegangen. Allerdings musste eine Säule der Auslandsberichterstattung, die Zusammenarbeit und der Austausch mit anderen Nachrichtenagenturen, nicht eingeschränkt werden. Zuweilen sind nationale Agenturen für große Agenturen wie AP oder dpa auch eine Einnahmequelle.

Problematisch wegen ihrer Propagandaaufgabe ist allerdings die Verwendung des Materials von Agenturen von totalitären Systemen wie Nordkorea, Iran oder Eritrea . Aber auch in weniger krassen Fällen von Regierungsnähe können die Meldungen von Agenturen in Staatsbesitz — das sind immerhin 75 Prozent aller Nachrichtenagenturen — nur mit Vorsicht verwendet werden.

Die großen Nachrichtenagenturen in der Welt haben alle im Ausland ein dichtes Netz eigener Büros, Korrespondenten und Mitarbeiter. Im Grunde aber gibt es nicht viel mehr als ein gutes Dutzend Medien, die

© picture alliance / AP Photo

Nur noch wenige Korrespondenten in Krisengebieten – hier ein Bild von Kämpfen in Kobane, Syrien

tatsächlich weltweit präsent sind. Dazu zählen neben den vier großen Agenturen — AP, Reuters, AFP und dpa — noch die spanische Agentur EFE sowie die Wirtschaftsagentur Bloomberg, die russische Itar-Tass und die chinesische Agentur Xinhua. Dichte Auslandsnetze haben zudem die Sender *BBC*, *CNN*, *Al Dschasira* und *Radio France International*. Auch die *ARD* hat viele Auslandsbüros und -mitarbeiter, allerdings wären ohne verlässliche Nachrichtenagenturen „massive personelle Aufstockungen notwendig", um die laufende Berichterstattung weltweit sicherzustellen, sagt die frühere *WDR*-Intendantin Monika Piel.

Hohen journalistischen Standards werden nur die wirklich unabhängigen Nachrichtenagenturen gerecht. Aber es gibt auch hervorragende Agenturen, die mehr oder weniger stark vom Staat abhängen und von staatlichen Gremien gelenkt werden. Dazu zählen etwa die öffentlich-rechtliche AFP oder die staatliche spanische EFE oder die Agentur Bloomberg, die sich in privater Hand eines Verlegers befindet. „Sie bieten eine umfassende, zuverlässige und ausgewogene Berichterstattung", schreibt Wolfgang Vyslozil über diese renommierten, aber nicht völlig unabhängigen Agenturen. Die meisten Nachrichtenagenturen in Europa seien dem „Bestreben um Objektivität und Unparteilichkeit geprägten Wertesystem verpflichtet".[51]

Gefährliches Desinteresse an der Welt

Trotz der Globalisierung und weltweiten Vernetzung, von der schon allein die 1,5 Milliarden Facebook-Freunde künden, sinkt in vielen Teilen der Welt das Interesse am Ausland. Im Westen wird das schon dadurch belegt, dass die Berichterstattung über das Ausland in fast allen Medien deutlich abgenommen hat.

„Zumindest in den Vereinigten Staaten gibt es heute weniger Wissen über die Welt als früher. Die Menschen interessieren sich mehr für die Dinge vor Ort. Ihnen ist die Welt egal, und das ist gefährlich", berichtet der amerikanische Pulitzer-Preisträger Robert Rosenthal und Direktor des Zentrums für investigativen Journalismus.[52]

Die Zeiten für Auslandskorrespondenten sind hart geworden, insbesondere für die freiberuflich Tätigen. Noch in den 80er und 90er Jahren gingen junge, mutige Journalisten hinaus zu den Brennpunkten in der Welt im Nahen Osten, nach Afrika, Lateinamerika oder Asien. Mit ihren oft spannenden, authentischen Geschichten beeindruckten sie Redaktionen und Publikum in der Heimat. Oft garantierte ein „Bauchladen" voller Medienkunden, dass auch „Freie" ein gutes, zuweilen exzellentes Auskommen hatten.

Inzwischen trauen sich nur noch wenige Journalisten, ohne Verträge und Finanzierung in die Welt zu gehen. Es ist gefährlicher geworden, die Kosten sind gestiegen, die Honorare gesunken. Die 27 Jahre alte Journalistin Anaïs Renevier in Beirut erregte im Frühjahr 2015 in der Branche ihrer französischen Heimat viel Aufsehen, als sie in ihrem Blog vom „langsamen Tod der Auslandskorrespondenten" sprach.[53]

Sie müsse ihren Traumberuf leider aufgeben: „In den letzten drei Jahren habe ich pro Monat durchschnittlich rund 800 Euro verdient ... Dafür war ich drei Jahre lang 24 Stunden am Tag 7 Tage die Woche erreichbar, denn die Nachrichten warten nicht. Für 800 Euro bin ich mehrfach ins Kreuzfeuer von Scharfschützen geraten. Einmal wurde ich von einem Helikopter des syrischen Regimes verfolgt. Für 800 Euro war ich lange Zeit Auge und Ohr für verschiedene frankophone Medien im Libanon. Mit 800 Euro musste ich meine Aufenthaltsgenehmigung, meine Kamera und meine Krankenversicherung bezahlen." Wirklich schlimm aber sei, so die Journalistin, dass die Redaktionen in Frankreich völlig verständnislos gegenüber der politischen Lage in Nahost seien.

Korrespondenten von Facebook oder Apple in Peking oder Athen?

Bisher gibt es keine Hinweise darauf, dass traditionelle oder neue Medien oder gar die neuen Akteure wie Medienplattformen ihre Auslandsberichterstattung intensivieren wollen. Über die Letzteren urteilt der Chef von *Zeit Online*, Jochen Wegner: „Journalismus ist mühsam und stört eigentlich nur beim profitablen Kerngeschäft. Unternehmen wie Apple, Google und Facebook haben weder das Interesse noch die Kompetenz noch gar die Glaubwürdigkeit als Anbieter von klassischem Journalismus. Ich denke nicht, dass wir bald einen Apple-Korrespondenten in Athen oder bei den Schauen in Paris sehen werden."[54]

Zwar kündigen Twitter und Facebook den Ausbau ihrer journalistischen Aktivitäten und die Einstellung von Redakteuren an. Eine wie auch immer produzierte oder generierte Auslandsberichterstattung zeichnet sich bei diesen US-Unternehmen bisher nicht ab. Geschichten aus aller Welt spielen für Plattformen wie Vice und Buzzfeed durchaus eine große Rolle, aber auch hier gibt es keine Hinweise auf eine seriöse, kontinuierliche Berichterstattung zur Tagespolitik nach journalistischen Standards — geschweige denn einen Versuch, einer gewissen „Chronistenpflicht" nachzukommen.

Für die dpa mit ihrem Anspruch, rund um die Uhr eine weltweite Berichterstattung sicherzustellen, kam ein Abbau des Auslandsnetzes nicht in Frage. 2015 berichteten genau 202 Journalisten hauptberuflich aus etwa 100 Staaten für dpa. Hinzu kommen noch viele hundert lokale Mitarbeiter. Das dpa-Auslandsnetz war insgesamt nie nennenswert größer. 68 dpa-Korrespondenten berichteten auf Deutsch, die übrigen meist auf Englisch, einige auch auf Spanisch und Arabisch.

Allerdings versuchte auch dpa, mit Personalpolitik und Strukturveränderungen die Kosten im Ausland in den Griff zu bekommen. Das führte zu einem leichten Abbau der Zahl der entsandten Korrespondenten alter Schule. Diese wurden wie Diplomaten besoldet, mit Auslandszulagen, Kaufkraftausgleich, Umzugskosten für die Familie (meist alle fünf Jahre), Schulgeld und anderen Privilegien. Die Bedingungen für „Entsandte" sind heute deutlich weniger komfortabel. Angesichts dieser Entwicklungen schicken inzwischen viele Medien bei bedeutsamen Katastrophen, Konflikten und Krisen Sonderkorrespondenten („Fallschirmjournalisten") in die betroffene Region. Die Kritik an dieser Praxis von Wissenschaftlern und Journalisten findet kaum Widerhall, da die ökonomischen Zwänge und die Wünsche oder besser das Desinteresse des Publikums am Ausland die Konzentration aufs Inland scheinbar rechtfertigen.

„Es wird eine Zeit kommen, in der die Öffentlichkeit und die Informations-Medien dieses Landes realisieren werden, dass es Informationen aus anderen Teilen der Welt gibt, die für uns wichtig sind, und dass solche Kenntnisse nicht von Fallschirmjournalisten vermittelt werden können", warnte die US-Medienwissenschaftlerin Dannika Lewsi.[55]

4 Mainstream und Political Correctness

„Man darf die Mehrheit nicht mit der Wahrheit verwechseln."

Jean Cocteau, französischer Schriftsteller (1989 – 1963)

„Wenn man aufrichtig nach der Wahrheit sucht, muss man sich über moralische Bedenken hinwegsetzen; wir können ja nicht im Vorhinein wissen, ob sich die Wahrheit als etwas erweisen wird, was die betreffende Gesellschaft für erbaulich hält."

Bertrand Russell, englischer Philosoph (1872 – 1970)

Kurz nach 12 Uhr mittags des 9. August 2014 wurde auf einer Straße mitten in der Stadt Ferguson (US-Bundesstaat Missouri) der 18-jährige Michael Brown von dem Polizisten Darren Wilson erschossen. Der Tod des jungen, unbewaffneten Afroamerikaners war der Auslöser wochenlanger Unruhen und Proteste gegen „rassistische Polizeigewalt". Nachdem ein Geschworenengericht in Missouri am 24. November 2014 entschied, kein Verfahren gegen Darren Wilson zu eröffnen, da es sich um „gerechtfertigte Notwehr" gehandelt habe, kam es in 170 Städten der USA zu teilweise gewaltsamen Demonstrationen.

Für Medien und Öffentlichkeit in den USA, aber auch in Europa, schien der Fall klar. Wieder einmal war ein junger Schwarzer einem aggressiven, rassistischen Polizisten zum Opfer gefallen. Daran änderte auch nichts, dass Bilder einer Überwachungskamera zeigten, wie Brown wenige Minuten vor den tödlichen Schüssen mit einem Freund einen Spirituosenladen — allerdings nur mit ein paar Packungen Zigaretten als Beute — ausgeraubt hatte. Die Aussagen des Polizisten und von Zeugen über den Tathergang waren widersprüchlich. Aber alle sagten, der Junge, der zunächst weggerannt war, sei danach wieder umgekehrt und gestikulierend auf den Polizisten zugegangen.

Der Tod Browns wurde zum jüngsten Beleg für die massiven Probleme zwischen Schwarz und Weiß in den USA, auch wenn 2009 ein Afroamerikaner ins Weiße Haus eingezogen war. Der Fall bewegte die Welt, und es gab im Grunde nur eine Meinung, die, sicher verkürzt, die Botschaft hatte: hässliches Amerika. „Die große Mehrzahl der Medien — hier wie dort — hatte lustvoll und ausgiebig das Rassismus-Narrativ verbreitet", schrieb der Zeit-Herausgeber Josef Joffe.[56] Das Bild des „schießwütigen weißen Bullen", der einen „unschuldigen Jungen" niederschoss. „Das Bild passte ‚genau‘, ist aber falsch", so Joffe.

In der Tat belegt der 86 Seiten lange Bericht des US-Justizministeriums minutiös, dass Brown nicht in den Rücken geschossen worden war und dass er sich dem Polizisten nicht mit den Worten „Hands up, don't shoot!" genähert hatte – all das war immer wieder von den Demonstranten behauptet worden. In dem Bericht heißt es auch, dass Brown zunächst versucht hatte, dem Polizisten seine Waffe zu entwinden.[57]

Zudem hatten fast alle Zeugen, deren Angaben von Forensikern widerlegt werden konnten, ihre ersten Aussagen widerrufen. Die Zeugen wollten das aber nicht öffentlich tun, weil sie dem Bericht zufolge die Rache der schwarzen Gemeinde fürchteten. Der „Zeuge 103" habe nur anonym reden wollen, weil in seiner Nachbarschaft Schilder mit der Aufschrift „Petzer werden bluten" aufgetaucht seien.

Josef Joffe kritisierte scharf die deutschen Medien, weil sie diesen Bericht kaum erwähnten, dagegen den zweiten, gleichzeitig veröffentlichten Report des Justizministeriums über die systematische Schikanierung der Schwarzen in Ferguson mit Schlagzeilen in der Vordergrund rückten. Ausführlich wurde der Bericht zitiert, demzufolge Schwarze bei Kontrollen ungerechtfertigt mit Bußgeldern belegt würden, um die klamme Gemeindekasse zu füllen. Ferguson sei typisch für viele Orte in Missouri, wo ähnliche Sitten herrschten. „Das System ist faul bis ins Mark", sagte der Jura-Professor Brendan Roediger damals dem dpa-Reporter Johannes Schmitt-Tegge.

„Weißes Amerika ein Pfuhl des Rassismus"

Auch dpa stellte die „unverhältnismäßige Gewalt gegen Schwarze", die Willkür der Polizei und ihr gesetzwidriges Verhalten gegen Afroamerikaner in den Mittelpunkt der Berichterstattung. Für den USA-Kenner Joffe belegt die Berichterstattung in Deutschland, dass nur erscheint, war „ins Bild passt". Die Anklage gegen die Polizei „bestätigt, was wir schon immer wussten: Das weiße Amerika ist und bleibt ein Pfuhl des Rassismus". Die Realität aber gebe sehr selten „ein Narrativ von Gut vs. Böse her", schreibt der erfahrene Journalist. Kaum erwähnt wird in der Berichterstattung auch, dass im Jahresdurchschnitt mehr als 100 Polizisten in den USA bei der Ausübung ihres Amtes getötet werden.

Für einen Nachrichtenprofi ist klar ersichtlich, dass die massive Kritik des US-Justizministeriums an der Polizei ein enormes Gewicht hat und selbstverständlich die Berichterstattung dominieren muss. In den dpa-Berichten wird schließlich im dritten und vierten Absatz sachlich und ausführlich der Freispruch für den Polizisten geschildert.

Dennoch berührt diese Geschichte und Joffes Kritik auf mehrfache Weise die Frage, wie differenziert und nüchtern die Medien berichten, wie sehr Erwartungen und Stimmungen redaktionelle Entscheidungen beeinflussen. Deutsche Korrespondenten in den USA wissen sehr genau, dass bei den Lesern und Zuschauern zu Hause nichts besser ankommt, als die Bestätigung von Klischees und Vorurteilen. Unverkennbar ist es auch, dass es sehr oft in den Medien selbst ähnliche, vorurteilsbelastete und stereotype Sichtweisen gibt, und man die Vorwürfen eines „Mainstreams" in deutschen Medien nicht als billige Polemik oder Sichtweise von Spinnern und Trollen abtun kann.

Frank Schirrmacher kritisierte mehrfach einen Mangel an Meinungsvielfalt in Deutschland. Vor allem der Sparzwang und der Abbau von Redakteursstellen führten zu einer Nivellierung in der Berichterstattung. Der Medienwissenschaftler Mathias Kepplinger meinte, dass sich die vermeintliche Meinungspluralität der Leitartikel von Regionalzeitungen am dritten Tag nach einem wichtigen Ereignis oder bedeutsamer Entwicklung an der *Süddeutschen Zeitung* ausrichte und quasi alles auf Heribert Prantl (SZ-Innenpolitikchef) geeicht sei. Es gebe in den meisten Redaktionen eine deutliche Neigung zu links-grünem Weltbild.[58]

Die Direktorin des Internationalen Journalisten-Kollegs an der FU Berlin, Prof. Margreth Lünenborg, kommt bei ihren Untersuchungen zu einem ähnlichen Ergebnis; auffallend hoch sind demnach mit 35 Prozent der Anteil der Journalisten mit deutlichen Sympathien für Bündnis 90/Die Grünen.[59]

Wie an den Schulen oder Universitäten in Deutschland finden sich in den Redaktionen viele Journalisten, die vom Geiste der 68er Generation, der Frauen- und Ökologiebewegung geprägt sind. Deutsche Korrespondenten, die sich im Kollegenkreis als betont liberal oder gar konservativ outen, brauchen dazu schon seit den 80er Jahren viel Mut, weil sie sofort als Außenseiter, als etwas spleenig oder im schlimmsten Fall als irgendwie „gekauft" angesehen werden. „In der Meinungswirtschaft, in der ich mein Geld verdiene, gibt es praktisch nur Linke", schreib der *Spiegel*-Kolumnist Jan Fleischhauer.[60] Erstaunlicherweise verneinen Journalisten oft diese bei Experten kaum bestrittene Tatsache.

Political Correctness: Gratwanderungen und Absurditäten

Zu den Gepflogenheiten des Journalismus gehören inzwischen längst auch alle jene Merkwürdigkeiten und Absurditäten des politisch Korrekten. Zunehmend gibt es eine Scheu, Lesern und Publikum bestimmte Informationen preiszugeben. Meistens sollen damit Minderheiten geschützt, das Entstehen oder Erhalten von Klischees verhindert oder die Persönlichkeitsrechte gewahrt werden. Die Nationalität von Straftätern beispielsweise soll nicht genannt werden, eine Maßnahme, um rassistischen oder nationalen Vorurteilen keinen Vorschub zu leisten. Führt man diesen Gedanken aber zu Ende, stellen sich manche Fragen. Denn Klischee und Realität stimmen zuweilen überein. Muss man dann Informationen verschweigen?

Etwa 80 Prozent aller Gewalttaten werden von Männern begangen. Männer unter 30 Jahren werden mehr als doppelt so oft straffällig wie ältere Männer. Nun würde es jeder absurd finden, wenn Geschlecht und Alter nicht genannt werden. Aber leisten diese Informationen nicht dem Misstrauen gegenüber Männern, insbesondere jüngeren Vorschub?

Im Pressekodex des Deutschen Presserats heißt es, die Zugehörigkeit eines Täters oder Verdächtigen dürfe nur dann erwähnt werden, wenn zum „Verständnis des berichteten Vorgangs ein begründbarer Sachbezug besteht". Denn die Erwähnung könne „Vorurteile gegenüber Minderheiten schüren". Auch amerikanische und britische Presse-Kodizes lauten ähnlich.

Ist es nicht fragwürdig, wenn die Herkunft bettelnder Kinder, die nachweislich von organisierten, moralisch hemmungslosen Banden in europäischen Großstädten zu ihrer erbärmlichen Arbeit genötigt werden, nicht genannt werden darf? Dabei haben mindestens 90 Prozent dieser armen, ausgebeuteten Jungen und Mädchen einen gemeinsamen ethnischen Hintergrund. Vergessen wird bei diesem Vorgehen der Medien, dass die Leser und Zuschauer oft schon die wahren Hintergründe von Schlägereien zwischen Banden in Bremen oder der Ermordung einer jungen Frau aus einer Großfamilie erahnen.

„In der journalistischen Alltagspraxis machen es sich die meisten Redakteure zu einfach: Sie verschweigen sie (die Herkunft) grundsätzlich … Wenigstens kann ihnen dann niemand an den Kahn fahren und Diskriminierung vorwerfen", schrieb der Publizist Wolfgang J. Koschnick.[61] Er verweist darauf, dass diese Vorgabe auf eine Anregung des Verbands der Deutsch-Amerikanischen Clubs von 1971 zurückgeht. Bei der Berichterstattung über Zwischenfälle mit US-Soldaten sollte die Rassenzugehörigkeit der Beteiligten nicht „ohne zwingend sachbezogenen Anlass" erwähnt werden. Das Ganze sollte der Imagepflege der US-Soldaten dienen, weil diese eben ziemlich oft mit dem Gesetz in Konflikt gerieten. „Auf die aktuellen Gewalttaten in US-Städten angewandt, würde dieser Grundsatz konsequent umgesetzt darauf hinauslaufen, den Mantel des Schweigens darüber zu legen, dass dort öfter mal schwarzafrikanische Bürger von weißen Polizisten zusammengeschlagen oder gar erschossen werden. Kann das der Sinn einer solchen Regelung sein?", so der Publizist.

Das Institut für Sprach- und Sozialforschung der Universität Duisburg hat 2009 „Grundregeln" aufgestellt, um eine „Aufladung des Mediendiskurses mit Rassismus" zu vermeiden.[62] Darin heißt es, die Medien sollten grundsätzlich jeden Hinweis auf Nationalität, Herkunft, Hautfarbe oder andere körperliche Merkmale von Tätern oder Verdächtigen lassen, keinen „nicht-deutschen" Namen nennen und auch nicht durch einen anderen „nicht-deutschen" Namen" ersetzen, nicht erwähnen, wenn jemand gebrochen Deutsch spreche und Begriffe, „die durch semantische Konnotationen negativ aufgeladen" wie „Drogendealer", „Mafia" und „Organisierte Kriminalität", strikt meiden.

Würden in Spanien deutsche Banden systematisch Ferienhäuser ausrauben und nachweislich für 80 Prozent der Einbrüche verantwortlich wären, wie würde es wohl ankommen, wenn Politik, Polizei und Medien die deutsche Herkunft konsequent verschweigen würden? Welche Folgen hätte es, wenn finnische Drogenhändler in Lettland das Rauschgiftgeschäft kontrollierten, die Öffentlichkeit aber über die Herkunft der Täter im Dunkeln gelassen würde. Wahrscheinlich kämen sich die Spanier und Letten betrogen vor, ihr Verdruss über Politik und Medien würde wohl erheblich zunehmen.

Vielleicht sollten Phänomene wie die heftigen, fremdenfeindlichen Ausfälle des amerikanischen Republikaners Donald Trump, die rechtsradikalen Töne bei Pegida-Demonstrationen oder die Erfolge populistischer Parteien in vielen EU-Staaten nicht nur als vorübergehende

Symptome von Verunsicherung und Krisen heruntergespielt werden. Vielleicht sind es wichtige Warnzeichen, dass es ein Fehler sein könnte, mit Verschweigen und politisch korrekten Formulierungen den Menschen das Gefühl zu geben, in einer anderen Realität zu leben als die jeweiligen politischen Eliten und die Leitmedien.

„Political Correctness" ist keineswegs ein deutsches Phänomen, in den USA ist es teilweise noch radikaler. Jüngst hat ein Papier der Universität New Hampshire empfohlen, die Begriffe „reich" und „übergewichtig", „Senioren" und „amerikanisch" zu vermeiden. Das wird begründet, aber was kann man nicht alles begründen ...?

Political Correctness ist stets gut gemeint, in vielen Fällen aber nur ein übler Versuch, Denk- und Sprachvorschriften aus ideologischen Gründen durchzusetzen. In Diktaturen wie dem Nazi-Reich oder der DDR wurde über schwere Gewaltverbrechen gar nicht berichtet, um das Bild der heilen Welt nicht zu zerstören. In Demokratien soll Sprache verhindern, dass Ressentiments Nahrung bekommen. „Eine Berichterstattung auf die möglichen Reaktionen und Befindlichkeiten von Schwachköpfen hin auszurichten, bedeutet nichts weniger, als sich dem Diktat der Schwachköpfe vorauseilend zu unterwerfen", meint Koschnik.

Wie sehr untergräbt es das Vertrauen des Bürgers in die Medien, wenn die Herkunft von Tätern nicht genannt werden darf, obwohl es alle wissen? Ist das womöglich nicht nur die Spitze eines Eisbergs politischer Korrektheit und immer feinerer Sprachregelungen, die auch zum Misstrauen gegenüber den Medien beitragen? Eine besonders intensive Diskussion darüber gibt es in den Medien nicht, aber manche Hinweise, dass die meisten Bürger sehr wohl wissen, dass mit Sprachregelungen Wirklichkeit verschleiert wird. Schon Konfuzius sagte: „Wenn die Begriffe sich verwirren, ist die Welt in Unordnung."

„Freiwillige Konformität"

Auch bei den großen politischen Themen gibt es in vielen Medien erstaunlich wenig Meinungsvielfalt. „Es fehlt zuweilen an kritischer Distanz zu den Topereignissen, leider dominiert immer häufiger der sogenannte ‚Mainstream', auch weil jeder jeden beobachtet, niemand möchte ein Außenseiter sein. Es gibt oft eine freiwillige Konformität, denn ich bin mir sicher, dass es nicht die Redaktionsleiter und Chefredakteure sind, die solche Vorgaben machen", meint HR-Hörfunkdirektor Heinz-Dieter Sommer.

Zeit-Chefredakteur di Lorenzo spricht von einem „besorgniserregenden Hang zum Gleichklang" in deutschen Medien. Viele glaubten, dass sich die Journalisten absprechen würden. „Das überhaupt der Eindruck entstehen kann, ist für mich ein ganz schrilles Alarmzeichen. Das Merkwürdige ist, dass der Konformitätsdruck nicht von mächtigen Medienunternehmern, Regierungschefs oder anderen finsteren Mächten ausgeübt wird."[63]

Er denkt, dass Deutschland eine Vertrauenskrise auf allen Feldern erlebt, das Misstrauen richte sich ebenso gegen Politiker, Kirchen und Unternehmen, aber insbesondere auch die Medien. „Wir Journalisten haben zu diesem Vertrauensverlust durch eigene Versäumnisse, durch Übermut und immer neue Exzesse selbst beigetragen." Es sei nicht überraschend, wenn „das Misstrauen und die Häme, die wir beständig säen, irgendwann auch auf die Medien zurückfällt."

Ex-*WDR*-Intendantin Monika Piel warnt angesichts des „seit zehn Jahren zunehmenden Mainstreams in Print- und elektronischen Medien" davor, dass sich „der politische Journalismus auf Dauer selbst marginalisiert." Vor allem bei den Top-Themen gebe es einen Gleichklang aller, ob konservative oder linke Stimme. „Die Kommentatoren sind sich politisch korrekt einig. Die Meinungsvielfalt, der spannende Prozess, sich mit einer Meinung, die man nicht teilt oder sogar vehement ablehnt, auseinanderzusetzen entfällt. Sehr bequem und sehr langweilig."

Vorwürfe gegen dpa

Auch dpa ist immer wieder dem Vorwurf ausgesetzt, einseitig und unausgewogen zu berichten. Es gehört zum redaktionellen Alltag, dass sich Parteien oder Politiker manchmal ungerecht oder verkürzt dargestellt fühlen, dass Unternehmen oder Verbände unzufrieden über unsere Berichte sind", betont Chefredakteur Sven Gösmann. dpa nehme jede Kritik ernst und prüfe, ob sie berechtigt sei, aber „unsere Standards sind klar und eindeutig, wir wollen fair und ausgewogen berichten". Umfragen unter Journalisten und in Redaktionen belegen, dass dpa eine ungewöhnlich hohe Akzeptanz genießt. Die Zahl der Beschwerden aus der Politik ist durchaus begrenzt und eher die Ausnahme.

Das bedeutet nicht, dass es nicht immer auch vehemente Vorwürfe gibt. Es gibt dabei durchaus Hinweise, dass sich vor allem Gruppen benachteiligt fühlen, die vom medialen Mainstream wenig geachtet werden. Am 22. Oktober 2014 empörte sich die konservative Internet-zeitung *Die freie Welt* über die angebliche Parteinahme der dpa zuguns-ten der baden-württembergischen Landesregierung und wünschte der Nachrichtenagentur wenig freundlich die baldige Pleite an den Hals. dpa habe sich bei dem Streit um die Sexualkunde-Inhalte im Lan-des-Bildungsplan 2015 parteiisch auf die Seite der Regierung geschla-gen und die konservative Positionen und vor allem den Vorsitzenden des Philologenverbands, Bernd Saur, verzerrt und falsch dargestellt.

„Das Gemeine an der dpa ist, dass jeder denkt, diese Quelle bringe noch ungefärbte, verlässliche Nachrichten", hieß es in dem Blog zornig — dabei unfreiwillig ein Kompliment aussprechend. Denn eine Reputa-tion bekommt man heute nicht geschenkt, die hat man sich verdient. Auch bei dpa gibt es bei vielen aktuellen Anlässen interne Diskussio-nen darüber, wie eine angemessene Berichterstattung aussehen muss. Es wäre ein Wunder, gäbe es da nicht deutlich unterschiedliche Sicht-weisen. Niemand allerdings bestreitet die gemeinsame journalistische Klammer, nämlich die Grundsätze von Unparteilichkeit und Ausgewo-genheit.

Respekt vor den Ansichten von Minderheiten und Außenseitern

Für eine unabhängige Nachrichtenagentur hängt das Wohl und Wehe ihrer Existenz davon ab, dass sie von Gesellschaft und Medien als wirk-lich unabhängig angesehen wird. Dazu muss dann auch gehören, dass Redakteure, denen das Weltklima besonders am Herzen liegt, auch die Argumente sogenannter „Klimaskeptiker" fair und ausreichend dar-stellen. Dass Journalisten, die multinationalen Konzernen oder den amerikanischen Geheimdiensten misstrauen, auch deren Sichtweisen deutlich machen. Dass Korrespondenten, die wenig Vertrauen in die Weisheit der katholischen Kirche haben, bei manchen Themen auch den Glaubenshintergrund und die Denkweise des Vatikans verständ-lich präsentieren.

Das Prinzip der Agenturdienste ist der Versuch, im gesamten demokra-tischen Spektrum akzeptiert und respektiert zu werden. Es genügt also nicht, immer einem medialen Mainstream zu folgen, denn mit der Zeit werden es immer mehr Gruppen und Meinungen in der Gesellschaft sein, die sich irgendwann einmal nicht fair genug behandelt gefühlt haben. Wer die Redaktionen von dpa, AP oder Reuters kennt, weiß, dass dort es eine überwältigende Zustimmung zu den hehren Idealen und hohen Standards der Nachrichtenagenturen gibt.

Allerdings bedeutet das nicht, dass auch die Agenturen — beispielsweise bei Skandalisierungen — dem Mainstream immer widerstehen. „Wir hatten heftige Diskussionen, als jeden Tag immer wieder neue Einzelheiten und auch völlig unwichtiger Kram über (Bundespräsident) Wulff bekannt wurden. Das hatte etwas von Jagdszenencharakter in manchen Medien", berichtet Bialecki. „Wir haben versucht, uns zurückzuhalten, aber ob uns das wirklich immer gelungen ist?" Unter Journalisten in Berlin spüre man einen wachsenden Konformitätsdruck, „aber niemand ordnet das an."

Viele selbstkritische Äußerungen von Journalisten belegen, dass sie den wachsenden Medienverdruss in der Gesellschaft spüren und ernst nehmen. Allerdings ist es eine Binsenweisheit, dass es sehr schwer ist, einmal verlorenes Vertrauen zurückzugewinnen. Inzwischen gibt es eine ganze Reihe von Bemühungen in den Medien, die eigene Glaubwürdigkeit zu stabilisieren oder zu erhöhen.

Dazu gehören mehr Transparenz (beispielsweise über Autoren und Quellen) und massiv ausgeweitete Dialogoptionen mittels Leserbriefen, Blogs und auch Veranstaltungen, bei denen sich Macher und Konsumenten begegnen und austauschen. Manche Verlage lassen Leser über Video-Chat an Redaktionssitzungen teilnehmen.

Vielfältigen Nutzen sehen Medien darin, zu einer Plattform und zum Mit-Organisator lokaler Basisinitiativen und politischer Proteste zu werden, um damit eine „Community" zu schaffen. Andere engagieren sich offen für politische Kampagnen. Der englische *Guardian* setzt sich seit Jahren gegen globale Erwärmung ein und hat seine Leser sogar aufgefordert, nicht mehr in Ölfirmen zu investieren.

„Sprachrohr der Bürger"

„Die *Mainpost* in Würzburg beispielsweise engagierte sich 2014 mit Veranstaltungen und Leserforen, als sich Bürgerinitiativen gegen ein Autobahnbrücken-Projekt wehrten. „Wir wurden bei diesem Thema ‚zum Sprachrohr der Bürger‘", sagte Verlagschef Brandstätter. Die Mainpost diene, wie andere regionale Zeitungen in Deutschland auch, verstärkt als ein wichtiges Podium und kreativer Moderator für die jeweiligen lokalen Debatten und Initiativen. Dahinter steckt die Einsicht, dass sich Zeitungsverlage künftig in ihrer Heimat vom Chronisten zum Gestalter wandeln müssen, um sich auch langfristig eine loyale „community" zu sichern.

Aber nicht alle Bemühungen, Nähe herzustellen, stärken das Vertrauen in die Journalisten. Die Sportredaktion der *Frankfurter Rundschau*, die sich mit ihren Kommentaren und Blogs sichtlich um besonders viel Austausch mit den Lesern bemüht, deren Redakteure mit ihrer persönlichen und manchmal auch emotionalen Art in ihren Videokolumnen fast so etwas wie „Journalisten zum Anfassen" geworden sind, sahen sich im Frühjahr 2015 einem vehementen Proteststurm der Leser ausgesetzt. Der Vorwurf: Mit ihren kritischen Beiträgen über den damaligen Trainer der Frankfurter Eintracht, Thomas Schaaf, sei der Ex-Bremer schließlich zur Kündigung gedrängt worden. Der hatte tatsächlich seinen Abschied mit „unglaublichen und nicht nachvollziehbaren Anschuldigungen und Unterstellungen in den Medien" begründet.

Der Zorn vieler *FR*-Leser war so heftig, dass die Kommentarfunktion auf der *FR*-Website Sport zeitweise abgeschaltet wurde und *FR*-Chefredakteur Arndt Festerling sich vor seine Eintracht-Experten Thomas Kilchenstein und Ingo Durstewitz stellen musste. Sie wurden auf Facebook, Blogs und der *FR*-Website von Lesern für den Rücktritt Schaafs verantwortlich gemacht. „Viele Leser beschimpfen ohne jede Hemmung in unflätigster Manier die Kollegen und die FR. Der eine oder andere schreckt selbst vor Drohungen nicht zurück", schrieb Festerling in einem Kommentar, der eher ein Brief an die Leser war.

Er verteidigte vehement die Berichte, in denen die Zeitung tatsächlich ohne namentliche Quellen aus dem Fußball-Verein berichtet hatte. Aber die Rundschau habe natürlich nichts erfunden. „Im Zeitalter der ‚Lügenpresse'-Vorwürfe" müsse er auf „diese selbstverständliche Grundlage unserer Arbeit hinweisen."[64]

Die Frage stellt sich, ob die große Nähe der Sportredakteure zu ihren Lesern — insbesondere mit dem fast schon menschelnden Videoblog — nicht auch als Einladung verstanden wurde, sehr persönlich zu werden. Auch die *Frankfurter Neue Presse*, die *F.A.Z* und die *Bild* hatten kaum weniger kritisch über Schaaf berichtet. Aber die Gefühlsaufwallungen entluden sich vor allem auf Kilchenstein und Durstewitz. „Früher wurden Journalisten respektiert, ihre Meinung zählte was, heute glaubt jeder, mitreden zu können", meint der erfahrene Frankfurter Sportjournalist Pepi Schmitt.

Einen Hinweis, dass zu viel Nähe zum Publikum für Journalisten kontraproduktiv sein kann, gibt eine Studie des amerikanischen Medienwissenschaftlers Jayeon Lee (Lehigh Universität Bethlehem, Pennsylvania). Journalisten, die sich besonders stark auf Facebook auf einen Dialog mit den Lesern einließen, büßten demnach deutlich an professioneller Reputation bei eben jenen ein, mit denen sie kommunizierten.[65]

5 Die Wut auf Medien und alles andere: Trolle und Shitstorms

> *„Die deutsche Journalistik war und ist zum größten Theile noch ein wahrer Schandfleck unsrer Culturgeschichte. Man konnte die öffentlichen Urtheile in den Blättern nurt eintheilen in absichtlich lügenhafte oder bornirte.“*

Karl Leberecht Immermann (1796 – 1840), deutscher Landgerichtsrat, Dramatiker und Romanautor

Am 24. März brachte der Copilot eines Flugzeugs der deutschen Fluggesellschaft Germanwings die Maschine auf dem Weg von Barcelona nach Düsseldorf absichtlich zum Absturz. 150 Menschen starben in den französischen Alpen. Andreas Lubitz hatte mit seinem Suizid gleichzeitig ein entsetzliches Verbrechen begangen. In den Tagen und Wochen danach schien es zuweilen, als ob nicht die unfassbare Tragödie das wichtigste Thema war, sondern die Berichterstattung der Medien darüber. Deutschland war tief aufgewühlt.

Das Unglück löste einen hysterischen Sturm der Entrüstung und Empörung aus und offenbarte einen ungeahnt großen Widerwillen in der Öffentlichkeit gegen „die Medien“. Monatelang schon hatten die Anhänger der islam-feindlichen Pegida gegen die angebliche „Lügenpresse“ geschimpft. Nach dem Flugzeugabsturz bezogen die Medien von allen Seiten Prügel. Medienwissenschaftler Förksen beschrieb die Debatten nach dem Absturz als „Extremismus der Erregung“.[66]

Kritisiert wurde die Namensnennung des Piloten, Fotos von trauernden Angehörigen, Spekulationen über Unfallursachen oder die Psyche des Täters ohne wirkliche Grundlagen. Es soll Reporter gegeben haben, die sich in Verkleidung (als Seelsorger oder Lehrer) unter trauernde Mitschüler von Opfern gemischt und Wanzen in Blumensträuße gesteckt hätten, um sich Zitate zu erschleichen. Diese Vorwürfe im Netz scheinen nie belegt worden zu sein, sicher aber sind sie nicht typisch für „die Medien“.

Die Berichterstattung über das Unglück wurde als Beleg für den „Absturz des Journalismus“ und Beweis dafür interpretiert, dass „Journalisten für eine gute Story über Leichen gehen“.[67] Manche Journalisten distanzierten sich theatralisch und pathetisch von ihrer Branche. Der Journalismus existiere nicht mehr, er sei dabei, sich in eine „tote Hülle" zu verwandeln, schrieb ein Blogger, der nun nichts mehr mit dem deutschen Journalismus zu tun haben wolle.[68]

Eine nüchterne, distanzierte Analyse zeigt, dass die deutschen Medien sich angesichts des überwältigenden Interesses der Öffentlichkeit im Großen und Ganzen trotz aller Konkurrenz, des ungeheuren Zeitdrucks und der Gier des Publikums nach Informationen und Erklärungen besonnen verhalten haben. Die Nennung des Pilotennamens, nachdem der französische Staatsanwalt öffentlich von einer klaren Sachlage sprach und den Namen ausdrücklich buchstabierte, kann nur jemand als skandalös empfinden, dessen Sensibilität für die Rechte von Tätern eher irrational hoch sind. Hätte man den Namen des norwegischen Terroristen und Massenmörder Anders Breivik auch erst nennen dürfen, nachdem ein Gericht ihn verurteilt hat?

Manche Kritik war stark überzogen

Journalisten und Medien hatten vereinzelt zu wenig Respekt vor den Trauernden und Angehörigen gehabt. Vereinzelt spekulierten Medien viel zu schnell, so ausgerechnet die angesehene *Zeit*, die mit dem „Absturz eines Mythos" einen Zusammenhang zwischen Lufthansa-Konzernpolitik und dem Drama in den Alpen herstellte. Das muss man kritisieren. Aber die Berichterstattung war selbst in den Boulevardmedien nicht von billiger Sensationsgier und skandalösen Schreckensbildern geprägt.

In Frage stellen könnte man auch die Entscheidung der *ARD*, am Abend des Unglücks, als noch sehr wenig bekannt war, einen 45-minütigen „Brennpunkt" zu senden. Man kann sicher auch darüber streiten, ob man das Wohnhaus des mörderischen Piloten und seiner Eltern in Montabaur zeigen durfte — aber bedauerlicherweise reißen Menschen, die solch monströse Verbrechen begehen, auch ihre Familien mit in den Strudel zeitgeschichtlicher Bedeutung.

Am ehesten war die Kritik berechtigt, dass manche Medien pausenlos berichten wollten, obwohl es nichts zu berichten gab. Das Problem dabei ist nur, dass das Publikum sich bei solchen spektakulären Ereignissen genau den Medien zuwendet, die eben ununterbrochen berichten, auch wenn nur Pseudo-News präsentiert werden. Aber manche Kritiker bemängelten sogar, dass an einem solchen Tag beispielsweise die Streichung von Fernsehsendungen (Stefan Raab, heute-Show) wegen des Unglücks zu Meldungen wurde. Absurd.

„Die Diskussion ist so vergiftet, dass Medien, die sich eher zögerlich-abwägend und im Zweifel zurückhaltend verhalten wollen, sich von einem Branchendienst fragen lassen müssen, ob sie das aus billigem Kalkül machen, um den Beifall der kritischen Twitter- und Facebook-Meute zu erhaschen", schrieb Medienkritiker Stefan Niggemeier zu Recht[69] „Man könnte fast den Eindruck gewinnen", twitterte dpa-Nachrichtenchef Froben Homburger, dass die ideale Newswelt mancher Medienkritiker nur noch offizielle Verlautbarungen enthalten dürfte."

Prof. Pörksen meint, „dass die Mediengesellschaft eine angemessene Katastrophendidaktik, einen klugen Umgang mit der plötzlichen, der totalen Präsenz des Schreckens erst noch lernen muss". Es scheint ziemlich weltfremd zu glauben, dass die billigen Instinkte in der Öffentlichkeit pädagogischen Bemühungen zugänglich sind. Seriöse Medien allerdings haben Standards einzuhalten, aber über die Auslegung auch des Pressekodex kann man sich trefflich streiten. Wann beginnt so etwas wie Sensationsmache, wie viel Distanz muss ein Journalist zum Ort der Trauer und den Trauernden haben? Ohne Frage sind bei der Germanwings-Berichterstattung Regeln verletzt worden, gravierend aber nur in Ausnahmen.

Medien sind auch Getriebene einer Öffentlichkeit

Medien sind auch Dienstleister — und damit oft Getriebene — der Öffentlichkeit. Oder sollte es Gremien geben, die darüber wachen, was wann in welcher Form der Öffentlichkeit zugemutet werden darf? Zwischen den Zeilen manch pikierter Medienkritiker konnte man die Forderung nach Durchsetzung moralischer Tugenden und puristischer Prinzipien herauslesen. Historisch betrachtet waren es meistens totalitäre Ideologien von links und rechts, die ihre Moral der Gesellschaft aufzwingen wollten.

Heute erleben wie eine Moralisierung der Alltags, wo — angefangen bei den Essgewohnheiten über die Mülltrennung und Nutzung von Verkehrsmitteln bis hin zu den Angeboten der Medien — alles moralisch bewertet wird. Diese Freude am erhobenem Zeigefinger, an der besserwisserischen, empörten und aufgeregten Attitüde, durchdringt viel zu viele Diskussionen und Auseinandersetzungen — leider auch in Medien.

Allerdings sollte man sich über die weniger schönen Phänomene der Freiheit keine Illusionen machen. Schon Friedrich Schiller schrieb 1795: „Es gibt nicht Roheres als den Geschmack des jetzigen deutschen Publikums. Es wächst in mir beständig der Ekel vor dem, was man öffentliches Urteil nennt."[70] Bis heute wird immer wieder Kulturverfall beklagt: „Wir sind in einem Prozess, so etwas wie eine Idiotenkultur zu schaffen", schrieb der *Washington Post*-Starreporter Carl Bernstein einmal voller Zorn über seichte Medienangebote. „Zum ersten Mal werden das Sonderbare, das Dumme und das Plumpe zur kulturellen Norm."[71]

Der deutsche Presserat musste sich mit über 400 Beschwerden wegen der angeblichen Verletzung des Pressekodex beschäftigen. Schließlich wurden einige Medien gerügt, die Bilder und Namen von Opfern sowie Bilder vom Elternhaus des Kopiloten veröffentlicht hatten. Auch ein Zeitungsartikel über die Partnerin von Lubitz wurde beanstandet, weil zwar der Name der Frau nicht genannt worden sei, sie aber „für einen erweiterten Personenkreis" zu erkennen gewesen sei. Ausdrücklich nicht gerügt wurde die Namensnennung von Lubitz.

dpa war eines der ersten Medien, die den Namen des Kopiloten nannten. Das war eine klare Entscheidung der Chefredaktion. Beim Thema Germanwings gelang durchweg die penible Einhaltung der Agentur-Standards, die sich vor allem in einer konsequenten Zurückhaltung in der Berichterstattung ausdrückte, wenn es nichts wirklich Neues gab. „Wir haben klare agenturspezifische Leitplanken für Wort und Bild, eine Berichterstattung, die ganz bewusst nicht auf platte Sensationsgier setzt", betont Auslandschef Ludewig. „Fakten recherchieren, Spekulationen meiden, Persönlichkeitsrechte wahren, Sachverhalte erklären."

Für Nachrichtenagenturen gibt es allerdings stets das Problem, strikt die eigenen Standards einhalten zu wollen, als kundenorientierter Dienstleister aber auch dem Markt zu geben, was dieser möchte. Alle Agenturredaktionen kennen die Situation, dass es immer wieder auch Kunden gibt, die liebend gern sehr viel mehr emotional aufwühlendes Material hätten.

Misstrauen gegenüber Allem und Jedem

Die Vorgänge um den Germanwings-Absturz zeigen, wie massiv heute Medien unter Beobachtung stehen. Aber es geht ihnen nicht viel anders als allen anderen Protagonisten der Gesellschaft, Politikern, Konzernen oder Kirchen. Das wachsende Misstrauen vieler Bürger gegenüber

Allem und Jedem in unserer überwältigend komplizierten und sich in rasender Geschwindigkeit verändernden Welt ist kaum Resultat mieser Medien, korrupter Politiker oder gewissenloser Unternehmen.

Die vermutlich vielfältigen Ursachen der allgemeine Verunsicherung, Überforderung und Orientierungslosigkeit in unserer westlichen Gesellschaft sollten sicher sehr viel mehr von Politik und Wissenschaft thematisiert werden. Aber die Symptome dieser Entwicklungen, das enorme Wutpotential der Öffentlichkeit, das alles durchdringende Moralisieren, das beruhigend in Gut und Böse unterteilt, sind auch Herausforderungen für die Medien. Einfache Antworten gibt es da wohl nicht. Neben der Einhaltung transparenter Standards gehört sicher auch mehr Selbstbewusstsein der Journalisten und Medien dazu.

Die Ereignisse rund um den Germanwings-Absturz sind ein Mosaikstein des Bildes unserer modernen Gesellschaft, in der viele sichtlich gerne zornig werden. Vor allem im Digitalen stellen die unzähligen aggressiven und destruktiven „Trolle" fast alle Foren und Communities, Medien und Plattformen, aber auch die Webseiten von Parteien, Unternehmen, Institutionen und Verbänden vor enorme Probleme. Sie zwingen zu einer oft ungewollten Zensur, ohne die aber Diskussionen

© picture alliance / Eibner-Pressefoto

Fußballfans in Dresden im Oktober 2011 gegen die „Lügenpresse"

und Kommentare mit teilweise obszönen, extremistischen oder gewalt-verherrlichenden Beiträgen gespickt wären.

„Shitstorms", ein im Grunde deutscher Begriff, der im Englischen nicht verwendet wird, beschreibt einen Teil des täglichen Medienalltags. Denn diese großen und kleinen „Stürme" überziehen unsere Gesell-schaft in unerfreulichem Ausmaß. Opfer kann jeder sein: Kanzlerin Angela Merkel (nachdem sie versuchte, ein weinendes Palästinenser-mädchen zu trösten) oder ein Fußballstar wie der Argentinier Lionel Messi (dem vor dem WM-Spiel gegen den Iran 30.000 Schmähbotschaf-ten aus Persien erreichten). Aber es kann auch den Gymnasiallehrer am Ort oder die Supermarktkette treffen. „Früher waren die Journa-listen für die Skandalisierung zuständig, sie mussten sich öffentlich empören, weil es sonst niemand tat. Heute findet die Empörung ohne sie statt. In den sozialen Netzwerken", schrieb *Die Zeit*.[72]

Gemeinschaft durchs Pöbeln

„Die pöbelnde Masse tritt heute wieder selbstbewusst als Handelnder auf. Die Anonymität des Internets bedeutet insofern einen zivilisato-rischen Rückschritt in Richtung Faschismus und Mittelalter, Pogrom und Hexenverbrennung", schrieb angewidert von zahlreichen Hass-botschaften der Kabarettist Dieter Nuhr.[73] „Der wichtigste Vorgang, der sich innerhalb der Masse abspielt, ist die Entladung", schreibt Elias Canetti in „Masse und Macht". „Sie ist der Augenblick, in der alle, die zu ihr gehören, ihre Verschiedenheiten los werden und sich als Gleiche fühlen", so Elias Canetti.[74]

Die Politologin Julia Schramm, bis 2014 sehr engagiert in der Pira-tenpartei, musste rasch entdecken, dass die Visionen ihrer Partei von einem herrschaftsfreien Raum und offenen Diskurs im Internet manch düstere Seiten verschweigt. „Es ist üblich geworden, Menschen, die in irgendeiner Form aus dem Brei der (Netz-)Menschen herausstechen, anzugreifen. Jede sichtbare Person wird bekämpft, beschimpft und beleidigt", schrieb sie Anfang 2012. „Wer heute in die Öffentlichkeit geht, setzt sich somit der totalen und ständigen Resonanz aus … Ein dickes Fell für eine öffentliche Rolle war nie so wichtig wie heute. Doch das ist eine gefährliche Entwicklung, die der Gesellschaft auf Dauer schaden wird."[75]

Insbesondere die Medien spüren die Wellen und Stürme von Hass und Wut. Die *Lübecker Nachrichten* entschieden sich im Juni 2015, wegen zahlreicher Hetz-Kommentare auf ihrer Facebook-Seite keine Artikel mehr zum Thema Flüchtlinge in Lübeck zu veröffentlichen. „Die Masse der justitiablen Anfeindungen und die Folgen wie Beleidigungsklagen sind einfach nicht mehr zu handhaben", teilte Onlinechefredakteur Timon Ruge mit.[76]

Anonymität beflügelt die Wut

Insbesondere die Anonymität im Internet hat nach Ansicht von Bundestagspräsident Norbert Lammert (CDU) viel zu dem Ausmaß und der Wucht der Aggression und Beleidigung beigetragen. Mit Sicherheit fördert Anonymität den Verfall von gutem Benehmen und Anstand. Die Apologeten der neuen Netzkultur sehen allerdings gerade in der Anonymität einen Schlüssel der neuen „Fünften Gewalt". Um Anonymität zu begründen, verweisen viele absurderweise auf die Situation in Ländern wie dem Iran oder Ägypten, wo in der Tat die Bekanntgabe von Identität lebensgefährlich sein kann. Aber in Deutschland und Europa?

Selbst der politisch weit links stehende Grafiker Klaus Staeck schrieb, dass Anonymität beim Arztgeheimnis oder bei Fällen sozialer Ausgrenzung oder beim Schutz persönlicher Daten akzeptabel sei, „und selbstverständlich im Kampf gegen eine Diktatur". Aber: „Wenn mir jemand seine Meinung im öffentlichen Diskurs sagen will, dann sehe ich ihm lieber ins Gesicht. Schließlich ist die Demokratie kein venezianischer Karneval, wo jeder hinter der Maske der Anonymität verschwinden kann."[77]

6 Die „gute Nachricht"

> *„Der Reporter hat keine Tendenz, hat nichts zu rechtfertigen und hat keinen Standpunkt. Er hat unbefangen Zeuge zu sein und unbefangene Zeugenschaft zu liefern."*

Egon Erwin Kisch, Reporter (1885—1948)

„Punxsutawney Phil" gehört für dpa seit langer Zeit zum Pflichtprogramm der Berichterstattung. Die jährliche Wettervorhersage des Murmeltiers über das Ende des Winters in den USA interessiert seit dem Kinoerfolg „Und täglich grüßt das Murmeltier" auch in Deutschland viele Menschen. Also berichtet dpa jeweils am „Groundhog Day", dem 2. Februar, aus Punxsutawney. Seit dem 19. Jahrhundert harren die Bürger des kleinen Ortes in Pennsylvania darauf, ob das Murmeltier nach langem Winterschlaf geweckt wieder in seinen Bau zum Schlafen zurückkriecht und die Amerikaner noch sechs weitere Wochen bibbern müssen. Bleibt das Murmeltier draußen, stehe der Frühling vor der Tür, so die Legende. Die wissenschaftlich untersuchte Trefferquote der Murmeltiere von Punxsutawney ist zwar ernüchternd gering. Aber die Aufmerksamkeit selbst in Deutschland ist enorm groß.

Glauben an den Octopus

Tierorakel sind Medienrenner. In Deutschland besonders beliebt, seit die Krake Paul im Oberhausener Sea Life-Aquarium bei der Fußball-Weltmeisterschaft 2010 alle deutschen Spiele und den Finalsieg Spaniens richtig „tippte". Der Oktopus wählte seine Favoriten, indem er Muschelfleisch aus beflaggten Gläsern verspeiste. Fast alle US-Medien würdigten 2014 nach seinem Tod auch den Orang-Utan Eli im Zoo von Salt Lake City, der — mit der Wahl von Karton-Fankappen — siebenmal in Folge korrekt den Sieger des Super Bowl — des Football-Endspiels — „prophezeite".

Im Geiste der wachsenden Boulevardisierung nehmen „bunte" und „vermischte" Meldungen einen immer größeren Raum in unseren Medien ein, selbst in jenen, die sich gezielt an ein relativ konservatives und gebildetes Publikum wenden. Kaum etwas hat mehr Erfolg, als Beiträge und Sendungen, die gute Laune verbreiten, im Fernsehen Comedy-Sendungen wie die Heute-Show oder Pastewka, bei Zeitschriften Titel wie etwa Landlust oder Flow. Internetportale erzielen mit

„animal content" die höchsten Klickraten (oder in den sozialen Medien den meisten Retweet oder „likes"). „Wenn irgendwo ein Husarenäffchen von einem Menschen groß gezogen, irgendwo ein Pandabär-Baby geboren wird oder ein Wiesel auf einem Greifvogel huckepack fliegt, bestürmen uns die Kunden mit der Bitte um möglichst viele Bilder und zumindest kurze Texte zu den Fotos", so dpa-Nachrichtenchef Froben Homburger.

„Constructive news" und die Sehnsucht nach Harmonie

Dauerthema bei allen Informations-Medien ist die Frage nach der Attraktivität des Angebots. Wie gewinnt man Leser und Zuschauer für politisch und gesellschaftlich relevante Nachrichten und Berichte, für die „hard news"? Eine der Überlegungen zielt auf „konstruktive Nachrichten", ein Konzept des dänischen Journalisten Ulrik Haagerup, dem Info-Chef des *Dänischen Rundfunks*.

Er möchte mit seinem Konzept „konstruktiver Nachrichten" einem sinkenden Interesse der Menschen an den üblichen Meldungen entgegenwirken. „Constructive news" bedeuten für Haagerup die Abkehr von dem journalistischen Prinzip, dass nur Stories gut sind, die auf einem Konflikt, einer dramatischen Situation oder einem Opfer aufbauen.[78]

Der Journalist aus dem kleinen Wohlstandsland Dänemark beklagt, dass die Nachrichten heute vor allem von Anschlägen, Kriminellen, politischem Streit oder Problemen von Minderheiten dominiert werden; solche Nachrichten machten die Menschen „depressiv". Notwendig sei eine Neuorientierung „bei der Wahrnehmung der Welt", die man „mit beiden Augen" sehen müsse.

Als ein etwas unglückliches Beispiel nennt er ausgerechnet das angeblich „falsche Bild" Afrikas in den Medien, wo es immer nur um Krieg, Grausamkeit, Hunger und Seuchen gehe. Das wahre Afrika sei anderes, schließlich gebe es dort inzwischen ein enormes Wirtschaftswachstum. Würde man Haagerup folgen, wäre eine gefährliche Verkürzung der Sicht das Ergebnis. Denn in Afrika profitieren vom Wachstum vor allem korrupte Eliten. Zudem sind die Quellen des neuen Reichtums nach wie vor in erster Linie Rohstoffe, was der ökonomischen Entwicklung nicht viel hilft. Schließlich machen eine enorm hohe Geburtenrate, Bürgerkriege und die Destabilisierung durch mörderische Islamisten in weiten Teilen Afrikas die positiven Effekte von Wachstum fast zunichte.

Journalismus ohne Bösewichte, Skandale, Konflikte?

Der dänische Radiochef preist einen Journalismus, der sich weniger an Konflikten denn an Lösungen orientiert, der weniger den Streit von Politikern beschreibt, sondern mehr die Suche nach gemeinsamen Wegen. Der Haagerup möchte nicht, dass sein Ansatz als Versuch missverstanden wird, „dem kritischen, investigativen Journalismus die Zähne zu ziehen". Er möchte auch keine „Art nordkoreanischen Schönfärbejournalismus". Es brauche auch kritischen Journalismus, aber „eine gute Story braucht nicht zwingend Bösewichte, Skandale, Konflikte".

Die Forderung nach „guten Nachrichten" ist nicht ohne Folgen geblieben. *Spiegel Online*-Chef Florian Harms versprach im Sommer 2015 seinen Lesern „verstärkt konstruktiv zu berichten". Artikel sollen „auch bei düsteren Themen einen Aspekt aufzeigen, der Hoffnung macht, der einen Ausweg weist, der viel diskutierte Themen auch mal aus einer anderen Perspektive beleuchtet." Worauf sich der Chefredakteur des Fachorgans *Meedia*, Georg Altrogge, empörte. Er möchte von *SPON* „als Leser nicht wie ein Idiot behandelt werden … Florian Harms scheint Leser für Volltrottel zu halten, deren Kontakt mit der Realität stets riskant ist … so, als wären ‚die da draußen' lauter Wesen, die erzogen und vor Dummheiten bewahrt werden müssen".

Der *Spiegel-Online* Kolumnist Georg Diez forderte wenig später „einen neuen Journalismus". Die Flüchtlingsdebatte sei zu wichtig, „als dass Journalisten sich hinter Gefühlslosigkeit verschanzen könnten." Hinter diesem emotionalen Satz verbirgt sich die Aufforderung, nicht nüchtern Ereignisse, Fakten und Sichtweisen zu schildern, sondern Partei zu ergreifen.

Der Journalist Hanns Joachim Friedrichs (1927 – 1997) schrieb 1995: „Einen guten Journalisten erkennt man daran, dass er sich nicht gemein macht mit einer Sache, auch nicht mit einer guten Sache;

dass er überall dabei ist, aber nirgendwo dazu gehört." Gibt es einen Grund, diese weisen Worte über den sachlichen, unparteiischen Journalismus zu missachten?

Die demokratische Parteilichkeit von Journalisten muss sich erschöpfen in der Kenntlichmachung von Extremisten und Freiheitsgegnern. Das selbstverständliche Bekenntnis zu demokratischen Werten und

Menschenrechten darf nicht in einer moralisch begründeten Selektion dessen münden, was man dem Leser an Realität und an Nachrichten zumuten darf und was nicht.

Für eine Nachrichtenagentur wie dpa ist die Frage nach positiven Nachrichten weniger brisant. Es gibt nicht wie bei Zeitungen oder Radiosendern einen von Seiten und Zeiten begrenztes Angebot. Zudem pflegt die Agentur ohnehin ein umfangreiches Angebot an Nachrichten mit „Nutzwert", also Berichte über interessante wissenschaftliche Projekte, über spannende gesellschaftliche Initiativen oder technische Innovationen. Das alles fällt sicher auch unter „constructive news" – ohne dass damit aber ein neues Nachrichtenkonzept, ein neuer Blick auf die Welt angestrebt wird. „Die Frage, ob wir den Leuten gezielt mehr Schönheit und Harmonie in der Welt vermitteln sollten, haben wir uns wirklich noch nie gestellt", betonte dpa-Auslandschef Michael Ludewig.

Die in Europa und den USA viel diskutierten Thesen des Dänen scheinen vor allem eine eher hilflose Antwort auf die überall spürbare Politik- und Medienverdrossenheit zu sein. Hinter dem Konzept „konstruktive Nachrichten" verbirgt sich kaum verschleiert die Sehnsucht nach einer heilen Welt, in der Interessengegensätze und politische Auseinandersetzungen nur störend wären.

Sehnsucht nach Harmonie

Das aber wäre ein befremdliches Verständnis von Demokratie. Dient sie doch eben genau dazu, die natürlichen Interessengegensätze in einer Gesellschaft im offenen Diskurs und in den Volksvertretungen mit einem Höchstmaß an zivilen Umgangsformen zu lösen. Wenn aber schon im gebildeten, reichen und überschaubaren Dänemark die Sehnsucht nach Harmonie so groß ist, dass Journalisten „positiv" und „konstruktiv" berichten sollen, schwant einem für weniger privilegierte Staaten in Europa Böses für unsere politische Kultur.

Die Erfahrungen der Medien mit „konstruktiven Nachrichten" sind ziemlich eindeutig. Zwar fordern Leser und Zuschauer durchaus immer wieder bei Umfragen weniger Negativ-Meldungen.[79] Allerdings belegen Auflagen, Quoten und Leseranalysen, dass Geschichten über erfolgreiche Entwicklungshilfeprojekte, Beispiele für gute Integrationsprogramme oder praktizierte Nächstenliebe weit weniger attraktiv sind als die Stories über Konflikte und Dramen dieser Welt, aus der Politik und Wirtschaft ebenso wie vom Film und vom Sport.

7 Wie Politik und Wirtschaft auf Nachrichten Einfluss nehmen

„Eine demokratische Gesellschaft ist eine unterrichtete Gesellschaft. Autoritäre Regime leben von der Ignoranz und einseitigen Unterrichtung ihrer Völker."

Hans Benirschke, Ex-Chefredakteur der dpa

Die Terrororganisation Islamischer Staat (IS) fordert seit einigen Jahren die zivilisierte Welt heraus. Die Herrscher über weite Teile des Iraks und Syriens verteidigen offensiv ihre unfassbaren Grausamkeiten. Die Hinrichtung und Versklavung von Andersgläubigen, die Vergewaltigung von nicht-islamischen Frauen, der Einsatz von Kindern als Henker oder Selbstmordattentäter und die Zerstörung Jahrtausende alter Kulturgüter sind nur einige der Schandtaten, denen die restliche Welt offensichtlich nicht Einhalt gebieten kann.

Für die Medien bedeutet die Berichterstattung über den IS eine enorme Belastung und schwierige Gratwanderung. Denn die Videoaufnahmen und Bilder von Enthauptungen, Massenerschießungen oder dem Verbrennen eines Gefangenen bei lebendigem Leib sind für den IS Instrumente der Propaganda und für die Anwerbung neuer Kämpfer in der ganzen Welt.

Nach dem moralischen Selbstverständnis unserer Medien werden Grausamkeiten und entwürdigende Bilder ohnehin nicht gezeigt — in der digitalen Zeit sind sie aber im Netz abrufbar. Aber auch bei der

Screenshot einer Szene aus einem Video, das von der Terrormiliz Islamischer Staat im September 2014 veröffentlicht wurde

Islamistische Terrorgruppe in der irakischen Provinz Anbar

Wort-Berichterstattung über die IS stellt sich die Frage, wie intensiv und wie genau die grausamen Aktionen der IS beschrieben werden sollen, was zu wichtigen Informationen gehört oder was nur billigem Voyeurismus und den schmutzigen Absichten der IS dient.

„Das Kalkül der Terroristen geht auf: Unzählige Male werden die Bilder geteilt, retweetet, gepostet. Sie gehen ‚viral‘, folgen derselben Mechanik wie Werbeclips und Memes, an klassischen Medien vorbei“, schreibt Friedemann Karig.[80] „Die Terroristen arbeiten offensichtlich intensiv daran, ihre Botschaften hinsichtlich Brutalität, Inszenierungsgrad und vielleicht bald auch Aktualität zu maximieren.“

Die IS hat eine Erkenntnis der modernen Mediengesellschaft in entsetzlicher Weise umgesetzt. Politik als Inszenierung ist in den modernen Demokratien ein schon lange bekanntes Phänomen. Wahlkämpfe und Talkshows, politische Gipfeltreffen und Parteitage sind geprägt von dem Wunsch, in der Öffentlichkeit so positiv wie möglich anzukommen. Die Inszenierung von Politik selbst ist eines der modernen Aspekte im politischen Leben unserer Demokratien.

Schon immer möchte die Politik in den Medien gut dastehen, sucht gerne nach Möglichkeiten, auf sie Einfluss zu nehmen. Die Medien

Kanzlerin Merkel mit YouTube-Star Le Floid

selbst setzen oft genug ihre politische Macht ein, um die Öffentlichkeit zu beeinflussen. Die digitale Revolution aber hat die Bedeutung der Medien deutlich relativiert. Dank des Internets gibt es enorm viele Optionen, an den Medien vorbei der Öffentlichkeit eigene Sichtweisen und Programme zu präsentieren. Zahlreiche Politiker, angefangen von Barack Obama und Angela Merkel bis hin zu Landesfürsten und Bürgermeistern kommunizieren inzwischen mit Hilfe von Facebook, Twitter oder YouTube mit den Bürgern.

Wie erfreulich das für Politiker sein kann, wurde deutlich, als sich Kanzlerin Merkel im Juli 2015 dem YouTube-Star LeFloid zum Interview stellte. Die Fragen waren von wenig Faktenwissen getrübt, es ging viel um Eindrücke, Gefühle und Stimmungen. Die kaum zugespitzten und deshalb harmlosen Fragen LeFloids ließen Angela Merkel besonders viel Raum für eine souveräne Selbstdarstellung.

Im Netz wurde später der YouTube-Star verteidigt, weil er doch „erst 27 Jahre alt" sei. In dem Alter haben andere Journalisten schon Präsidentinnen wie Indira Gandhi und Friedensnobelpreisträger wie die Irin Betty Williams interviewt, ohne sich wie ein aufgeregter Teenager zu benehmen. Aber eines muss man auch beachten: LeFloids Merkel-Interview wurde millionenfach im Netz gesehen, sicher auch von jungen Menschen, die sonst keinen Kanzler-Interviews zuschauen. Nur wenige Fernsehinterviews haben ein solch großes Publikum.

Die neuen Kommunikationswege haben bisher noch keinen gravierenden Bedeutungsverlust für die traditionellen Medien zur Folge gehabt. Noch sind die Auftritte in den populärsten Fernsehsendungen, sind die Nachrichten in den Medien, die Berichte und Kommentare in den Leitmedien, aber auch in den Regionalzeitungen und Regionalsendern maßgeblich für das Bild der Öffentlichkeit über das politische Leben und ihrer Protagonisten.

Noch adeln Medien — insbesondere Nachrichtenagenturen — Nachrichten und Berichte. Es ist ein Riesenunterschied, ob die CDU auf ihrer Website von einem Durchbruch bei der Haushaltsfinanzierung spricht und diesen dann via Facebook und Twitter verkündet — oder ob dpa, *ZDF* oder die *Süddeutsche Zeitung* Ähnliches berichten. Niemand weiß allerdings, ob dieses Primat der Medien für die Mehrheit der Bürger erhalten bleibt.

Die anhaltenden Bemühungen um Inszenierungen in der Politik (aber auch in anderen gesellschaftlichen Bereichen) haben in erster Linie die Massenmedien im Visier. Insbesondere über ausdrucksstarke Fotos, die eine Botschaft haben sollen, machen sich die PR-Experten und Spindoktoren der Politik enorme Gedanken und scheuen keine Mühen.

Unvergesslich bleibt das Meisterwerk der missglückten Inszenierung nach den Terroranschlägen Anfang 2015 in Paris: das Foto von der Solidarität der Politiker aus der ganzen Welt gegen den terroristischen Islamismus nach dem Anschlag auf das Satiremagazin *Charlie Hebdo* in Paris. Die Phalanx der versammelten Staatsmänner signalisierte, dass die politische Elite den beeindruckenden Massenprotest von zwei Millionen Franzosen auf den Straßen von Paris die Straße anführte. In Wirklichkeit, diese zeigten später veröffentlichte Bilder, gab es eine Art Privatdemonstration von ein paar Hundert, streng abgeschirmten Promis in einer Seitenstraße der Champs-Élysées.

Die versuchte Einflussnahme der Politik ist im Alltag der Journalisten seriöser Medien sicher geringer, als sich das viele vorstellen. Die Mittel, um Korrespondenten und Medien zu beeinflussen, sind eher subtil: informelle Hintergrundgespräche, Exklusiv-Interviews oder hin und wieder auch Informationen, die („unter drei") vertraulich weitergege-

© picture alliance / abaca

Getrennt von den Massendemonstrieren in Paris protestieren die Politiker gegen den Terrorismus

ben werden und nicht den Weg in die Öffentlichkeit finden sollen. Was früher einmal gang und gäbe war — die Einladung zu opulenten Essen und Reisen, Eintrittskarten zu begehrten Fußballspielen, Theateraufführungen oder Pop-Konzerten sowie luxuriöse Geschenke — gehört lange schon der Vergangenheit an.

Die meisten seriösen Medien haben strenge Vorgaben, unter welchen Bedingungen Journalisten Vergünstigungen annehmen dürfen. dpa-Korrespondenten dürfen wie viele ihre Kollegen auch nur noch an Politikerreisen teilnehmen, wenn die Agentur Flüge und Hotels selbst bezahlt. Noch strenger sind die Vorgaben bei Geschenken. Dass heute ein Wirtschaftskorrespondent in Frankfurt von den damaligen Farbwerken Hoechst (mit der Porzellan-Manufaktur) zu Weihnachten ein ganzes Service (von erheblichem Wert) geschenkt bekommt oder Fiat dem Rom-Korrespondenten eine wertvolle Breitling-Uhr schenkt, ist heute undenkbar.

In einer völlig anderen Situation befinden sich Journalisten in autoritären Systemen. In den meisten Staaten beschränken gesetzliche Reglements die Meinungs- und Pressefreiheit. Oft ist es nur eine kleine Zahl von Korrespondenten aus dem Westen, die aus diesen Ländern überhaupt für einen dünnen Strom nüchterner Nachrichten und Berichte sorgt, der die jeweilige Propaganda und die in den gesteuerten und kontrollierten Medien geschilderte Realität relativiert.

Es ist kaum vorstellbar, dass diese sehr wichtige, äußerst schwierige und zuweilen recht gefährliche Arbeit von professionellen Journalisten durch Kommunikation und Dialog im Internet ersetzt werden könnte. Die Bedeutung des professionellen Journalismus wird ganz besonders in der Auslandsberichterstattung deutlich.

Allerdings wissen auch die autoritären Regime, dass die Medien an Deutungshoheit eingebüßt haben. Die frühere Sonderstellung der Auslandskorrespondenten in China gibt es heute kaum noch. „Überwachung, Einschüchterung und Willkür sind gerade in den vergangenen Jahren schlimmer geworden", sagt dpa-Korrespondent Landwehr. Chinas Machtapparat sei offenbar nach dem „arabischen Frühling" mit seinen Freiheitsforderungen und den damaligen „Jasmin"-Aufrufen zu prodemokratischen Demonstrationen auch in China nervös geworden.

Leichtes Spiel im Netz für Propaganda

„Inzwischen ist nicht mehr wie früher das Außenministerium für uns zuständig, sondern die Polizei; Korrespondenten werden dort vor Kameras gesetzt und regelrecht verhört." Die Korrespondentin der Zeit, Angela Köckritz, wurde Ende 2014 nach der Festnahme ihrer chinesischen Assistentin in Peking am Rande von Sympathie-Bekundungen für die Demokratie-Forderungen in Hongkong dermaßen drangsaliert, dass die deutsche Journalistin, um ihre Sicherheit besorgt, China freiwillig verließ.

Wenn es um die großen internationalen Konflikte geht, gibt es heute kaum noch Illusionen über die Hintergründe vieler Informationen, Darstellungen und Stimmen im Netz. Über Russlands „Bloggerfabrik" in den Diensten von Präsident Wladimir Putin gibt es ausreichend Informationen. Dennoch ist es nicht leicht, auf den verschiedenen Plattformen und in Blogs zu erkennen, was Kommentare der staatlich finanzierten Propagandaarmee und was wirklich Stimmen des Volkes sind.

In vielen Staaten — wie den USA und Deutschland — ist „Astroturfing" ein zuweilen von Interessengruppen genutztes Instrument, um im Internet mit bezahlten Mitarbeitern oder Agenturen künstliche Graswurzelbewegungen zu simulieren und die Öffentlichkeit mit scheinbar besorgten Bürgern und unabhängigen Experten zu beeindrucken. Die Deutsche Bahn und die FDP standen schon im Verdacht, das getan zu haben.

Aber auch Unternehmen und Privatleute können die Internetwelt leicht manipulieren. Zahlreiche Firmen offerieren ihre Dienste, massenhaft Blogeinträge oder eine große Zahl von „Freunden" bei Facebook und „follower" bei Twitter zu organisieren. Natürlich gegen entsprechende Bezahlung.[81] Inzwischen gibt es auch Propaganda, die der Roboter erstellt — von „Bots"-Programmen, die mit authentisch wirkenden Accounts auf Facebook oder Twitter agieren. Facebook geht von 137 Millionen falschen Profilen aus, Twitter von 24 Millionen.[82]

Neue Optionen für PR und Werbung

Die digitale Revolution war für die Presse- und Marketingabteilungen in allen Unternehmen ein Segen. Schon immer hatten Firmen mit ihren großen Etats für Anzeigen und Werbespots eine große Bedeutung und damit auch einen gewissen Einfluss auf Medien. Insbesondere manche

Fachzeitschriften für Auto, Reise, Wohnen oder Lifestyle haben, wenn es um ihre Unabhängigkeit geht, keinen sonderlich guten Ruf.

Grundsätzlich anders und sehr viel positiver sieht es in Deutschland zumindest bei allen Informations-Medien aus. Es gibt zahlreiche Fälle, wo sich, von kleinen Regionalzeitungen angefangen bis hin zu Zeitschriften kapitalstarker Verlage, Medienhäuser massiv und mutig gegen jeden Versuch der Einflussnahme durch Werbekunden gewehrt haben — selbst um den Preis, von großen Konzernen bei Anzeigen boykottiert zu werden. In unserer transparenten Internetzeit wären solche erkennbaren Strafmaßnahmen von Unternehmen allerdings ein äußerst gefährlicher Bumerang, der sicher mehr dem Ansehen der Firma als den Medien schadet.

Interaktivität ist ein zweischneidiges Schwert

Aber die Konzerne ebenso wie die Politik sind längst nicht mehr in dem Maße auf die Medien angewiesen wie früher. Es gibt zahllose Möglichkeiten, Kunden und Konsumenten zu erreichen und auch direkt über Portale, Webseiten und soziale Plattformen anzusprechen. Völlig neue, ständig wachsende Aktionsfelder eröffnen sich den Firmen, keineswegs nur für den Verkauf.

Pressekonferenz von Continental ohne Journalisten

Die Bildung von Firmen-affinen Communities gehört heute zu den Kernaufgaben moderner Marketingabteilungen. Rapide wachsen Zahl und Umfang der Medienangebote von Unternehmen, Firmenwebseiten und -zeitschriften, die den Produkten der Medienhäuser zum Verwechseln ähnlich sind. Die Inhalte von „Corporate Publishing" aber werden deutlich von den Interessen des jeweiligen Anbieters beherrscht. Die neue Interaktivität eröffnet neben großartigen Optionen auch einige gefährliche Fallen, was die Wucht von Shitstorms, die Ärgernisse mit Trollen und manche unbequeme Diskussionen mit der Öffentlichkeit angeht.

Die Medien spüren den Wandel in der Unternehmenskommunikation in vielfacher Weise. Inzwischen werden auch „Pressekonferenzen" virtuell veranstaltet. Das spart den Firmen Kosten. Zudem sind solche Veranstaltungen leichter zu kontrollieren und zu lenken als bei einer direkten Konfrontation mit den Journalisten vor Ort.

PR-Material hat bessere Chancen als früher

Angesichts der Sparkurse in den meisten Medien findet das umfangreiche, multimedial und höchst professionell aufgearbeitete Pressematerial von Unternehmen sehr viel öfter den Weg in gedruckte, elektronische und digitale Medien als früher. „Die nehmen jetzt jeden Scheiß", sagte mir kürzlich der Pressechef eines großen deutschen Unternehmens lachend. „Unternehmen können heute in einem Ausmaß redaktionelle Berichterstattung kaufen, wie das früher völlig undenkbar war. Und sie machen davon Gebrauch", sagte der SPD-Politiker und Werbe-Experte Jürgen Gramke.[83]

Aber immer noch sind die traditionellen Medien für die Wirtschaft sehr wichtig. Denn erst mit dem Ritterschlag durch seriöse Medien werden Beiträge über die Vorzüge von Autos oder Weinen, über die Weisheit unternehmerischer Entscheidungen oder über die Firmenperspektiven für die Öffentlichkeit wirklich glaubwürdig.

Noch gibt es in Deutschland eine Fülle von Fachredaktionen in Zeitschriften, Zeitungen, elektronischen Medien und Agenturen, die mit kritischer Distanz und erkennbaren Standards über das Wirtschaftsleben berichten. Ohne die Professionalität kritischer Wirtschaftsjournalisten wäre die Öffentlichkeit auf die Selbstdarstellung der gut geölten und machtvollen PR-Maschinerie der Wirtschaft, der Interessengruppen wie Unternehmensverbänden und Gewerkschaften und auf einige

Fachinstitute angewiesen. Angesichts der überragenden Bedeutung der hochgradig komplexen Ökonomie in der globalisierten Welt wäre deshalb jede Einschränkung der professionellen Wirtschaftsberichterstattung ein gravierender Verlust für die Gesellschaft.

Studie kritisiert massiv deutsche Wirtschaftsredaktionen

Daran ändert auch nichts, dass sich die Fachjournalisten der Wirtschaft angesichts der oft völlig unerwarteten Krisen und Börsen kräche vorwerfen lassen müssen, sich manchmal zu vertrauensselig auf Vorgaben und Analysen von Unternehmen und Wirtschaftsinstituten zu verlassen. Eine Studie der Otto Brenner Stiftung im März 2010[84] also zwei Jahre nach dem Finanzcrash in den USA, kommt zu einem fast vernichtenden Urteil über die Qualität des deutschen Wirtschaftsjournalismus, zumindest was den Finanzsektor angeht.

„Der tagesaktuelle deutsche Wirtschaftsjournalismus hat als Beobachter, Berichterstatter und Kommentator des Finanzmarktes und der Finanzmarktpolitik bis zum offenen Ausbruch der globalen Finanzmarktkrise schlecht gearbeitet; Pfusch am Bau nennt man das im Handwerk. Die besten Tageszeitungen dieser Republik sind erst mit dem Krach der Krise publizistisch und journalistisch ‚erwacht‘." Ähnliche Kritik wurde durchaus auch in den USA und in Großbritannien an den Fachmedien und -redaktionen geübt.

Die Vorwürfe — vor allem aber die Entwicklungen 2008 selbst — haben den Wirtschaftsjournalisten in aller Welt sicher viel Anlass zum selbstkritischen Reflektieren gegeben. Die Frage, die sich allerdings stellt, ist: Wer hat denn damals wirklich gewarnt und die Vorzeichen der Finanzkrise richtig gedeutet?

Zweifellos gab es eine kleine Minderheit von Ökonomen, Managern, Politikern und Journalisten, die vor einem Platzen der US-Immobilienblase und der Gefährlichkeit mancher, hochkomplexer Finanzprodukte warnten. Leider gibt es fast immer warnende Stimmen, die den Zusammenbruch von Börsen und Märkten voraussagen. Was Experten nicht daran hindern darf, die Argumente selbst der Wirtschafts-Apokalyptiker immer wieder aufs Neue auf ihre Substanz hin zu prüfen.

Methodische Fehler — aber die Kritik muss ernst genommen werden

Die Studie des gewerkschaftsnahen Instituts hat auch dpa heftig kritisiert. Dabei unterliefen den Wissenschaftlern aber mehrere gravierende methodische Fehler. Sie untersuchten beispielsweise nur dpa-Nachrichten, also Meldungen und Zusammenfassungen, nicht aber die für Analyse und Einordnung bestimmten Korrespondentenberichte, dpa-Gespräche und Hintergründe. Aber auch wenn es der Branche weh tut: Die Wirtschaftsexperten in so gut wie allen deutschen Redaktionen haben sich vor dem Zusammenbruch der US-Immobilienbanken, der Pleite von Lehman Brothers und der anschließenden globalen Finanzkrise 2008 nicht gerade mit Ruhm bekleckert. Auch dpa nicht. Zwar gab es dpa-Berichte, in denen schon Monate vor den dramatischen Ereignissen die Gefahren deutlich angesprochen wurden — allerdings ging das in der großen Flut zahlreicher anderer Berichte unter.

Die Konsequenzen aus den damaligen Ereignissen müsste lauten, dass möglichst viele Fachjournalisten noch kritischer, distanzierter und gründlicher ihr Tagwerk verrichten, vor allem aber viele Seiten zu Wort kommen lassen. Wer aber denkt, mit hohen journalistischen Standards könne eine Überraschung wie im Spätsommer 2008 verhindert werden, hegt Illusionen. Das liegt weniger an der Expertise der Fachleute, sondern an den Eigenheiten der Materie, der dynamischen, sich ständig verändernden Weltwirtschaft, die dazu noch von den politischen Entwicklungen abhängig ist.

Wirtschaftsjournalismus hat Grenzen

dpa formulierte diesbezüglich 2010 den ungewöhnlich langen Satz: „Die Vorstellung, dpa könne investigativ quasi als Frühwarnsystem Trends und Gefahren auf den hochkomplizierten, global verwobenen und hochgradig diskreten Finanzmärkten aufspüren, ist naiv, zumal in der ersten Phase der Finanzkrise offensichtlich selbst Vorstandschefs großer Kreditinstitute und Notenbanken mit ihren erheblichen Analysekompetenz nicht bewusst war, welche Probleme auf die Finanzbranche und die Ökonomie insgesamt zukommen." Oder anders formuliert: Wüssten Wirtschaftsjournalisten und -experten wirklich, was die Zukunft ökonomisch bringt, wäre die Versuchung enorm groß, den Job an den Nagel hängen und ganz schnell sehr, sehr reich zu werden.

Töchter und Beteiligungen der dpa

dpa-infocom

Seit der Gründung im Jahr 2000 hat sich die dpa-Tochter international einen hervorragenden Ruf bei der Entwicklung und beim Angebot multimedialer Dienste, insbesondere für das Internet, den Mobilfunk und andere web-basierte Anwendungen erworben. Die meisten Medien in Deutschland nutzen die Online-Angebote von dpa-infocom, zu denen auch Liveticker und -blogs zu aktuell wichtigen Ereignissen gehören. Sitz: Hamburg

dpa-digital services

2012 gegründetes Gemeinschaftsunternehmen mit der APA. Zunächst standen Vermarktung und Betreuung von App-Lösungen für Tageszeitungen im Vordergrund. Aufgabe des Unternehmens ist der gesamte Bereich des elektronischen Publizierens. Sitz: Hamburg

dpa-infografik

Die Bedeutung der grafischen Visualisierung des Tagesgeschehens und zu allen Aspekten von Politik, Wirtschaft und Gesellschaft ist mit den Jahren immer weiter gewachsen. Die im Tagesdurchschnitt fünf dpa-Grafiken und wöchentlich 14 Globus-Grafiken sind wichtige Elemente des multimedialen dpa-Angebots. dpa-infografik arbeitet aber auch für externe Auftraggeber. Sitz: Berlin

dpa-AFX Wirtschaftsnachrichten

Spezialist für Finanz- und Wirtschaftsnachrichten in deutscher und englischer Sprache, neben Wortdiensten werden auch Audio und Videoangebote produziert. Kunden von dpa-AFX, an der die APA 24 Prozent Anteile hat, sind vor allem Banken, Finanzdienstleister und Medien. Auf deutschsprachigen Finanz- und Medienportalen im Internet ist dpa-AFX Marktführer im Finanz/Wirtschafts-Bereich. Führend auch bei verbraucher- und anlegerrelevanten Audio-Wirtschaftsnachrichten. Partner von dpa-AFX sind die dpa, die APA sowie die Fachagenturen awp (Schweiz) und RTT (USA). Sitz: Frankfurt/Main

awp Finanznachrichten

Dienst für Wirtschafts- und Finanznachrichten in der Schweiz. Gemeinschaftsprojekt der dpa mit der sda. Sitz: Zürich

Agencia de Noticias dpa España

Im Zentrum steht der spanischsprachige Nachrichtendienst, der von Redaktionen in Madrid und Buenos Aires produziert und vor allem in Spanien und den lateinamerikanischen Staaten angeboten wird. Sitz: Madrid

dpa English Services

Der englischsprachige Dienst mit Redaktionen in Berlin, Bangkok und Washington bedient Kunden in aller Welt mit einem Weltnachrichtendienst sowie zahlreichen Sonderdiensten in Wort und Bild. Sitz: Berlin

Rufa Rundfunk-Agenturdienste

Audio- und Videoanbieter von Meldungen, Berichten und Reportagen. Beliefert zahlreiche Radiosender sowie 120 Zeitungsportale im deutschsprachigen Raum. Für das
Radio berichten zu allen Top-Themen Korrespondenten aus aller Welt mit Nachrich-
tenstücken, Originaltönen sowie Gesprächen und Interviews. Sitz: Berlin

Fotoagentur Zentralbild

Zentralbild ist für die Bildproduktion und den Bildverkauf in den östlichen Bundesländern zuständig. Die dpa-Tochter diente 1991 zum Kauf der Bildsparte der ADN. Sitz:
Berlin

dpa Picture-Alliance (pa)

Die Kunden dieser 2002 gegründeten Bilderagentur haben Zugriff auf mehr als 36
Millionen Bilder, Grafiken, Illustrationen und Clips der dpa und von gut 200 Partner-
agenturen weltweit. Das Bildportal deckt die gesamte Palette von Themen und Interessen ab. Die pa übernimmt auch Aufträge für Fotoproduktionen und Bildrecherchen.
Sitz: Frankfurt/Main

epa european pressphoto agency

Gemeinschaftsunternehmen von dpa mit mehreren europäischen Agenturen. Zentrale Aufgabe des Unternehmens ist das Produzieren, Sammeln, Verarbeiten und Ver-
markten von aktuellem Bildmaterial aus aller Welt, insbesondere aber die Versorgung
der Gesellschafteragenturen mit aktuellen Fotos. Sitz: Frankfurt/Main

Global Media Services (gms)

Die 1986 gegründete Tochter trägt wesentlich zum Gesamtangebot der dpa bei. Mit
einer Fülle von Fach- und Verbraucherthemen – wie Reise, Verkehr, Beruf, Bildung
oder Gesundheit – bedient der bei gms angesiedelte dpa-Themendienst mit seiner
Redaktion im dpa-newsroom in Berlin den Wunsch vieler Medien nach Lesestoff mit
Nutzwert. Außerdem ist gms eine internationale Vertriebsorganisation der dpa unter
anderem für die Vermarktung von Drittinhalten. Sitz: Hamburg

news aktuell

Das 1994 vom Firmengründer Carl-Eduard Meyer erworbene Unternehmen ist
Marktführer in Deutschland beim Aufbereiten und Verbreiten von Pressemeldungen
aller Art. News aktuell trägt maßgeblich zu den positiven Geschäftsergebnissen der
dpa-Gruppe bei. Sitz: Hamburg

news aktuell Schweiz

Gemeinschaftsunternehmen von dpa und SDA für das Aufbereiten und Verbreiten
von Pressemitteilungen, Fotos und Videos in der Schweiz. Sitz: Zürich

dpa mediatechnology

Das 2008 gegründete Unternehmen bietet mediennahe IT-Dienstleistungen an. Sitz:
Hamburg

Medien-Communikations-Gesellschaft (Mecom)

Technisches Gemeinschaftsunternehmen mit den Partnern KNA, AFP, dpa-AFX und dem Gemeinschaftswerk der Evangelischen Publizistik unter anderem für den Betrieb eines satellitenbasierten Netzes für den Medienbereich. Sitz: Hamburg

cpa Copyright-Alliance

Auf das Urheberrecht spezialisierte Mecom-Tochter zur Wahrung von Rechtsansprüchen. Das Unternehmen wird bei der illegalen Nutzung von Texten und Bildern tätig. Sitz: Hamburg

next media accelerator (nma)

Der nma unterstützt Start-ups mit neuen Ideen für Medien und den mediennahen Bereich unter anderem mit Beratung durch Mentoren und Bewilligung von Startkapital. Dafür erhält der nma eine Beteiligung am jeweiligen Start-up-Unternehmen. Der nma wird von der dpa und Medienpartnern getragen. Sitz: Hamburg

VI Die Zukunft der Nachrichtenagenturen

„Es ist keine Frage, dass die Basisversorgung mit neuesten Nachrichten auch in Zukunft von unabhängigen Nachrichtenagenturen erfolgen wird. Denn die Masse der Medien in der Welt haben dazu keine Alternative."

Ex-APA-Geschäftsführer Wolfgang Vyslozil[1]

„Truth in the News."

Motto der US-Nachrichtenagentur AP

In einer Welt wachsender Konflikte erhöht sich die Bedeutung der gesicherten Nachricht. Am überragenden Stellenwert der Nachricht auch für die Zukunft gibt es kaum Zweifel. Erkennbar wird das auch daran, dass eine ganze Reihe von Medien und sozialen Plattformen mehr oder minder forsch und unverblümt das Ziel verkündet haben, global die wichtigste Nachrichtenquelle zu werden. Dazu zählen der Fernsehsender *CNN*, die *Washington Post*, die *Huffington Post* und nicht zuletzt Google und Facebook.

Bisher waren es vor allem die nationalen und internationalen Nachrichtenagenturen, die das „unsichtbare Nervensystem" der Nachrichtenströme dominiert haben. Noch gibt es wenig Hinweise darauf, dass sich das gravierend ändern wird. Schließlich sind Nachrichtenagenturen recht zähe Unternehmen. Die meisten sind 100 und mehr Jahre alt. Nur selten gehen Nachrichtenagenturen pleite.

Überleben unabhängiger Nachrichtenagenturen nicht selbstverständlich

In fast allen Ländern würde der Verlust einer nationalen Agentur als gravierend empfunden. Da allerdings die meisten Nachrichtenagenturen im Besitz des Staates sind oder von ihm finanziell abhängen, droht diesen Unternehmen kaum Gefahr. Ganz anders sieht es für die kleine Handvoll wirklich unabhängiger Nachrichtenagenturen aus. Wenn es denn der Markt richten soll, dass diese Agenturen auch wirtschaftlich unabhängig überleben wollen, müssen zwei Bedingungen erfüllt sein.

Zum einen braucht es in den jeweiligen Heimatstaaten der unabhängigen Nachrichtenagenturen eine Vielfalt erfolgreicher Medien, die die

Agenturen zumindest zu einem großen Teil finanzieren. Zum anderen müssen die Agenturen immer wieder aufs Neue unter Beweis stellen, dass sie die Bedürfnisse der Medien erfüllen können und gleichzeitig mit einer Vielfalt geschäftlicher Aktivitäten erfolgreich sind, ohne dabei den journalistischen Kernauftrag aufzugeben oder auch nur zu gefährden.

Ökonomisch betrachtet könnten auch die Produktion guter Weine, der Handel mit Kaviar oder Immobiliengeschäfte für eine Agentur Sinn machen, ginge es nur darum, die Finanzierung des personalintensiven Nachrichtengeschäfts sicherzustellen. Für ein Medium mit dem Selbstverständnis einer unabhängigen Nachrichtenagentur aber wären das fragwürdige Lösungen.

Altmodisch zuverlässig, langsam und seriös

Das Motto „Schuster, bleib bei Deinen Leisten" gilt für sie nicht nur aus Traditionspflege, sondern wegen des heiklen und wichtigen gesellschaftlichen Auftrags. Nichts hat für eine Nachrichtenagentur einen höheren Wert als ihre Glaubwürdigkeit. Die Nachrichtenagentur ist darauf angewiesen, öffentlich weiter als ein Gralshüter des seriösen Journalismus wahrgenommen zu werden, als eine Trotzburg des klassischen Journalismus, inhaltlich wie sprachlich.

Dazu zählt das Bekenntnis zur Langsamkeit — nie war für den Qualitätsjournalismus die Regel „Richtigkeit vor Schnelligkeit" wichtiger als in dieser extrem beschleunigten Digital-Welt. Die Nachrichtenagentur sollte riskieren, deshalb auch von manchen als altmodisch belächelt zu werden.

Das Mantra des Medienwissenschaftlers Jeff Jarvis „Cover what you do best. Link to the rest." gilt durchaus auch für eine unabhängige Nachrichtenagentur. Es bedeutet die Konzentration auf die seriöse Berichterstattung aus der Heimat und der ganzen Welt, den Versuch, möglichst alle journalistisch relevanten Felder und Formate abzudecken, die Expertise der Agentur im Bereich Medien, Kommunikation und Informationstechnologie in Geschäftsmodelle und lukrative Projekte umzusetzen.

Wenn der Markt tatsächlich die Konzentration auf die Kernkompetenz belohnt, haben Nachrichtenagenturen eine große Zukunft vor sich. Wenn es um die Lieferung verlässlicher Nachrichtendienste in allen, multimedialen Facetten geht, kann kaum jemand mit der Erfahrung, dem weltweiten Netz, den erprobten Konzepten, der hohen journalistischen Qualität und der Glaubwürdigkeit einer starken, unabhängigen Nachrichtenagentur konkurrieren.

Fairerweise muss erwähnt werden, dass auch Nachrichtenagenturen, hinter denen massiv staatliche Gelder stehen wie die in Spanien, Italien oder Frankreich, hochwertige Dienste anbieten. Keineswegs sind sie Propaganda-Instrumente der jeweiligen Regierungen — aber ein kleinen Unterschied zu jenen, die sich ausschließlich am Markt bewähren müssen, gibt es dennoch.

Kerngeschäft reicht nicht

dpa-Chef Michael Segbers weiß um die Fragilität der Geschäftsmodelle nichtstaatlicher Nachrichtenagenturen: „Auch wenn wir im Kerngeschäft, zumindest in Europa und den USA, mit sinkenden Einnahmen rechnen müssen, gibt es keine Alternative, als an einer sehr hohen Qualität festzuhalten sowie für Vollständigkeit, Zuverlässigkeit und Multimedialität zu garantieren. Wenn wir das nicht liefern können, werden wir einfach zu ersetzen sein." Die ökonomische Konsequenz: Es braucht das sture Festhalten an hohen journalistischen Standards und gleichzeitig neue Geschäftsfelder und Märkte außerhalb des Kerngeschäfts.

Schon lange sind unabhängige Nachrichtenagenturen wie AP, dpa oder APA dabei, alle Chancen auszuloten. Fast zwei Dutzend Töchterfirmen und Beteiligungen der dpa tragen inzwischen mit ihren Erlösen zur Finanzierung der Agentur bei. Das jüngste Projekt 2015 war das Experiment, mit einem „Media Accelerator" Start-up-Unternehmen im Medienbereich eine Chance zu bieten.

Der Medienexperte Sascha Lobo sagte vor Jahren, die dpa habe eine „große Chance" im Kuratieren von Inhalten sowie im Community- und Nachrichten-Management zwischen Medien und Rezipienten. dpa könne „sowas wie Social-News-Aggregator werden". Tatsächlich erwägt die Agentur, möglichst bald auch eine Plattform für den Austausch von Texten, Bildern, Filmen und Ideen zu werden.

Luxus Qualitätsjournalismus – für Demokratie existenziell

Das Überleben unabhängiger Nachrichtenagenturen wird allerdings nicht nur von den ökonomischen Bedingungen, sondern auch stark von der gesellschaftlichen Entwicklung abhängen. Allgemeinbildung, politische Bildung und Medienkompetenz sind Schlüsselfaktoren für eine informierte Gesellschaft und damit für eine Demokratie. Nur sie wird sich den Luxus von vielfältigem Qualitätsjournalismus leisten wollen. Wenn Politik und Gesellschaft dafür nicht die Bedingungen garantieren, wird es hochwertigen Journalismus nur noch in einigen Nischen geben.

Für Nachrichtenagenturen gibt es enge Grenzen sowohl bei Kostensenkungen als auch bei der Orientierung am Markt. Produktionskosten für journalistisch hochwertige Produkte — wie ein ständiger Strom relevanter und verlässlicher Nachrichten — lassen sich nur sehr begrenzt senken. Kundenorientierung findet im Qualitätsjournalismus eine natürliche Grenze, weil sich ab einem gewissen Grad von Anpassung an Unterhaltungsbedürfnisse, an Verflachung und Vereinfachung das Wesen des Produkts Nachrichtendienst gravierend verändert.

Die Kosten für professionellen Journalismus sind — vielleicht vom Fernsehen abgesehen — aus volkswirtschaftlicher Sicht vergleichsweise gering. Nachrichtenagenturen gelten als besonders preisgünstig, deshalb lassen sich nennenswerte Profite in diesem Geschäft auch kaum erwirtschaften. Eine Agentur ist per se ein Modell, um Geld zu sparen.

Agentur als „Gemeinschaftsredaktion"

„Eine Nachrichtenagentur ohne den Staat im Hintergrund dient den Medien als eine große Gemeinschaftsredaktion. Und die hält man sich, weil sie Kosten spart. Würde es keine Nachrichtenagenturen geben, würden sie heute erfunden werden", meint etwas optimistisch Segbers. Sie würde aber wohl nur dann erfunden werden, wenn die Medien daran glaubten, ihr Geschäft zumindest teilweise auch mit Qualitätsjournalismus füllen zu können.

Die Senkung der Kosten zur Beschaffung relevanter Nachrichten ist für die Medienkunden der eine wichtige Grund, Nachrichtenagenturen zu nutzen. Der andere ist die vertrauenswürdige Selektion und hochwertige Komprimierung in einer von Informationen überschwemmten Welt — auch Redaktionen brauchen Orientierung. Nachrichtenagenturen tragen maßgeblich zur Übersichtlichkeit und zum Verständnis einer chaotisch anmutenden Welt bei. Dabei hängt der Erfolg jeder Nachrichtenagentur entscheidend von ihrer Glaubwürdigkeit ab.

10 Thesen zur Zukunft des Journalismus und der Nachricht

1. Nachrichten haben für die Gesellschaft einen überragenden Wert

Ohne den ständigen Strom relevanter Nachrichten und ihrer journalistischen Aufbereitung, Einordnung und Erklärung kann es keine informierte Gesellschaft geben. Die aber ist Bedingung für eine funktionierende Demokratie. Verlässliche Nachrichten werden angesichts der Informationsfluten noch wichtiger. Dazu braucht es eine Vielfalt von Medien, die strengen journalistischen Standards entsprechen. Nicht die Insolvenz einzelner Medien wäre eine Katastrophe, sondern das Verschwinden des Stroms relevanter Nachrichten von vertrauenswürdigen Anbietern. Höchstes Gut der Informations-Medien bleibt ihre Glaubwürdigkeit.

2. Ohne professionellen Journalismus funktionieren Medien nicht

Auch Laien und Amateure können großartige Köche, Musiker oder Fußballer sein. Doch weder in einem guten Restaurant, noch bei Wagners Ring der Nibelungen oder im Champions-League-Finale agieren Amateure. Auch im Journalismus geht es nicht ohne ausgebildete, geprüfte Fachleute: Redakteure, Reporter, Korrespondenten. Umfassende und laufende Berichterstattung über die Welt können ohnehin nur Medien mit Redaktionen und einem Netz von Mitarbeitern sicherstellen, nicht aber Einzelne oder kleine Teams. Ein Blogger, der sich das Handwerk und die Standards des Journalismus aneignet und anwendet, ist freier Journalist. Es gäbe durchaus Sinn, die Berufsbezeichnung Journalist rechtlich so zu schützen wie den Beruf eines Mechanikers, Steuerberaters, Masseurs oder Friseurs.

3. Eine unabhängige Nachrichtenagentur ist ein Glücksfall

Jede Medienlandschaft profitiert enorm von unabhängigen Nachrichtenagenturen, ökonomisch und inhaltlich. Solche Agenturen gibt es nur in wenigen Staaten. Der Königsweg zu deren Erhaltung ist der Markt. Jede staatliche Subvention, also Gelder, die über dem realen Marktwert der erbrachten Agenturleistung liegen, bedrohen die Unabhängigkeit. Eine unabhängige Agentur muss bei allen neuen Geschäften und Einnahmequellen sicherstellen, dass die journalistische Kernaufgabe und die Unabhängigkeit nie in Gefahr geraten. Denkbar sind aber auch andere Finanzierungsmodelle. Jede Stiftung oder jedes Institut als Basis der Agentur muss aber so politik- und wirtschaftsfern und so medien- und wissenschaftsnah wie möglich sein.

4. Nachrichtenagenturen sind auch Kuratoren und Plattformen

Neben der Kernaufgabe der multimedialen, vielschichtigen Belieferung der Medien agieren Nachrichtenagenturen künftig auch als Kuratoren für ihre Medienkunden. Die Agentur wird Material aus der Vielfalt des Internets — von Blogs, YouTube und anderen Plattformen — für Medien sichten, filtern und bündeln. Die Agentur kann auch selbst Plattformen für journalistische Angebote anderer Medien, freier Journalisten, von Instituten und Blogs anbieten. Im Idealfall ist eine unabhängige Nachrichtenagentur die multimediale Gemeinschaftsredaktion und vielfältiger Dienstleister für alle seriösen Medien. Nachrichtenagenturen gehören sinnvollerweise aber zu den wenigen Medien, die nicht interaktiv (mit Endverbrauchern) verbunden sind.

5. Die Zukunft der Medien und des Journalismus ist die noch größere Vielfalt

Alle Mediengattungen, alle journalistischen Formen bleiben erhalten. Offen ist nur, wie sich ihre jeweiligen Größe, Reichweite und Bedeutung entwickeln. Auch in den Medien gilt: Everything goes! Parteiisch und unparteiisch, objektiv und emotional, kurz und lang, multimedial und traditionell. Nichts verschwindet ganz, vieles entsteht neu. Der Strukturwandel und die Veränderungen im Medienkonsumverhalten sind noch lange nicht am Ende.

6. Medien brauchen ein klares Profil und eine treue Community

Die Masse der Zeitungen, Zeitschriften und Internet-Medien werden noch mehr als bisher ein klares Profil und eine klar definierte Zielgruppe brauchen, die nur als eine relativ treue und aktive Community das Überleben des jeweiligen Mediums sichert. Nur mächtige Leitmedien und die ganz großen Medienplattformen sind davon ausgenommen. Kein Medium wird darauf verzichten können, die Inhalte anderer Medien und Anbieter (mit Links) einzubeziehen. Die internationale Vernetzung der Medien nimmt zu.

7. Journalisten sind weder Oberlehrer noch Kellner

Journalisten dürfen sich nicht als Oberlehrer aufspielen, weder mit politischen Absichten noch mit Ignoranz gegenüber den Wünschen der Leser oder Zuschauer. Journalisten sind aber auch keine Kellner, die auf Bestellung reagieren, sich übertrieben an Kundenwünschen und Konsumverhalten ausrichten, also seriösen Journalismus zugunsten von Sensationen und Unterhaltsamem aufgeben. Kompromisse sind erforderlich — sie dürfen aber nicht zu weit gehen.

8. Medien müssen ihr Publikum ernst nehmen — aber mehr nicht

Es ist ein Irrglaube zu denken, es gebe kein Publikum mehr, weil Journalist und Leser, Sender und Empfänger in digitalen Zeiten nicht mehr voneinander zu trennen seien. Für den Journalismus sind Austausch und Kommunikation mit Lesern, Hörern, Zuschauern und Usern eine enorme Bereicherung, sie müssen ernst genommen, respektiert und einbezogen werden. Die Grenzen aber zwischen dem Publikum und den professionellen Journalisten bleiben. Sie tragen die volle Verantwortung für ihre Beiträge. Nur so entsteht Verlässlichkeit und Vertrauen.

9. Es gibt keinen Platz und keinen Grund für eine „fünfte Gewalt"

„Shitstorms" und Kampagnen im Internet dürfen nicht als eine „fünfte Gewalt" oder als „Stimme des Volkes" hochgejubelt werden. Debatten und Aufregungen in Internet können zuweilen sehr bereichernd sein, oft genug sind sie aber mit Vorverurteilung, Diffamierung und Hetze vor allem eine Gefahr für unsere Umgangsformen, Rechtsnormen und die Demokratie. Kein seriöses Medium sollte, abgesehen von begründeten Ausnahmen, anonymen Stimmen eine Plattform bieten. Es wäre ein ungerechtfertigter Misstrauensbeweis und eine Verächtlichmachung des freien und demokratischen Deutschlands, so zu tun, als ob hierzulande finstere Mächte unliebsame Stimmen verfolgen und bestrafen würden. Anonymität ist ein natürliches Bedürfnis und Merkmal autoritärer Systeme, in der Demokratie hat sie nichts zu suchen.

10. Die Krise der Medien wäre eine Krise der Gesellschaft

Die Medien als Branche sind nicht in der Krise, sie befinden sich im Strukturwandel. Eine weiter wachsende Entpolitisierung und Medienverdrossenheit könnten seriöse Informations-Medien in eine wirklich

Existenz gefährdende Krise stürzen. Das aber wäre eine Krise der Gesellschaft. Ohne einer an der Politik interessierten und ausreichend gebildeten Öffentlichkeit kann Demokratie in unserer hochkomplexen, globalisierten Welt nicht funktionieren. Politiker und Gesellschaft tragen die Verantwortung dafür, dass vor allem die junge Generation nicht ohne Medienkompetenz und profundes Wissen über Geschichte und Politik bleibt. Wenn sich die Entpolitisierung der Gesellschaft fortsetzt, droht die Spaltung der Gesellschaft in eine Infoelite und ein Unterhaltungsproletariat. Wut und Ablehnung gegen das politische und wirtschaftliche System werden dann zunehmen.

Nachwort

Wer wie viele deutsche Journalisten und Medienexperten ins Silicon Valley kommt, glaubt oft, in die Zukunft gereist zu sein. Es fasziniert die Vision einer vernetzten, reichen und besseren Welt, in der die Fähigkeiten und Möglichkeiten von Menschen und Robotern geradezu explodieren, einer Welt, die auch dank der Technologie zu Frieden und Gerechtigkeit findet. Nähern wir uns wirklich der Realisierung eines schönen Menschheitstraums — oder droht vielleicht doch eher die Wirklichkeit literarischer Alpträume, wie sie George Orwell, Aldous Huxley oder Dave Eggers beschreiben?

Science-Fiction-Autoren malen zuweilen das Schreckensbild ausgeflippter Hochleistungscomputer, blutdürstiger Roboter oder machtversessener Avatare an die Wand. Sehr viel realistischer und bedrohlicher scheinen die Optionen für Konzerne, Organisationen und Regierungen zu sein, den technologischen Fortschritt, die weltweite Vernetzung und die gigantischen Datenmengen zu missbrauchen. Für eine Reise in die Zukunft könnte weniger eine Tour durch das Wunderland Kalifornien dienen denn ein Besuch in Riad oder Teheran, in Moskau, Peking oder gar Pjöngjang.

Nicht nur Cyber-Utopisten hoffen, dass der technologische Fortschritt, die „schöpferische Zerstörung" in der Wirtschaft und eine neue „Share-Economy" insgesamt eine bessere Welt schaffen. Manche glauben gar an ein Ende des Kapitalismus — wo doch eben dieser überhaupt den Aufstieg von digitalen Giganten und unzähligen Start-ups ermöglicht hat.

Das 20. Jahrhundert hat dramatisch und tragisch demonstriert, dass technologischer Fortschritt und Rückfall in vorzivilisatorische Barbarei sehr wohl im Einklang stehen können. Derzeit zeigt die Terrororganisation Islamischer Staat wie raffiniert und effizient sie die neuen digitalen Möglichkeiten in einer vernetzten Welt für ihre mörderischen Ziele einsetzen kann.

Es ist beunruhigend, dass sich manche der neuen Unternehmensriesen nicht allzu sehr um nationale Gesetze — wie beispielsweise geistiges Eigentum oder Arbeitsschutzvorschriften — scheren. Geradezu verstörend ist es, dass Stimmen im Silicon Valley der Demokratie die Zukunftsfähigkeit absprechen und sie für eine überholte, wenig effiziente Form gesellschaftlicher Organisation halten. Es ist verständlich, dass es manchem angesichts des Monopolcharakters und der Macht-fülle der digitalen „Big Five" (Apple, Microsoft, Google, Facebook und Amazon) langsam Angst und Bange wird.

Die Mentalität der Protagonisten im „Silicon Valley" mag geprägt sein von High-Tech-Euphorie und Hippie-Bewegung. Sehr schnell schrumpfen aber diese milliardenschweren Giganten der Digitalwelt zu Zwergen, wenn es darum geht, nützliche Antworten für die von Kriegen, Krisen und Gewalt gebeutelte Welt zu finden. Ein nennenswerter Beitrag der Silicon-Genies zu den brennenden sozialen Fragen oder zum Umgang mit grausamen Regimen und fanatischen Eliten sind mir nicht bekannt. Die großartige, humanitäre und wissenschaftliche Stiftungsarbeit von Bill Gates und anderen kann man gar nicht hoch genug preisen und würdigen — aber die Welt verändern werden diese Aktivitäten kaum.

Die modernen Internet- und Technologie-Gurus profitieren mit ihren kühnen, visionären Thesen von einer tiefen Verunsicherung in den westlichen Demokratien. Zuweilen lassen sich Politik, Medien und die Öffentlichkeit angesichts des rasenden technischen Fortschritt von den teilweise wirren Visionen von Cyber-Utopisten blenden, wenn deren Ideen nur hip und cool genug daherkommen und Millionen Likes im Netz haben.

Über unsere Zukunft entscheiden Menschen, nicht Technologien. Am wenigsten sollte man jenen vertrauen, die als größten Verbündeten für eine bessere Welt auf den technischen Fortschritt bauen. Schon immer galt der Satz, dass es keine Technik und nicht einmal menschliche Wertvorstellungen gibt, die sich nicht auch furchterregend missbrauchen ließen. Die Medien und die professionellen Journalisten haben eine Schlüsselrolle bei der Beschreibung und Bewertung politischer und gesellschaftlicher Entwicklungen. Es wäre ein unverzeihlicher Fehler, die digitale Revolution nicht genau so kritisch zu beobachten wie jedes historische Ereignis. Auch dazu braucht es genau eine Vielfalt von Medien, die dem Qualitätsjournalismus verpflichtet sind.

Es ist schade, dass Journalisten oft so defensiv und kleinlaut auf die wirren Stimmen der Wut im Netz, auf die irrealen Visionen überheblicher Internet-Gurus oder die wichtigtuerischen Belanglosigkeiten erfolgreicher YouTube-Stars reagieren. Journalisten, auch wenn die meisten „digital immigrants", also Neuankömmlinge in der digitalen Welt sind, können mit Recht darauf verweisen, dass es in einer demokratischen Gesellschaft ohne sie nicht geht.

Danksagung

Dieses Buch hätte ohne die vielfältige Unterstützung von Michael Segbers, dem Vorsitzenden der dpa-Geschäftsführung, nicht entstehen können. Für sein Engagement bei diesem Projekt, sein Vertrauen, seine Offenheit und konstruktive Kritik bin ich ihm sehr dankbar.

Auch manche andere von dpa haben mir sehr geholfen, wie Chefredakteur Sven Gösmann, Geschäftsführer Matthias Mahn, Auslandschef Michael Ludewig, Nachrichtenchef Froben Homburger, dpa-USA-Büroleiter Martin Bialecki, der Leiter der Dokumentation, Thomas Steege, der Geschäftsführer von dpa-afx-Chef Dr. Heinz-Rudolf Othmerding, infocom-Chef Meinolf Ellers, dpa-Bild-Direktor Andreas Genz und Bildarchivleiterin Rita Funk, cpa-Geschäftsführerin Barbara Bliefert, Frank Rumpf von der Geschäftsführung, dpa-Sprecher Christian Röwekamp und viele andere Kollegen bei Wort und Bild, in der Geschäftsführung und bei den dpa-Töchtern.

Sehr hilfreich war es auch, dass der Vorsitzende des dpa-Aufsichtsrats, David Brandstätter, und sein Vorgänger, Karlheinz Röthemeier, ebenso wie der ehemalige Chefredakteur Dr. Wilm Herlyn und der ehemalige Geschäftsführer und Verkaufschef, Mathias Hardt, mir Einblicke in viele Hintergründe der dpa-Entwicklung gaben. Offene Türen bei *Handelsblatt*-Chef Gabor Steingart, *FFH*-Chef Hans-Dieter Hillmoth, Ex-*WDR*-Intendantin Monika Piel, *HR*-Rundfunkdirektor Dr. Heinz-Dieter Sommer sowie Politikern wie Kurt Beck (SPD) und Rainer Brüderle (FDP) sowie Politik-Experte Andreas Fritzenkötter haben meine Sicht auf die Lage des Nachrichten-Geschäfts abrunden helfen.

Damit dieses Buch gelingen konnte, haben mir wieder einige sehr kluge Menschen geholfen: Renate Kortheuer-Schüring, Krisztina Koenen, Dr. Michael Franger, Dr. Christian Fahrenbach und Dr. Manfred Dutschke habe ich für die kritische Begleitung von Inhalt und Form zu danken. Bei Quellenstudien war mir vor allem Markus Schönherr sehr behilflich. Zahlreiche Gespräche mit Freunden, Kollegen und Experten haben das Buch inspiriert und bereichert.

Danja Hetjens und ihrem Verlagsteam schließlich gebührt mein großer Dank für ihr erneutes Vertrauen und ihre inspirierende und engagierte Unterstützung.

Anmerkungen

I   Revolution der Nachrichtenwelt?

1   Der Standard, 18. April 2015

2   Der Standard, 18.4.2015

3   Craig Silverman, „In real-time journalism…" Poynter Institute 17.12.2012

4   „Periscope, der neue Medien-Hype", Medienportal *Meedia*, 5.6.2015

5   Tom Glocer's Blog, 14.5.2015

6   Der Spiegel, 11. Juli 2008

7   Bildblog, 14.5. 2014

8   Fritz Sänger, „Verborgene Fäden", Verlag Neue Gesellschaft Bonn, 1978

9   Alain de Botton, „The News", Penguin Books, London, 2014

10   Online-Studie von ARD-ZDF, 2015

11   Studie des Media Insight Projects, American Press Institute und Associated Press — NORC Center for Public Affairs Research, 16.3.2015

12   Weltverbands der Zeitungen und Nachrichtenmedien (WAN-IFRA), Paris, 1.6. 2015

13   Deutschlandradio, 12.5.2015

14   Stanislaw Lem, in einem Interview von Florian Rötzer, Telepolis 27.12.1996

15   Papst Lex X, zitiert nach Jochen Hörisch, Geschichte der Medien, Eichborn Verlag Frankfurt, 2001

16   Jochen Hörisch, Geschichte der Medien, Eichborn Verlag Frankfurt, 2001

17   zitiert nach Lothar Mikos, „Ist der Ruf erst ruiniert…" — Die Stigmatisierung des Fernsehens, TV-Diskurs, Februar 2006

18   Bill Gates zitiert nach US-Blog „letters of note"; http://www.lettersofnote. com/2011/07/internet-tidal-wave.html

19   Christian DuMont Schütte in einem Interview der F.A.Z. am 27.9. 2007

20   Reuters, 10. April 1997

21   Matthias Horx, „Es lebe die digitale Achtsamkeit", „*Berliner Zeitung*", 4. März 2015

22   Matthias Horx, in Die Welt, 24. 3. 2001

23 Prof. Walther Zimmerli in einem dpa-Gespräch, 29.12.1999

24 Bildzeitung, 20.11. 2009

25 Payback, Karl Blessing Verlag, München, November 2009

26 Mark Bauerlein, „Dumbest Generation: How the Digital Age Stupefies Young Americans and Jeopardizes Our Future", Archer/Pinguin Verlag New York, 2009

27 „Die Digitalisierung und ihre Folgen für den Journalismus beschäftigen auch die Forschung", Vortrag von Journalistik-Professor Klaus Dieter Altmeppen (Eichstätt), epd vom 15.5.2015

28 BDZV, Entwicklung der Zeitungen in Deutschland 1954−2013, IVW/II 2013

29 VDZ Berlin, 2015

30 im Blog „Sozialtheoristen", 13. 5. 2015

31 MIT Communications Forum, Cambridge, Massachusetts 1.4.2010

32 Cluetrain Manifesto, http://www.cluetrain.com/book/index.html

33 „Back to the coffee house", Economist, 9.7.2011

34 Die Welt, 31.7.2015

35 Die Zeit, 22. 2. 2012

36 Niclas Luhmann, Soziale Systeme, Suhrkamp Verlag, Frankfurt 1984

37 Niclas Luhmann, „Universität als Milieu", Cordelia Haux Verlag, Bielefeld, 1992 und „Die Gesellschaft der Gesellschaft", Suhrkamp Frankfurt 1998

38 Frankfurter Allgemeine Sonntagszeitung, 10. 5. 2015

39 Kress Report, 10. Juni 2015

40 Uli Bernhard/Marco Dohle/Gerhard Vowe: Massenmedien, Media Perspektiven 3/2014, Universität Düsseldorf

41 Studie „Relevanz der Medien für die Meinungsbildung", Berlin März 2015

42 BITKOM, Berlin. 15.9.2014

43 Studie des Pew Research Centers, Washington 2015

44 News Report 2014, Reuters Institute for the Study of Journalism, Universität Oxford

45 Studie des Pew Research Centers, Washington 2015

46 Die Welt, 2.5.2015

47 NPR, Planet Money, 5.5.2015

48 Poynter Institut, St. Petersburg (Florida), 24. Nov, 2014

49 Frankfurter Allgemeine Zeitung, 16. 4. 2015

50 Netzpolitik.org, 25. März 2015

51 „Die Digitalisierung und ihre Folgen für den Journalismus", Vortrag von Journalistik-Professor Klaus Dieter Altmeppen (Eichstätt), epd vom 15.5.2015

52 „Trolle, Empörungsjunkies und kluge Köpfe", Cicero, 17.4. 2015).

53 Wolf Schneider, Bildung kann man nicht downloaden, Jahrbuch für Journalisten 2011, Johann Oberauer Verlag, Salzburg

54 Anmerkung: Viele traditionelle Medien — vor allem Zeitungen — nutzen seit langer Zeit auch ihre Leser als Quellen für Informationen, Geschichten, Fotos und Videos. Allerdings ist die Bedeutung von „Bürgerjournalismus" stets sehr bescheiden geblieben

55 Michael Haller, Brauchen wir Zeitungen?, Herbert von Haelm Verlag, Köln 2014

56 Thomas Meyer: Mediokratie — Auf dem Weg in eine andere Demokratie? Politik und Zeitgeschichte, Bundeszentrale für politische Bildung, 2002

57 Krautreporter, Die Fünfte Gewalt, 26. 11. 2014

58 Werner d'Inka in „Quo vadis, Journalismus?", Hrsg. von der Deutschen Gesellschaft Qualitätsjournalismus, Frankfurt März 2015

59 Markus Spillmann, Gastreferat bei der Verleihung des Zürcher Journalistenpreises 2015

60 http://www.gutjahr.biz/2015/05/medien-apokalypse/

61 im Blog „Sozialtheoristen", 13. 5. 2015

62 Autorenblog Carta, 2.6.2015

63 Twitter, 9.6.2015

64 Nieman.Lab. 8. 6. 2015

65 Keynote beim Medienforum NRW in Köln, 11.6.2015

66 Gastbeitrag in der F.A.Z., 16.4.2015

67 Studie des Pew Research Centers, Washington 2014

68 CNN Money 3. Juni 2015

68 Webmagazin Lousy Pennies, 29.9.2013)

70 Linkedin, 4.9. 2013

II Die Besonderheiten der Ware Nachricht

1   George Brock, „Out of Print", Kogan Page, London, 2013

2   Herbert Riehl-Heyse, „Qualitätsjournalismus und Marketing – ein Antagonismus?", Festvortrag zur Verleihung des Theodor-Wolff-Preises, 24. 9. 1996 in Bonn

3   Marshall McLuhan, Die magischen Kanäle, Fischer Verlag Frankfurt, 1970

4   Dovifat/Wilke, Zeitungslehre I, de Gruyter Berlin, 1976

5   The Guardian, 12. 1. 2015

6   „Charlie Hebdo" aus afrikanischer Perspektive, Konrad Adenauer Stiftung, St. Augustin, 30. 1. 2015

7   Andrew Boyd, Broadcast Journalism, Focal Press Oxford, 1988

8   „Der Zeitgeist ist heute grün", Tagesanzeiger, 14. März 2015

9   Henning Ritter, „Nahes und fernes Unglück", C. H. Beck Verlag München, 2004

10 Das ABC der Medien, Wilhelm Fink Verlag München 2007

11 Henning Ritter, „Nahes und fernes Unglück", C. H. Beck Verlag München, 2004

12 Daily Maverick, 12. 1. 2015

13 Washington Post, 16.1.2015

14 „Das Horst Stern Lesebuch", dtv München 1992

15 Columbia Journalism School, 26. 11. 2012

16 Weltwoche, Das Q-Wort, 31.3.2015

17 Michael Segbers, „Die Ware Nachricht", UVK Verlag, 2007

18 Medien und Marktforschungsunternehmen Gigom

19 The Baron, Blog zum Thema Reuters,16. 5. 2014

20 Michael Segbers, „Die Ware Nachricht", UVK Verlag, 2007

21 21.5.2015 kress.de

III Wie kann sich professioneller Journalismus finanzieren

1   Nieman Journalism Lab, Mai 2015

2   salary.com, 8 College Degrees with the Worst return on investment, Mai 2015

3   Bayerischer Journalistenverband, München 10.2.2015

4   World Press Trends, 67. Tagung des Weltverband der Zeitungen und Nachrichtenmedien (WAN-IFRA) in Washington, 4/5. Mai 2015

5   World Press Trends, 67. Tagung des Weltverband der Zeitungen und Nachrichtenmedien (WAN-IFRA in Washington, 4/5. Mai 2015

6   The Brookings Essay „The bad news about the news", von Robert G. Kaiser, 16.10.14

7   Alexander Eilers, „Kätzereien", Verlag litblockin; Fernwald, 2008

8   Chris Anderson, „Free – Kostenlos", Campus Verlag Frankfurt 2009

9   Website http://www.deutsche-content-allianz.de/ueberuns.html , Deutsche Content Allianz, Berlin

10   Weltwoche, 19.2.2015

11   Rede am 12.5.2015 in Berlin

12   Statistik-Portal Statista, 18.12.2014

13   Bitkom Berlin, 8.1.2015

14   zitiert nach Fachzeitung *Horizont*, 22.5. 2015

15   Digital News Report 2015, Oxford

16   RE/CODE Interview, 26.5.2015 Rancho Palos Verdes, Kalifornien

17   Zeit Online Chef Jochen Wegner auf twitter, 9.6.2015

18   Der Spiegel, 14/2014

19   PEW Research Center, The declining value of U.S. newspapers, 22.5.2015

20   NiemanLab, 4.9.2014

21   unique visitors, Nieman Lab, 7.4.2015

22   NiemanLab 7.4.2015

23   zitiert nach „Wege aus der Zeitungskrise", Deutschlandradio, 7. 5. 2015

24   Der Tagesspiegel, 24.5.2013

25   Spiegel Online, 30.4.2015

26   Der Spiegel, 25.07.2013

27   Medienwoche, 22.3.2013

28   Forbes, „Freemium is The New Shareware", 20.1.2014

29   Der Standard, 26. 11. 2014

30   Economist, 6.6.2015

31 Digital News Report 2015, Oxford

32 Der Standard, Guardian-Digitalchef: „Können ohne Paywall höhere Erlöse erzielen", 29. 1. 2015

33 NiemanLab, 1.4.2015

34 *Meedia*, 9.6.2015

35 *Meedia*, 21.5.2015

36 *Meedia*, 9.6.2015

37 Das ABC der Medien, Wilhelm Fink Verlag München 2007

38 Google Corporate Information, 14. Februar 2010

39 Kress Mediendienst 28.4.2015

40 F.A.Z., „Facebook will das Internet für sich allein", 28.3.2015

41 Medium-Blog, 27.4.2015

42 PEW Institut zur Lage der Medien 2014, 26.5.2015

43 Verlage lassen Artikel komplett bei Facebook erscheinen, Die Welt, 13.5.2015

44 Wege aus der Zeitungskrise, Deutschlandradio, 7. 5. 2015

45 *Meedia*, 17.6.2014

46 Der *Tagesspiegel*, 30.3.2015

47 Thomas Jefferson zitiert nach The Brookings Essay „The bad news about the news", von Robert G. Kaiser, 16.10.14

48 zitiert nach Frankfurter Rundschau, „Wir sollten auf Habermas hören", 8. Juni 2015

49 Die Welt, 22.9.2014

50 Studie des Schweizer BAKOM-Instituts, Monitoring-Report, Zürich, 14. 6. 2013

51 Frank-Walter Steinmeier, „Die Beziehung von Medien und Demokratie ist heute manchmal brüchig" Carta, 6.9.2009 aus „Media-Governance und Medienregulierung", Hrsg. Marc Jan Eumann und Martin Stadelmaier. Vorwärts Buch, Berlin, 2009

52 Süddeutsche Zeitung, 6.9.2009

53 Veranstaltung der Bundeszentrale für Politische Bildung am 4.9.2013 in Berlin

54 Marie Luise Kiefer, Die schwierige Finanzierung des Journalismus, in: Medien & Kommunikationswissenschaft, 2011, Heft 1

55 dpa, 27.10.2014 beim bim 125-jährigen Jubiläum des Remscheider General-Anzeigers

56 Interview mit Wolfgang Vyslozil auf der Medienwebsite „Newsroom — Nachrichten für Journalisten, 18.08.2014

57 Neue Zürcher Zeitung, 11.6.2015

58 Thomson Reuters, 9. Juni 2015

59 Yasmin Schulte-Jaspers, Zeitschrift Message, 3/2013

60 Süddeutsche Zeitung 17. Mai 2010

61 Im dpa-Geschäftsbericht 2014 wird bei einem Umsatz der dpa-Gruppe von 88,6 Millionen Euro ein Gewinn von rund 1,2 Millionen Euro ausgewiesen. 2013 waren es 910.000 Euro

62 Bei AP machen die Zeitungserlöse nur noch 20 Prozent des Umsatzes aus, so AP-Chef Gary Pruitt im Interview von Spiegel Online 22.2.2015

63 Interview mit Wolfgang Vyslozil auf der Medienwebsite Newsroom, 18.08.2014

64 Medienportal Mediashift, 4.2.2009

IV   Newskrieg in Deutschland

1 2.10.2013, Manager Magazin

2 Die Welt, 16.8.1999

3 Juni-Ausgabe der Kulturzeitschrift „du“, Juni 1999

4 7.12.2009

5 Hessens ver.di-Landesfachbereichsleiter Manfred Moos, Verdi, Menschen, Machen, Medien, 2/2010

6 Vorderwülbecke in Medienportal Meedia, 27.1.2012

7 Wolfgang Koydl über die „Stiefkinder des Gewerbes“: Nachrichtenagenturen. Agenturjournalisten „die stummen, starken Diener der großen Medienwelt“, Zeitschrift „du“, Juni 1999

8 Süddeutsche Zeitung, 17.Mai 2010

9 Michael Segbers, „Die Ware Nachricht“, UVK Verlag, 2007

10 Newsroom, 18.7.2012

11 dapd Sommerfest, 12.9.2012

12 newsroom.de, 24.7.2012

13 Meedia, 20.10.2010

14 Hansjoachim Höhne, Report über Nachrichtenagenturen, Bd. 2, Nomos Verlagsgesellschaft Baden-Baden 1977

15 Kölner Stadtanzeiger, 1.2.2012

16 *Meedia*, 20.10.2010

17 news aktuell, ots, 20.10.2012

18 W&V, 28.1.2012

19 Der Spiegel, 8.2.2010

20 Süddeutsche Zeitung, 27.1.2012

21 W&V, 24.5.2012

22 Euro, 2/2102

23 Tageszeitung, 22.6.2013

24 Textintern,29.6.2011

25 dpa, 21. Dezember 2010

26 Annette Milz: Die Journalisten des Jahres 2012. 21. Dezember 2012

27 Medienportal Newsroom, 9.2.2015, sieh auch Kapitel I.5

28 zitiert nach „Das Zitat"

29 Der Spiegel, 14.11.2012

30 Manager Magazin, 2. 10. 2013

V   Der erbitterte Kampf um Aufmerksamkeit und Wahrheit

1 (1749 – 1832) Johann Peter Eckermann, Gespräche mit Goethe, Einleitung, Insel Verlag, Berlin, 1960

2 J. W. v. Goethe, Bemerkung zu J. D. Falk, 28.02.1809

3 („Behandelt die Frau mit Nachsicht! Aus krummer Rippe ward sie erschaffen, Gott konnte sie nicht ganz gerade machen. Willst du sie biegen, sie bricht.") J. W. v. Goethe West-östlicher Divan, Buch der Betrachtungen, 1819, Reclam Frankfurt 1999

4 Der Spiegel, 37/2014, Der Saldo der Welt

5 „The Age of Restraint", Financial Times, 29.6.2015

6 Norbert Elias, Über den Prozeß der Zivilisation, Verlag Haus zum Falken, 1939. Suhrkamp, Berlin.

7 Hegel, Vorlesungen über die Philosophie der Geschichte, Reclam Verlag, Stuttgart, 1989

8   UNICEF, Juli 2015 und Internationale Organisation für Arbeit ILO, 2012

9   FAO Rom, 2015

10   Neue Zürcher Zeitung, 14.1.2914

11   „Quo vadis, Journalismus?", Hrsg. von der Deutschen Gesellschaft Qualitätsjournalismus, Frankfurt, März 2015

12   zitiert nach Die Welt, 11.5.2015

13   Alan Rusbridger, The Guardian, 6.10.2011

14   Das ABC der Medien, Wilhelm Fink Verlag München 2007

15   Das ABC der Medien, Wilhelm Fink Verlag München 2007

16   Niklas Luhmann: „Die Realität der Massenmedien", Westdeutscher Verlag, Opladen; 1996

17   Pew Research Center Washington, News-Studien vom 27. 9. 2012 und 1.6.2015 — Millennials and Political News

18   Georg Franck, Ökonomie der Aufmerksamkeit, in: Merkur, Nr. 534/535 September/Oktober 1993

19   Die Welt, 2.3.2015

20   11.2.2015, Grütters zum Auftakt der ARD-Veranstaltung „Top of the docs" im Rahmen der Berlinale

21   „Wie politisch ist die Nachricht?", Vortrag im Mai 1977

22   Stefan Schulz: Über Facebook, das Verschwinden der Medien und des Journalismus, im Blog „Sozialtheoristen", 13. 5. 2015

23   Tageswoche, 14.11.2013

24   Juni 2015 zählte Reddit nach eigenen Angaben über 163 Millionen verschiedene Besucher aus 212 Staaten. 3,7 Millionen sind registrierte „Redditoren"

25   Wall Street Journal, 28.1.2013

26   Der Journalist Juli 2014

27   „The Traffic Factories: Metrics at Chartbeat, Gawker Media, and „The New York Times", The Tow Center for Digital Journalism, Graduate School of Journalism, Columbia University, 7.5.2015

28   T3N, 13.4.2015

29   Blog Stefan Niggemeier, 15.10.2010

30 „Gawker" zahlt Autoren fünf Dollar für jeweils 1.000 Klicks im Monat, bis zu einem Maximum von 6.000 Dollar. Standpoint, Nick Cohen, „Death by Klickbait", 4/2015

31 Medienkritik Schweiz, 2.4.2012

32 Thomas Leif, „Macht ohne Verantwortung „ in „Politik und Zeitgeschichte", BPB, 41/42, 2001

33 Ansprache von Bundespräsident Roman Herzog anlässlich der Jahrestagung der Evangelischen Akademie Tutzing, Tutzing, 17. Januar 1996, Quelle: Bundespräsidialamt

34 „Exposure to ideologically diverse news and opinion on Facebook", Wissenschaftsmagazin Science, 7.5.2015

35 Spektrum, 8.5.2015

36 The Filter Bubble: What The Internet Is Hiding From You. Penguin Press, New York 2011

37 Blog Backchannel, 7.5.2015

38 „Der Text war zu lang" Ich habe ihn "nicht gelesen"

39 „Die Idee des Mediums", Verlag Edition Medienpraxis, Hrsg. Bernhard Pörksen und Andreas Narr

40 „Jetzt rede ich! Rainer Brüderle im Gespräch mit Hugo Müller-Vogg". Lau Verlag, Reinbek 2014

41 „Vierte Gewalt oder fiese Gewalt?", in „Die Idee des Mediums", Verlag Edition Medienpraxis, Hrsg. Bernhard Pörksen und Andreas Narr

42 Der Spiegel, 8.1.2007

43 Cicero, Juni 2010

44 Handelsblatt, 15.11.2013

45 Hans Mathias Kepplinger: Die Kunst der Skandalisierung und die Illusion der Wahrheit, Olzog Verlag München 2001

46 Liberaler Salon, Christian Lindner, 30.6.2011, Berlin

47 Deutschlandradio, 7.2.2014)

48 Gezählt wurden die Meldungen, die mit vm (Vermischtes) und ku (Kultur) ausgezeichnet waren, wobei hier die gesamte Palette von Unglücken, Katastrophen, Wetter bis hin zu Showbusiness, Theater, Literatur, Verbraucherthemen und teilweise Wissenschaft abgedeckt ist. Das Ressort Vermischtes ist für all diese Themen zuständig.

49 Neue Zürcher Zeitung, 10.12.2004

50   Joel Siomon, „The new censorship", Columbia University Press 2014

51   Wolfgang Vyslozil, Group 39, Verlag APA, Wien 2014

52   The European, 25.6.2012

53   „La petite mort des correspondants", Blog Anaïs Renevier, 1.5.2015

54   Horizont, 29. 7. 2015, Interview mit Jochen Wegner

55   Dannika Lewsi, „Foreign Correspondents in a Modern World", The Elon Journal of Undergraduate Research in Communications, Winter 2010, Elon University

56   Josef Joffe, „Die Ferguson-Falle", Die Zeit, 19.3.2015

57   „Department of Justice Report Regarding the Criminal Investigation Into the Shooting Death of Michael Brown by Ferguson, Missouri Police Officer Darren Wilson", US Department of Justice. 15.3.2015.

58   Focus Money, „Meinungsfreiheit — aber nur wenn es meine ist?", 14.01.2015

59   Margreth Lünenborg, Simon Berghofer „Politikjournalistinnen und -journalisten", Aktuelle Befunde zu Merkmalen und Einstellungen vor dem Hintergrund ökonomischer und technologischer Wandlungsprozesse im deutschen Journalismus, FU Berlin, Mai 2010 u.a. Studien

60   Jan Fleischhauer, Unter Linken, Rowohlt Verlag, Berlin 2010

61   Medienportal Telepolis, 7.5.2015

62   http://www.diss-duisburg.de/Arbeitsbereiche/jugendliche_Straftaeter.htm

63   „Vierte Gewalt oder fiese Gewalt?" — über „Empörung als Geschäftsgrundlage"

64   Frankfurter Rundschau, 28.2.2015

65   „Readers have mixed feelings …", AmericanPress Institute, 6.1.2015

66   Die Zeit, 1.4.2015

67   Der Standard, 11. 5. 2015

68   Hans Hoff, „Der Journalismus existiert nicht mehr", Medien-Blog DWDL, 30.3.2015

69   Frankfurter Allgemeine Zeitung, 29.3.2015

70   Brief Friedrich Schiller an Gottlieb Fichte, 1795

71   „Reflexionen über den Journalismus nach Watergate", „New Republic", 8. Juni 1992

72 Die Zeit, Carsten Luther, „Wer vertraut uns noch?", 25.6.2015

73 Frankfurter Allgemeine Zeitung, 17.7.2015

74 Masse und Macht, Fischer Verlag, Berlin 1980

75 Süddeutsche Zeitung Online, 29.2.2012

76 Der Tagesspiegel, 15.6.2015

77 zitiert nach Der Spiegel, 26.3.2012

78 Ulrik Haagerup, Constructive news: Warum „bad news" die Medien zerstören und wie Journalisten mit einem völlig neuen Ansatz wieder Menschen berühren", Verlag Oberauer, Eugendorf, Österreich, 2015

79 *Meedia* Dienst, 17.4.2015

80 Krautreporter. Terrorbilder im Netz, 10.02.2015

81 Digital-Fachwebsite t3n, 7.8.2015

82 Neon, 4/2015

83 Manager Magazin, 3/2015: Gramke ist Vorsitzender des „Institute for European Affairs — INEA

84 Otto Brenner Stiftung, „Wirtschaftsjournalismus in der Krise — Zum massenmedialen Umgang mit Finanzmarktpolitik", 2010)

VI Die Zukunft der Nachrichtenagenturen

1 Group 39, Austria Press Wien 2014

Der Autor

Laszlo Trankovits war über 35 Jahre Büroleiter und Korrespondent der Deutschen Presse-Agentur (dpa) , unter anderem in den USA, im Nahen Osten, in Italien und Afrika. 1994 — 2003 war er Landesbüroleiter in Hessen, Rheinland-Pfalz und dem Saarland. Derzeit lebt er in New York und ist als Repräsentant der dpa-Geschäftsführung für die Umsetzung von dpa-Projekten in den USA verantwortlich.

© Jari Manjit